普通高等教育规划教材

实用大学语文

ShiYong DaXue YuWen

◎主　编　李永红　高永贵
◎副主编　刘晓琼　苏雯婷

知识产权出版社
全国百佳图书出版单位

图书在版编目（CIP）数据

实用大学语文／李永红等主编. —北京：知识产权出版社，2015.6
ISBN 978 - 7 - 5130 - 3024 - 3

Ⅰ. ①实… Ⅱ. ①李… Ⅲ. ①大学语文课 - 高等学校 - 教材 Ⅳ. ①H19

中国版本图书馆 CIP 数据核字（2014）第 222807 号

内容提要

　　本书既结合基础教育的实际，又关注学生的生活学习，使书本知识与现实生活紧密联系，体现时代性与实用性；既包含人文传统与民族精神，又注重国际性与社会性以体现语文的人文性特点；将知识、能力、素质三者的培养结合起来，以求达到突出语文工具性的特点、注重学生语文能力的培养、提高学生人文素养的目的。

　　本书按照语文的听说读写能力设置了聆听、口语、阅读、应用写作四个板块。聆听与口语部分强调听说的方法和技巧；阅读部分选取中外名篇，开阔学生视野，使学生在美的享受中得到熏陶；应用写作部分突出各应用文体的写作要求，追求在宽厚的大文化背景下，引导学生学会做人、学会思维、学会听说读写。

责任编辑：蔡虹　　　　**执行编辑：陈晶晶**　　　　**责任出版：孙婷婷**

实用大学语文

李永红　　高永贵　　主编
刘晓琼　　苏雯婷　　副主编

出版发行：知识产权出版社 有限责任公司	**网　　址**：http://www.ipph.cn
社　　址：北京市海淀区马甸南村 1 号	**邮　　编**：100088
责编电话：010 - 82000860 转 8391	**责编邮箱**：shiny-chjj@163.com
发行电话：010 - 82000860 转 8101/8102	**发行传真**：010 - 82000893/82005070/82000270
印　　刷：北京中献拓方科技发展有限公司	**经　　销**：各大网上书店、新华书店及相关专业书店
开　　本：720mm×1000mm　1/16	**印　　张**：17.5
版　　次：2015 年 6 月第 1 版	**印　　次**：2015 年 6 月第 1 次印刷
字　　数：340 千字	**定　　价**：45.00 元

ISBN 978 -7 -5130 -3024 -3

前　言

　　大学语文是本科院校、职业院校非中文专业的一门基础性课程，它对提高学生的人文素质、培养学生的学习能力、完善学生的人格等方面都有很大的作用。

　　现在很多《大学语文》教材内容偏重人文性，注重文选阅读或偏重工具性，注重口语表达或日常写作，很少有教材将人文性与工具性有机地结合起来。为了适应新时期职业教育教学改革的需要，全面贯彻教育方针，我们在认真总结语文教育教学经验的基础上，遵循语文教学的规律和学生的认知特点，针对当前本科院校、职业院校非中文专业学生的基础水平和成长需要，围绕全面提高学生的文化素养和语文应用能力来选取材料、设置板块、设计训练，编写了《实用大学语文》这一教材。本教材具备以下特点。

　　1. 全面性

　　本教材立足培养、提高学生的人文素质，本着为学生的健康成长、全面发展提供服务的思路对教材进行框架结构设计，既注重语文的人文性特点，也强调语文的工具性特点。教材内容按语文的听说读写能力要求分为四个部分，全面培养学生语文的聆听能力、口语表达能力、阅读能力和日常书面表达能力。聆听部分教给学生聆听的方法和技巧，学会听话；口语表达部分指导学生在生活、职场和交际中，学会说话；阅读部分选取中外名篇，开阔学生视野，使学生在美的享受中得到熏陶；应用写作部分指导学生学习实用的应用文体，以应对生活、学习、工作所需。

　　2. 实用性

　　教材编写根据本科院校、职业院校非中文专业学生的语文实际水平，定位于：既有利于衔接中学教育，又有利于体现高等教育的特色和发展学生特长，强调注重基础，强化能力，突出重点，学以致用，体现高等基础教育"够用""实用"的原则。

　　教材从板块的设置到材料的选择，既结合高等教育的实际，又关注学生的生活学习，使书本知识与现实生活紧密联系，体现时代性与实用性；既包含人文传统与民族精神、国际性与社会性的人文性特点，提高学生的人文素养，更注重体现实用性，突出语文工具性的特点，注重语文能力的培养，突出聆听能力、口语表达能力、阅读能力与书面表达能力的提升，将知识、能力、素质三者结合起来，追求在宽厚的大文化背景下，引导学生学会做人、学会思维、学会听说读写，以适应职业岗位的需要，满足人才培养规格的要求。

3. 实践性

教材中听说读写四个部分的每一个章节，在案例导入、知识要点之后，配合教学内容都安排了思考与训练部分，其目的旨在通过师生间和学生间互动式的讨论与实际的训练，启发、引导学生开动脑筋积极地思考，将理论与实践相结合，全面培养学生分析问题和解决问题的能力以及将知识转化为听说读写的实际能力。

教材由眉山职业技术学院、宜宾职业技术学院和成都信息工程学院的中文教师合作编写。第一部分由李永红（眉山职业技术学院）、谢明香（成都信息工程学院）编写；第二部分由刘晓琼（眉山职业技术学院）、杨祎（眉山职业技术学院）编写；第三部分由李秀菊（成都信息工程学院）、苏雯婷（眉山职业技术学院）编写；第四部分由高永贵（宜宾职业技术学院）、王金川（宜宾职业技术学院）编写。

本书在编写过程中参考了许多教材、论著和文章，在此谨向原作者表示衷心的感谢！出版社的有关领导和编辑亦为教材的出版付出了大量的心血，在此也表示衷心感谢！

由于编者水平有限，书中难免会有疏漏和不当之处，敬请读者提出宝贵的批评意见。

编　者
2015 年 3 月

目　　录

第一部分　聆　　听

第二部分　口　　语

第三部分　阅　　　读

第四部分　应　用　写　作

第一部分

聆　听

　　人际交往、口语表达中最基本、最常用的方式就是"听"和"说"。"听"是接受外来信息，"说"是输出个人思想情感。从根本上说，输出信息必须以接受信息为前提，而对于一个健全的人来说，"听"是我们日常交际中获取信息的重要途径。当你试图让对方了解你或你了解别人时，当你为了让交往对象对你产生兴趣与好感时，你就必须学会并善于聆听。

第一章　聆听概述

【案例导入】

　　古时有个小国家曾派遣使者到中国来，进贡了三个一模一样的金人，金碧辉煌，把皇帝高兴坏了。可是这个小国不厚道，同时出了一道题：这三个金人哪个最有价值？

　　皇帝想了很多办法，请来珠宝匠检查，称重量，看做工，都是一模一样的。怎么办？使者还等着回去汇报呢。泱泱大国，不会连这点小事都不懂吧？

　　最后，有一位已经退休的老臣说他有办法。

　　皇帝将使者请到大殿，老臣胸有成竹地拿着三根稻草，分别插入三个金人的耳朵里。结果是：第一根稻草从第一个金人的另一边耳朵出来了；第二根稻草从第二个金人的嘴巴里直接掉出来了；而第三个金人，稻草进去后掉进了肚子，什么响动也没有。老臣说：第三个金人最有价值！使者默默无语，答案正确。①

　　从这个故事中，我们应该体会到聆听的重要性。可以说，善于聆听是一个成熟的人最基本的素质之一。

【知识要点】

　　聆听是了解的基础，人类有一张嘴、两只耳，冥冥中上苍似乎告诉人类应该少讲多听。善于聆听的人是最聪明的人。一来有古训：言多必失，祸从口出。二来你通过聆听可以更多地了解别人。弗洛伊德说过，如果你能使别人谈得足够多，他简直无法掩饰其真实的情感或真正的动机。三来你也满足了对方的倾诉欲望，让他在倾诉中更加感激和依赖你。当你成为一个善于聆听的沟通对象时，你的表现一定会给别人留下深刻印象。因为每个人都觉得自己讲的话十分重要。当

---

　　① 吕国荣. 改变世界的 100 道营销鸡汤 [M]. 北京：中国经济出版社，2005.

你专心致志地聆听对方讲话时，他一定感觉你是最懂得尊重和欣赏他的人，这种感觉会非常强烈地促使他对你产生信赖感，甚至无条件地接受你。

第一节　听与聆听

听是指用耳朵接受声音，如常用的"听力""听觉""听写""洗耳恭听"等词语中的"听"就是这个意思。聆听，指集中精力认真地听，也指仔细注意地听。

听可以分为五种，它们各自有不同的表现，会收到不同的效果。

一、听而不闻

听而不闻表现在不做任何努力地听。这可以从对方的肢体语言看出，比如他的眼神可能会左顾右看，没有和你交流；他的身体也可能会倒向一边，等等。在我们平时学习、工作中常有听而不闻这种现象发生，如上课、开会时，如果处于听而不闻的状态，那么说话者发送的信息还有用吗？当然就没有用处，这样就不可能形成一个良好的沟通。所以说，听而不闻就意味着不可能有一个好的结果。

二、假装聆听

这个比听而不闻要更进一步，假装聆听就是要作出聆听的样子让人家看到，当然，假装聆听也没有用心在听。在我们学习中、工作中也有假装聆听这样的现象发生，出于礼貌，他在假装聆听，其实他根本没有在听；经常还有上下级在沟通的过程中，下级惧怕上级的那种权力，所以作出聆听的样子，实际上没有在听。这种听的效果也是不好的。

三、选择性地听

选择性地聆听就是在聆听时只听某些信息，对其他信息充耳不闻。聆听时，一旦确信沟通中不存在你感兴趣的东西，你就会心不在焉，有时甚至就干脆避免听到某些话，特别是那些带有威胁的、否定的、批评的或令人不愉快的话。这样的听，效果也不会好，会漏掉一些有用的信息。

四、专注地听

就是认真地听讲话的内容，专注地听。在听的过程中，对方与你会有眼神的交流，甚至记下他认为重要的内容。

五、设身处地地听

设身处地地听是为了理解对方，用心和脑去听，听他为什么要这样说，他这样说是为了表达什么样的信息、思想和情感。

由此可以看出，我们说的聆听，是设身处地地聆听，是指除了用耳朵去听之外，还要运用自己的眼睛去观察对方的动作和表情，运用自己的心为对方作设身处地的考虑，以及运用自己的大脑去研判对方话语背后的动机，就是用心和脑在听，不仅在听，而且努力理解讲话者所说的内容，所以用心和脑站在对方的立场上去听、去理解他，这种耳到、眼到、心到、脑到的听，我们称为聆听。

聆听的关键在于"会听"。会听是指在别人说话或听取讯息的时候，能够专注地听，听得明白、清楚、正确，并且能够理解内容，抓住要点，边听，边想，边记，还能够进一步地分析和判断，对内容、情绪和技巧作出评断。

我们用下表对聆听能力的具体表现进行分析。

内容	要求	具体表现
培养良好的态度	注意	安静、喜欢、仔细、专注
	礼貌	发言要礼让、礼貌的语言 让对方充分表达意见 耐心聆听
	主动参与	主动参与沟通协调
掌握聆听的方法技巧	理解	语言特点和风格 语音、语调 语气、节奏 观察肢体语言、表情、动作 立场 主题 联想
	记忆	记忆 组织整理 归纳
	判断	把握要点、摘录重点 分析思辨 推断
	评价 应用	评价 记录、计划、反应

从上表中，我们可以看出聆听能力主要包括记忆储存能力、联想猜测能力、

辨别分析能力、快速反应能力、边听边记能力和概括总结能力等。

所以，我们说聆听能力的培养是生活的需要，学会聆听不仅可以让我们处理好人际交流和沟通，还能提升读写能力，帮助思维的发展。

第二节　聆听的要求

一、心理方面的要求

听话作为社交活动的重要方面之一，最起码需要具备下列心理素质。

1. 虚心

聆听要虚心。因为只有虚怀若谷，才能容纳各种不同意见。聆听必须要有一种宽容大度的心态，顺耳的、趣味相投的、见解一致的要听，不顺耳的、趣味不同的、意见相左的也要听，只有这样才会收到"知无不言，言无不尽"的奇效，才能听取到各种有价值的想法和意见，有利于我们作出正确判断。

虚心聆听具体表现在：

（1）不假设。别一开始就假设明白说话者的问题，永远不要假设你知道对方要说什么，因为这样的话，你会以为你知道对方的需求，而不会认真地去听。

（2）不自以为是。好为人师，自以为是，不由分说，拒人于千里之外，这些都是聆听的大敌。一个人不可能比一切人高明，也不可能在一切事上都高明，只有虚心听取不同意见，做到耳听八方，才能了解到真实情况，才能为众人所认可。我们只有谦虚好学，多听多看，兼听善择，才能视野开阔，知识丰富。否则，自高自傲，夜郎自大，只能导致独断专行，陷于孤立。

（3）不拒绝批评。聆听不只是听好听的话，更要听难听的话，难听的话中有真相、真情、真理。"良药苦口利于病，忠言逆耳利于行"，讲的就是这个道理。唐太宗李世民多次被谏臣魏征尖锐的措辞激得面红耳赤，但他能够虚心纳谏、容人谏言，反而从魏征那里受益匪浅，因此，魏征死后他痛哭流涕："以人为镜可以明得失，魏征殁，朕亡一镜矣！"面对批评，人们不仅要能听，还要善听、愿听、爱听，要以"闻过则喜"的胸怀对待批评，做到"言者无罪，闻者足戒"。只有这样，才能听得进逆耳良言，才会吃得下苦口良药。

（4）不居高临下。聆听是发扬民主、集思广益、融入大众的有效途径，是人们平易近人、礼貌待人的直接体现。三国时，刘备不以诸葛亮位卑而轻之，三顾茅庐问天下计，诸葛亮因感"先帝不以臣卑鄙"之恩而"鞠躬尽瘁，死而后已"，成为千古佳话。虽然人有大小、老幼之分，言有长短、轻重之别，但是，我们应该深知"微言"有大义、"小计"含真情，放下架子、面子去聆听对方的声音，就会得到对方的敬重，就会得来对方的肺腑之言。

2. 诚心

聆听要诚心。心不诚，如果只是表面上装出听的样子，而实际上心不在焉，那么就不仅听不到真言，还会因此交不到诤友。

聆听要真诚。"人心换人心，五两对半斤"，只有真心诚意地去听对方的声音，对说话者给予微笑与鼓励，或主动引导，促进其更好地发挥，对方才会从心里接受你、感谢你，也有利于听者得到真正有益的东西。日本松下公司多年来有一项制度，就是每月发工资时，工资袋里必须有一封总经理给职工的亲笔信。信都写得真诚感人，职工拿到工资袋，不数钱，先看信，还拿给家人看，看到感人处一家人都掉眼泪。正是公司这种真诚待人的态度，使得松下员工都尽心敬业、努力工作，也使得松下公司成为世界著名企业。"精诚所至，金石为开。"我们要想听到真实的话语，必须抱有真诚的态度，做到用心去听、用情去听，而绝不能虚情假意，敷衍了事。

诚心聆听具体表现在：

（1）带着真正的兴趣听对方在说什么，不要漫不经心地听。要理解对方说的话，这是你能让对方满意的唯一方式。

（2）让说话者在你脑子里占据最重要的位置。也就是说，要尊重说话者，始终与说话者保持目光的接触，观察他的面部表情，注意他的声调变化。

（3）做好记录。有些谈话需要做笔记或记录，它除了会帮助你更认真地听，并能记住对方的话之外，还可以体现对说话者谈话内容的重视和关心。

在听完之后，最好能问一句："您的意思是……""我没有理解错的话，您需要……"等，以印证你所听到的。

3. 耐心

耐心是一种态度，耐心是一种涵养，耐心是一种习惯。秦末，楚汉相争。初始，汉高祖刘邦处于劣势，兵寡势微，屡战屡败，但是他从谏如流，始终愿意耐心听取他人的意见，把倾听意见作为习惯，变成个人风格，终于以弱胜强。而项羽则高傲自大，闭目塞听，仅有一个谋士范增，还不愿用，最终失去了优势，无颜再见江东父老。

耐心是使诉说和聆听得以进行下去的基本保证。每个人说话都有不同的语气、语调、表达方法以及独特的情感、态度。有的人说话可能会使听者觉得不适应，甚至"受不了"，听得不耐烦。这就需要克制自己的情绪并及时调整自己的心态，耐心地聆听。聆听时不能急，急了，常常导致不让人说话；聆听时不能躁，躁了，就会频频打断别人说话；聆听时不能烦，烦了，就会让诉说者顾虑重重、欲言又止。总之，聆听要有耐心，有耐心才能更好地聆听，从中吸收有价值的东西。

耐心聆听主要表现在：

（1）不要打断对方的话。耐心首先是指在与别人交谈时不要打断对方的话语。记住，如果一个人喜欢谈话，那么他们尤其喜欢谈自己。他们谈得越多，越感到愉快，就越会感到满意。人人都喜欢好听众，所以要耐心地听。

（2）多让别人说话。说话人的话说得越多，他的观点就越明确，就越有利于听话者分析判断，尤其是在谈判的时候。

（3）耐心还表现为在与对方交谈时要学会克制自己，即使感到不耐烦，也不要露出"我已经知道了！"的脸色。

二、思维方面的要求

听话对思维的要求主要体现在三个层次：

1. 集中

集中，是听话对思维的基本要求。只有思维集中，才能准确及时地捕捉对方的话语信息，并迅速地对信息进行筛选，去繁就简，把握住核心内容，抓住要点，准确地理解说话的内容。

2. 灵活

要善于认同说话人的思维方式，适当地采用常规思维方式、发散思维方式、逆向思维方式来准确判断听话内容的要点与真实意图。

3. 开阔

开阔，是听话对思维的最高要求。思维开阔就是指联想要丰富，对事物或事情要有深刻的理解与个人独到的见解。从某种意义上来说，任何人都是一座知识的宝库，他的话语就是这座知识宝库的窗口。听话的人只有思维开阔，才可以举一反三，更多地了解这座宝库里的知识。

三、质量方面的要求

听话要求听者在听话中能够听得清、听得准、听得真，能辨析语音；理解得快，分析得准，能准确地理解语意；品评敏锐，评价及时，具有较强的听话品评能力、听话组合能力。

1. 听得清

聆听不是不动脑子地随便听听，而是要集中精力，认真、用心地听。我们在听对方说话时不能"心不在焉"或"左耳进右耳出"，更不能还没等对方讲完就"先声夺人""先入为主"。这样，不但听不清对方的话语，而且还会影响对方的情绪，"听"还不如"不听"。要听清话语，必须聚精会神，心无旁骛，自始至终地认真听对方的每句话语。要记清话语，除用笔去记外，还要用脑去记，用心去记。

2. 听得准

"差之毫厘，谬以千里"，这个道理同样适用于聆听。听不准对方的话语，就弄不清对方的想法，甚至会出现偏差。要听准话语，需要心随耳动，切实弄明白对方说的重点是什么、心里的想法是什么、希望达到的目的是什么，尤其对于重要、敏感的话语，应该有意再询问订正一下，确保准确无误。

3. 听得真

"说话听声，敲锣听音。"聆听要辨识，没有辨识怎能听真？弄清事物的本来面目，就要会听言下之意、真实之音。人们的经历和环境不同，个性特征、学识、修养和思维方式也会不同。有的人说话直接反映他的真实想法，有的人则常常用反话、气话、怪话等曲折的方式来表现意见倾向。所以，相同的话由不同的人来说，其含义可能是不相同的。因此，我们聆听时一定要开动脑筋，对听到的话进行具体分析、去伪存真，从而摸清对方的真实想法。

【思考与训练】

1. 听记接力比赛，比比哪行传得最快、最准确。

学生分行坐定后，老师把事先准备好的写有一句 10～20 个词的语句的纸条，分别交给各行第一排的学生看一遍，然后每行第一排学生迅速而小声地（不让第三人听到）将纸条内容告诉其后面的第二位同学，依次传下去，最后一排的学生到黑板上将听到的那句话写下来。如果传递走样，请分析原因。

2. 你认为两个选项对这则对话进行了怎样的理解？

> 两个人喝水，甲抚着肚子说："我喝了半杯水。"乙擦擦嘴说："我还有半杯水没喝。"
> A. 甲喝了半杯水，乙也喝了半杯水。
> B. 甲喝了半杯水大约喝饱了；乙的意思是他还口渴，等会儿他还想喝水。

3. 阅读曹禺戏剧《雷雨》第一幕繁漪和四凤的谈话：

> 繁：（望着四凤，又故意转过头去）怎么这两天没见着大少爷？
> 凤：大概是很忙。
> 繁：听说他也要到矿上去，是么？
> 凤：我不知道。
> 繁：你没有听见说吗？
> 凤：没有，但是侍候大少爷的张奶奶这两天尽忙着给他捡衣服。
> 繁：……（忽然）他现在还没起来么？
> 凤：谁？

繁：（没有想到四凤这样问，忙收敛一下）嗯——大少爷。

凤：我没看见大少爷。

繁：他昨天晚上什么时候回来的？

凤：（红脸）我每天晚上总是回家睡觉，我不知道。

繁：（不自主地）哦！你每天晚上回家睡觉？（觉得失言）老爷回来，家里没有人会侍候他，你，怎么天天要回家呢？

凤：太太，不是您吩咐过，叫我回去睡吗？①

讨论：繁漪对四凤问道："他现在还没起来么？"背后有哪些潜台词？

四凤只回了一个字："谁？"她理解了繁漪的问话吗？为什么？

4. 整理纲要。

以"我心目中的教师应该是这样的……"为题，组织一次讨论会，在积极发言的同时，认真聆听他人的发言，会后整理出一份讨论提纲。

---

① 曹禺. 曹禺文集（第一卷）[M]. 田本相. 北京：中国戏剧出版社，1988：42 - 43.

第二章　聆听障碍的克服

【案例导入】

有几个敦煌人到兰州来，上了公共汽车，一块儿买了车票。其中的一个人离开大家到了车厢的另一头坐下，售票员查票查到他，他拿着车票的伙伴看到了，就赶紧用普通话喊："同志，我们是意大利的。"售票员一听火了："你就是联合国的也要买票，还意大利的呢!"①

上文中的"意大利"其实是敦煌方言中"一块儿"的意思，写出来应该是"一搭里"，在敦煌方言中读作 yǐdālǐ，他以为普通话应该读成 yìdàlì。把声调改了之后在普通话中成了另一个词，以致这个敦煌人一说出来就造成了误解。所以，我们在聆听时一定要注意结合具体情况，克服聆听障碍，理解好说话者的意思。

【知识要点】

第一节　常见聆听障碍

在生活中，一些主观（如语言水平、背景知识、策略能力、情感因素、注意力等）或客观的因素（如语言、语体风格、语速、口音、时间等）会影响我们的聆听。

一、先入为主

在现实生活中，与人交往存在一个先入为主的问题。先入为主对我们的聆听具有巨大的影响力。如果你主观臆断别人愚蠢、无能，或者说话者的意见或观点与你的意见或观点不同甚至大相径庭，你可能就会带着情绪、成见或偏见去聆

---

① vcbbfsdf. 民间笑话［EB/OL］.（2013 - 06 - 12）［2014 - 05 - 30］. http://wenda. so. com/q/1371027331066333.

听，你就不会对他们说的话给予多少关注，你不会再认真地倾听，往往会曲解别人话语的意思，错误地理解或判断别人的心态、意图和想法，从而会直接影响自己的决策和行动。所以，要尊重说话者，注重说话者说的话，而不是去注重对说话者本人的感觉。我们只有在听完别人讲话的内容并作出评估之后才能下判断，不能先入为主。

二、对说话方式的不适应

不同的人在语言的运用上都带有不同的特点，在沟通和交流上也有不同的方式。如政治家说话喜欢含而不露，深沉稳重；科研人员说话喜欢条理清楚，循规蹈矩；教师说话喜欢循序渐进，谆谆教导；军人说话喜欢干脆利落，果断干练；文艺界人士说话喜欢热情奔放，幽默风趣……有人说话时用普通话，有人用方言。对说话者表达方式的不适应会带来聆听障碍。所以，聆听时要适应讲话者的风格，尽量去适应说话者的语言特点和语言风格。

三、聆听者的个体差异

聆听时听者的知识水平、文化素质、职业特点、生活经历、理解能力、接受能力都有机地结合在一起，因此，不同的人在听相同的话时会有不同的理解，从而就产生了不同的聆听效果。

1. 年龄差异

处于不同年龄阶段的人，由于人生阅历、智力水平和感受能力的不同，对言语的识别能力和对语言的理解能力也不一样，他们在聆听时一般都会根据他们年龄的生理和心理特点对话语进行理解。

2. 性别差异

男性和女性言语反应上的差别，是由性别的心理引起的。一般来说，男性观察问题和处理事情从全局着眼，不太拘泥于细枝末节；女性则富有同情心，有一定的依赖心理，在生活中往往处于被动。这些心理上的差异，使得他们在接收言语时表现出不同的特点。

男人有男人的意识守则，如"建立关系第一""合作""不泄气"等；而女人也有女人的意识守则，如"注意谁唱主角""沉默是金""关注事实""寻求同情"等。由于有了这些不同的意识守则，男女在沟通方式上存在很大的不同，由此造成很多不正确的理解，影响了聆听的效果。如，在有争议的问题上，男性说话往往直截了当，他会根据自己的经验直接说："我认为不恰当。"而女性常常用迂回的方式来看待问题和解决问题，她会委婉地说："你再考虑考虑?"女性的感情细腻、敏感，因而不能把她们的话完全理解为缺乏信心或软弱的表现。

3. 文化程度的差异

文化程度的不同也会影响聆听者对言语的理解。文化程度低的人更愿意听到直白、通俗易懂的语言；文化程度高的人聆听时更愿意接受文雅、用词得体的语言。

4. 精神状况

精神状况对聆听效果的影响也非常明显。喜怒哀乐是每个人都有的情绪，在某个特定的时间内，人都处于某一心境之中。由于心境不同，人们对同一句话的反应也不同。因而一个人在聆听时如果萎靡不振、情绪低落或心事重重、忧心忡忡，那么就会思路堵塞、效率低下、聆听效果非常差；反之，如果情绪亢奋、跃跃欲试，聆听效果也不会好。因此，在聆听过程中，应保持良好的精神状态，做到客观冷静、思路开阔、思维敏捷。

四、环境影响

在现实生活中，环境也会影响信息的传递。如环境的安静与嘈杂、光线与颜色、距离的远近等都会影响聆听的效果。因此，在聆听时应选择较为安静的环境，以免谈话受到他人的干扰。可以根据聆听的主题来调整谈话环境的光线和颜色，轻松的话题可以选择柔和颜色的室外环境；严肃的话题可以选择单一色彩的室内环境，如白色墙壁的办公室、会客厅、会议室等。

与人交谈时，距离的远近也会对聆听带来影响。用亲密距离与人交谈，会让人感到有失庄重；用礼仪距离和公共距离与人交谈，容易让人产生生疏感；最佳的谈话距离是交际距离，即谈话的双方身体保持的距离为一米左右。

五、转移话题

这种聆听障碍是在谈话的过程中突然转移话题。当你觉得谈话平淡、乏味或你对某一话题厌烦、感到不舒服时，你就会转移交谈的话题。

六、过滤

过滤就是在聆听时只听某些信息，对其他信息充耳不闻。聆听时，一旦确信沟通中不存在你感兴趣的东西，你就会心不在焉。

人们过滤信息的另一种方法是干脆避免听到某些话，特别是那些带有威胁的、否定的、批评的或令人不愉快的话。

第二节　克服聆听障碍的方法

只有克服聆听障碍，才能提高聆听质量。克服聆听障碍除了前面说的聆听时要有好的心理状态外，最好的方法就是复述与澄清。

一、复述

复述是指把别人刚刚讲过的话，按照自己的理解，用自己的语言再陈述一遍。

复述对于有效的聆听是绝对必要的。复述会让你更好地理解和弄清对方的意思，而不会出现聆听障碍；复述会避免误传，能当场纠正错误的推断、差错和误解；人们会因为你聆听其讲话而深深感激你。

在复述时，你可以用这样的开场白来复述，如："我听着，感觉你说的是……""换句话说……你的基本感受是……""按我的理解，你的事情是这样的……""所发生的事情是……""你的意思是……"每次你都应该对别人所讲的重要话进行复述。

二、澄清

语言是深层次思维信息的表露。但是在沟通中，我们往往会用自己的假设去代替说话者的假设，用我们的意图去解读说话者的意图，由此造成了语言中更多的歧义。这就需要我们澄清混淆，对所说的问题达成共识。澄清通常与复述相伴而行。

澄清是指你要不断地询问，直到彻底明了。既然你的意图就是要充分理解别人所说的话，你就得常常询问更多的信息、更多的背景。澄清能让你明确倾听的重点，让你听到比模糊的概况更多的东西。澄清还能让别人知道你对他所说的话很感兴趣，它传递着这样的信息："我愿意下功夫了解您。"澄清可以从以下三个方面来进行。

1. 理解说话的方式

人人说话都有自己的方式，要充分理解其感受很是困难，不同的人利用的是截然不同的经验，因而同样的词对你和他人来说，很少指的是完全相同的东西。一般来说，有三种重要的语言模式阻碍了人们真正的相互理解：

（1）省略。它指的是有些东西在句子中被部分或完全省略了。例如：

客户：我觉得有些不高兴。
销售人员：请问有什么让你觉得不高兴呢？
客户：我觉得你们收银速度太慢了。
销售人员：哦，你只买了三件商品。请问是现金付款吗？或者你可以到快速收银通道。

客户在表达自己的需要时，有些部分被省略掉了。于是，听话者不知道说话者究竟指的是什么，只好将自己的一套假设填在空缺中，如果假设不当，我们就容易造成误会。当说话者使用省略时，听者应当通过询问缺失的信息，弄清省略的内容，就如上文中所说的"请问有什么让你觉得不高兴呢"。

（2）模糊代词。当说话者依赖模糊代词时，通常会导致混淆和误解。

> 客户：我觉得你们的商品太贵了。
> 销售人员：请问跟什么商品相比呢？
> 客户：我买的××牌的就比你们的便宜。
> 销售人员：哦，那是因为他们的分量要比我们少一些。如果按同等
> 分量算的话，我们的商品价格更优惠。

说话者在表达时，有时会采用一些模糊代词，如上文中的"你们的商品"。由于参照对象的不明确，我们并不真正清楚说话者所指的是什么，也就不能真正了解说话者的情绪，从而容易造成混淆和误会。当说话者使用模糊代词时，听者一定要弄清它的具体含义。

（3）模糊动词。一些动词在运用时较模糊，聆听时你可以加以澄清。如，说话者说："他惹恼了我！"你可以问："他怎么惹恼你的？"

2. 质疑语言的局限

有三种语言局限的模式会影响我们的聆听，需要对这些有局限性的语言进行质疑：

（1）绝对言辞：就是过度泛化的言辞，典型的有"总是""决不""所有""人人""没有一个人"等。你可以用两种方法来质疑：第一种方法是，用夸张的语调，甚至加上更多的绝对言辞。如，他说："你总是迟到！"你可以问："我总是迟到，而且永远迟到吗？"第二种方法是，问他是否曾经有与自己的概括相矛盾的经历。"你是否能回忆一下有那么一次我是准时的？"

（2）强加的限制：是指那些暗示你毫无选择余地的词语，如"不能""必须""应当""这是必要的""这是不可能的"等。有人说"我必须结束手头上的活儿才能休息"，你可以用"如果你在结束手头上的活儿前休息，会发生什么事情呢？"来质疑那种强加的限制。

（3）强加的价值：人们在说话时，采纳的是自以为恰当的价值，并施之于人。对这种陈述可提出质疑，迫使说话者承认那是他个人的看法。如，有人说"罢工都是错误的"，你可以这样问："对谁来说，罢工都是错误的？"

3. 对曲解提出质疑

（1）因果谬论。在质疑这种模式时，你要问这种因果联系是否真正存在。如，有人说"你一声不吭让我挺生气的"，你可以质疑："我一声不吭怎么惹你生气了？"

（2）测心术。它是指一个人不直接进行沟通就可以知道另一个人的心思和想法。对这类语言模式的质疑是："你怎么知道……的？"

（3）预设。预设的真实性影响整个陈述的真实。如，"上次我们去喝酒，你就那么不高兴，我们不要再去了。"只有"你不高兴"的假定是真的，结论"我们不要再去了"才可能是真的。为了质疑这句，你可以问："从哪方面看出我那么不高兴？"

以上的澄清方式不应滥用。不停地要求别人澄清是讨人嫌的。可是，当说话者的陈述含义不明，或遗漏了某些重要的信息时，就应当运用这些方式，但在使用时要明智，做到彬彬有礼，感兴趣而非怀着敌意进行探问或质疑。

【思考与训练】

1. 我们在哪种情况下最愿意放开自己，聆听他人？是在和家人、朋友、同事一起时，还是其他什么情况下？我们在哪种情况下最不愿意聆听他人？在这种情况下，我们有什么样的情绪出现？

2. 听一段故事，体会朗读的人在语音、语气和语调等方面的处理是否得当。

3. 听读一段话，简述要点。

4. 听后请回答问题。

　　某人很自负，写了一篇文章，语言不通，却感觉极好。他去拜访一位名人，假意请求指点，实则想自我炫耀。

　　名人看了说："名人的文章七窍，如今你已通了六窍。"他听后大为高兴，到处向人转述自己"已通了六窍"。

　　一个朋友忍不住对他说："人家是说你这人……"他这时才醒悟过来。

请你说说，他的朋友说了一句什么话？

5. 练习复述。找一位喜欢尝试新鲜事物的朋友，告诉他你想要提高聆听能力。这位朋友的任务是给你讲述一件发生在他生活中的重要事情。你朋友所要做的主要就是讲话，你的任务是不时地对他刚刚讲过的话进行复述。用你自己的话，尽可能地把你听到的都复述出来，以验证你的理解是否正确。要反复这样做，不断地复述和更正，直到你的朋友对他所听到的内容感到满意为止。

6. 练习。下面的陈述句中都含有一些需要澄清的语言模式，请你写出澄清它们的疑问句。

陈述句	疑问句
我很高兴！	
据说股市要涨了。	
他打败了我。	
我感到很内疚。	
我总是坐在第一排。	
他不会成功的。	
那是一件毫无用处的东西。	
你的孩子令我头痛。	
我可以断定马丽嫉妒我。	
如果你更用点心，成绩不会这么糟糕。	

第三章　常用聆听技巧

【案例导入】

　　有位国王邀请一位学识渊博的大师教导年轻的王子，以便他将来能继承王位。大师交代王子的第一件事就是让他独自在森林里生活一年。他要求王子在一年后回到国都，向他描述自己在森林中听到了什么。

　　一年的时间过去了，王子回到国都，向大师讲述了自己听到的东西——鸟儿的歌唱，树叶的摩挲，风的低语。大师听后，让王子重新回到树林，继续用心聆听——还有很多王子没有听到的声音。王子只好又回到了森林。

　　过了很长很长时间之后，一个清晨，他果然听到了一些不一样的声音。于是，王子再次回到国都，来到大师面前。他说自己听到了"听不到的东西"——花朵绽放的声音，阳光洒满大地的声音……大师微笑着点头，宣布王子已经具备继承王位的资格，因为他听到了世人"听不到的东西"——王子终于可以不为事物的表面所局限，这正是一个伟大领袖所必备的素质。①

　　不同的聆听有不同的聆听技巧，但它们的最终目的都相同，那就是不仅要听清说话者说的话，还要听懂说话者说的话；听懂说话者想说而没有说出的话；听懂说话者想说而没有说出来，要你说出来的话。

　　所以，在现实生活中，我们要善于聆听，就必须掌握聆听的技巧与方法，才能听懂说话者的意思，才能听到常人"听不到的东西"。

---

① 中国经济网．用心聆听［EB/OL］．（2009－12－02）［2014－05－30］．http://book.ce.cn/read/manage/gztxld/02/200912/02/t20091202_20545410_1.shtml.

第一节　谈话聆听技巧

【知识要点】

谈话聆听包括面对面的交谈、面试、谈判、辩论等的聆听，在这些场合，说话者与听者通过语言直接沟通、交流，所以聆听显得尤其重要。

一、创造一个有利的聆听环境

在现实生活中，环境也会影响信息的传递。如环境的安静与嘈杂、光线与颜色、距离的远近等都会影响聆听的效果。因此，在聆听时应选择较为安静的环境，以免谈话受到他人的干扰。对此，可以根据聆听的主题来调整谈话环境的光线和颜色，轻松的话题可以选择柔和颜色的室外环境；严肃的话题可以选择单一色彩的室内环境，如白色墙壁的办公室、会客厅、会议室等。只要有可能，应尽量为自己和对方营造一个利于倾听的良好环境，这样不但能挖掘事实真相，而且可以探索对方的思路和动机所在。

二、保持聆听的兴趣

当我们的父母唠叨的时候，我们会怎样去做？要么答非所问，要么装出心不在焉的样子，要么直接离开，所做的这些是想给对方一个信号——我不想听你说这些。反之，在人际交往过程中，我们若想让对方讲下去，就必须传达一个信号给对方——您继续讲，我对这个话题很感兴趣，我很喜欢你谈的内容。这个信号可以是简单的话语，如"是""不错""很好"等；也可以是肢体语言，如肯定的点头、鼓励的微笑、友善的目光等。

三、注意观察

我们经常在电视里听到这样的对白：通过你的眼神，我觉得你是在撒谎，等等。这说明，人们听到的相对于交流而言只是表层的东西，更深层的东西则是讲话人的眼神、表情、肢体语言等。所以，眼睛能帮助我们做出更准确的判断。不仅听其言，还要观其行，做到眼耳并用。观察对方隐藏在话语背后的情绪，是生气、害怕、沮丧还是愤怒，并对他们的情绪做出相应的反应。

四、听出弦外之音

许多句子有两层含义：第一层含义是由一系列词传递的基本信息；第二层含义或者说是弦外之音、话外音，传递了说话者的态度和感情。弦外之音大部分是通过语调、音高和修饰语传递的。

我们来看一下这个句子:"你今晚迟到了。"如果用一点升调强调"迟到"这个词,那么这句话表达的是惊奇。它可能还含有对迟到原因的疑问。如果强调的是"你",那么传递的弦外之音可能就是恼怒了。

口头修饰语在运用时也会给句子增添一些细微的意义差别。如"当然""赶快""我确信"或者"我猜想"等经常在弦外之音中出现。一般而言,表示数量的词(或是很多,或是很少)都可以巧妙地构成带有讽刺意味的弦外之音,如"你有那么一点点神志不清"或"为了等您,我稍稍淋了点雨"。

五、主动向对方进行反馈

要使自己的倾听取得满意的效果,不仅要用心去听,还要主动向对方进行反馈表示。如,通过口头语言、面部表情或动作向对方表达你对他的话的了解程度,或者要求对方澄清或进一步阐述他的话语,这样,对方会因为你的态度而愿意更多、更广、更深地展露自己的观点或意图。

六、注意事项

1. 不要主观臆断,过早得出结论或者判断

我们有很多人在交流时,往往容易犯这个错误,在事情与证据还没有足够说明问题的时候就给出定论。急于下结论会使说话者感到你没有耐心或不愿意听取他的观点,从而影响对方说话的积极性,有可能让谈话陷入僵局,谈话就不能深入、透彻。因此,即使你有好的建议,也要等对方把问题讲完再讲清楚。

2. 不打断对方,避免抢话

一个真正有教养的人,当对方说话时是不会打断对方的,即使他说的话很愚蠢,你也要让他说完。抢话会打断对方讲话的思路,也会耽误你的倾听,影响你的聆听。

抢话不同于问话。问话是因为某个信息或意思没能记住或理解而要求别人解释或重复,因此问话是必要的;抢话则是急于纠正别人的错误,或用自己的观点取代别人,是一种不尊重别人的行为,往往会阻塞双方的思路和情感的渠道,不利于创造良好的谈判氛围。因此,在交谈时,别把自己摆在中心位置,要习惯于把注意力集中在讲话者身上。

3. 不补充对方

自己有说话的权利,对方也有说话的权利,补充对方就有显示自己比对方懂得多之嫌,所以,若没有必要,则一般不补充对方。

4. 不纠正对方

通常交流的目的主要在联络感情、得到信息,或者说是在学习,而不是什么辩论赛。如果不是原则问题,没有必要对别人说的话随便进行是非判断,更不要发生争论。

【思考与训练】

1. 阅读下面的文字,比较这两段对话。

对话一:

妻子:累死我了,一下午谈了三批客户,最后那个女的,挑三拣四,不懂装懂,烦死人了。

丈夫:别理她,跟那种人生气不值得。(给妻子出主意)

妻子:那哪儿行啊,顾客是上帝,是我的衣食父母!(觉得丈夫不理解她,烦躁)

丈夫:那就换个活儿干啊,干吗非得卖房子!(接着出主意)

妻子:你说得容易,找工作多难啊,况且这工作每个月我还能拿个四千元回家,瞧你,活儿倒是轻松,可每个月就那几百块,够谁花?涛涛马上就上大学了,每年学费总得万把元吧!(看丈夫不理解,还说风凉话,开始抱怨)

丈夫:嘿,你这人不识好歹,人家想帮你,你却冲我来了!(动气了)

妻子:帮我?你要有本事,像隔壁小萍的丈夫那样,就真的帮我了。(接着抱怨)

丈夫:看别人好,那就跟别人过去!(急了)

对话二:

妻子:累死我了,一下午谈了三批客户,最后那个女的,挑三拣四,不懂装懂,烦死人了。

丈夫:大热天的,再遇上个不懂事的顾客是够呛。快坐下消消气。(接着端上她平日最爱喝的冰镇酸梅汤)

妻子:唉,挣个钱也不容易,为了涛涛上大学,我还得干下去。(感到理解与关切,继续宣泄)

丈夫:是啊,你真不容易,这些年多亏了你,家里主要靠你挣钱撑着。(表达对妻子的感激,主动把自己放在一个低调的位置上)

妻子:话不能这么说,涛涛的功课、人品,没有你下功夫,哪儿有今天的模样儿,唉,我们都不容易。(气全消了,也理解了)①

---

① zhaoping517. 第四章 倾听案例分析[EB/OL]. (2011–06–13)[2014–05–30]. http://wenku. baidu. com/view/866e9be59b89680203d825fc. html.

上面两则相同话题的对话为什么会出现不同的结果？

2. 阅读下文，指出文中丈夫聆听时所犯的错误。

　　有一位女士要讲述一件事，她说："上星期我们驾车经过第三百五十二号公路……"她的丈夫插嘴说："我的好太太啊，那不是三百五十二号，是二百五十二号。""噢，你说得对，是二百五十二号。对了，当时我们以时速四十五里行车……""太太，我实在不想打断你的话题，但我们当时的车速是四十七里半。我清楚记得我当时看过速度计的。"那位太太尝试了好几次，都被打断了。最后，她只好放弃说："你自己来讲好了！"①

3. 阅读下文。

抗日战争胜利后，国共停战谈判时期，陈赓挂少将军衔作为解放军一方的代表成员参加谈判。一次，执行部请客，席间发生了一个小故事。

　　几个美国军官指着刚端上桌的西餐——面包、沙拉、牛排和黄油汤，夸耀道："陈将军，我们美国人的饮食怎么样？""是不错。"陈赓听出了弦外之音，他们无非是想听几句赞扬美国调停的功劳的话。说着他托起面包、沙拉、牛排的盘底，把它们统统倒进黄油汤盘里，拿起勺子搅了搅，加重语气说："各位请吧，这不就是你们美国人的吃法吗？"几个美国军官耸了耸肩，互相吐了吐舌头……②

　　请问：在这场对话中，美国军官的问话，词面意思是"我们美国人的饮食怎么样？"，而弦外之音是什么？陈赓的回答弦外之音又是什么？

4. 读一下句子，然后按要求填空。

"我不想跟你回家。"

重读"我"，弦外之音是＿＿＿＿＿＿＿＿＿＿＿＿＿＿＿＿＿＿＿＿＿。

重读"不"，弦外之音是＿＿＿＿＿＿＿＿＿＿＿＿＿＿＿＿＿＿＿＿＿。

重读"你"，弦外之音是＿＿＿＿＿＿＿＿＿＿＿＿＿＿＿＿＿＿＿＿＿。

重读"回家"，弦外之音是＿＿＿＿＿＿＿＿＿＿＿＿＿＿＿＿＿＿＿＿。

5. 根据下面两句话，设想说话者与听话者的身份和关系不同时，分别是怎

①　麦伟恩. 更深的合一［M］. 北京：中央编译出版社，2013：89.

②　梅州网. 陈赓讽刺美国"一锅搅"［EB/OL］.（2014 - 02 - 15）［2014 - 05 - 30］. http:// www. meizhou. cn/news/1402/15/14021500057. html.（有改动）.

样的目的和意图？

（1）天真冷！

（2）你可发财了，恭喜你呀！

6. 利用多媒体播放一部电影或电视剧片段，观察某一角色说话时的姿态，分析他流露的感情信息，并展开讨论。

讨论1：眼神有可能反映出说话人或听话人的哪些心情？

讨论2：身体语言可能反映出说话者或听话者的哪些心理？

7. 模拟求职面试。要求听清楚主考官的问话，理解含义，并做出正确的回答。

第二节　电话聆听技巧

【知识要点】

在每一通电话中，聆听都是非常关键的。在接打电话的过程中，听要比说重要。多听少说，就能使你获得的信息量更多。

一、真诚、热情地回应对方

假如我们在打电话的过程中没有得到对方的回应，你会感觉不太好。如果说了半天，而听的那边"沉默是金"，我们通常会认为对方是断线了或根本就没有在听。所以，在接打电话的过程中，你要真诚、热情地回应对方，以表明你在认真听他的电话。接听电话时，常用OK、非常好、是的、太棒了、Yes、就这样等话语，自然、热情地回应对方，这样就能够更好地得到对方的认同。

二、听话要听对方说话的语气和语调

善于讲话的人，一句话一箭双雕，或者一语双关，或者一句话中隐含很多的观点。我们在听话的过程中，对方如果一箭双雕、一语双关地表达他的观点，我们就要努力地通过他的语气、语调听出他话语的内涵、外延及其真正的意义。

很多人听话只听内容，不听语气和语调，很容易犯下臆测、不恰当理解的毛病。只有准确地听出对方讲话的语气、讲话的语调，才可以帮助自己第一时间掌握对方的需求。所以，听话的时候，我们要听细节，听出一个人的心境。一个顶尖的电话聆听者，能够听出对方的心境，也就是对方心灵的状态，即心情。他能听出对方是情绪好还是不太好，是情绪很激烈还是很张扬，是情绪很低调还是很平和，甚至能听出对方是站着打电话，还是坐着打电话。所以，做一个顶尖的电话聆听高手，要仔细聆听对方讲话的语气、语调、语感。我们写文章要有语感，

唱歌也要有感情，其实，讲话也要有语感，聆听时也要听出这种感觉。

三、适当提出引导性的问题

在与对方联系的时候，我们需要很得体地提出引导性的问题，帮助解决聆听过程中没有能解决的问题，同时帮助自己获得更加详细的对方信息，最终锁定对方真正的需求，得到自己需要的结果。特别是电话销售的过程，就是不断提出问题的过程——提出合适问题的过程，只有多问才能多得，才能获得对顾客的了解。

四、做好重点记录，并要确认好重点记录

因为有的内容重要，有的内容不重要，所以，记录有重点也有非重点，一定要把记录做好，而且要确认重点记录。哪些是真正重要的、非常重要的，最好用醒目的字体或颜色标示出来。电话记录的内容主要包括通话者单位、姓名、通话时间、通话要点等。

五、注意事项

1. 不要打断对方讲话

在对方讲话没有结束之前，没有讲到重点之前，没有讲到完整的意思之前，通常状况下按照沟通的礼节，不要打断对方讲话。除非发生十万火急的事情。认真聆听的态度是你走向成功聆听的重要的第一步。

2. 不要让自己的思绪偏离

很多人容易做白日梦。上网也好，写作也好，打电话也好，容易思绪偏离，容易转方向。不要让自己的思绪偏离，要集中注意力，聚精会神，让自己的思绪集中在自己当前的焦点上，要忘记自己，注重电话当中对方所说的每一句话。

3. 不要臆测对方的谈话

不要臆测对方的谈话，假设对方所说的话是真的或假的。很多人打电话不能产生很好的效果，就是因为他在电话中经常很主动地臆测别人。通常有这几种臆测：我有时间，所以你就有时间；我感兴趣，所以你就感兴趣；我这样想，肯定你也这样想，等等。

【思考与训练】

1. 阅读下面的电话内容，分析甲乙两人分别运用了哪些电话聆听技巧。

甲："您好，这里是××集团人力资源办公室。"
乙："李部长，您好！我是集团办公室小张。"
甲："您好，小张。有什么事吗?"
乙："是这样，董事长要求各部门准备好这个季度的总结材料，下周进行总结。"

甲："是这个季度的吗?"

乙："是的。"

甲："下周总结?"

乙："对。"

甲："具体时间是什么时候?"

乙："具体时间还没有确定。确定了我马上通知您。"

甲："那就谢谢你了。"

乙："没什么。就这样吧。再见。"

甲："好的,再见。"

2. 阅读下面的电话内容,分析教师在与家长沟通时运用了哪些电话聆听技巧。

"老师您好! 我是李玥玥的妈妈。"

"您好,李妈妈。"

"我这段时间一直在外出差,我想问问我家玥玥这段时间调皮没有,给您添麻烦了吗?"

"您只是想知道李玥玥是否惹祸吗?"

"噢,当然不是。"

"李玥玥挺乖的。"

"我听她奶奶说最近她很喜欢英语,不知道她英语学习有没有进步?"

"进步可大了。她下周还要代表我们班去参加全校的英语比赛呢。另外,她在艺术节上表演的街舞还获得了二等奖。"

"真的? 那我应该好好表扬表扬她。谢谢您啦!"

"不客气。"

3. 通过语调的不同处理,说一说"好!"这句话表达的不同语意。

4. 观察别人打电话时的语气、语调和动作表情,看看他们在聆听电话时运用了哪些技巧。分析这些技巧对他打电话是否有帮助。

5. 练习接听电话。

①记录你一天聆听电话的具体表现和感受,分析你聆听电话时用得好的技巧及其所起的作用。

②记录你一天聆听电话的具体表现和感受,分析你聆听电话时的障碍,并找出克服这些障碍的方法。

第三节　新闻聆听技巧

【知识要点】

在现实生活中，人们了解社会信息，分析社会动态，主要通过读报纸、看电视、听收音机等方式来进行。随着生活节奏的加快、视听方式的多样化，很多人没有时间或不愿意浪费时间来阅读新闻，而通过听的方式来获得新闻信息。听新闻也成了一种很实用的时尚生活方式。如，很多上班族已经习惯一起床就打开电视，边听新闻边完成洗漱及早餐事宜；路上塞车时，用收音机和手机听新闻；下班后，边做家务边听新闻……

在聆听新闻时，要注意以下问题：了解新闻的类型和写作要求，抓住新闻的主要内容。

一、了解新闻的类型和写作要求

一般来说，新闻可以分为四种类型。

1. 动态消息

动态消息是迅速而准确地报道最近发生的国际、国内重大事件，重要的活动和各项建设中最新出现的新情况、新动态、新成就、新问题的一种文体。它是报纸上使用最多的一类。

重大新闻的简讯都属于动态消息，报道时占显著位置的消息，篇幅简短。

2. 典型消息

典型消息也叫经验消息，它是对一些具体部门、单位、行业的典型经验及成功做法进行集中报道的一种文体。这种消息是在介绍经验、做法之后总结经验，揭示规律，以达到以点带面、推动工作的目的。

3. 综合消息

综合消息是把发生在不同地点、不同单位、各具特色、性质相同的事实综合在一起，并体现一个主题的报道。它的特点是在综合、概括事实的基础上进行分析，提出见解，揭示规律。

4. 述评消息

述评消息又称"记者述评""新闻述评"，是一种兼有消息与评论作用的新闻。它是在陈述事实的基础上，穿插评论或抒发感慨，从而分析说明所报道事实的本质和意义。它的特点是边叙边评，要求以国家的方针政策为依据，针对事实进行评说，要观点正确，评论得当。

根据上述内容，我们在听新闻时就能知道所听新闻属于哪种类型，主要想传递什么信息，这样就可以更准确地帮助我们理解新闻的内容，更能抓住要点，听得更准确。

二、抓住新闻中的主要内容

一则新闻主要由标题、导语、主体、结尾和背景材料五个部分构成。每个部分对新闻的内容都有不同程度的揭示，因此，我们在听新闻时要注意听这五个部分的内容。

泰国新宪法草案获得全民公决通过为大选铺平道路[①]

中新网曼谷8月20日电（记者 顾时宏）泰国新宪法草案在19日举行的全民公决中以约58%的支持率获得通过。

据泰国选举委员会19日晚上公布的非正式统计结果显示，在全国约4500万有资格参加全民公决的民众中，前往投票的比例约为55%，其中选择"接受"和"不接受"新宪法草案的比例分别为58.34%和41.66%，另外，废票比例为1.97%。

泰国新宪法草案由去年9月发生军事政变后成立的新宪法起草委员会起草，并于今年7月得到制宪大会的审议通过。但泰国临时宪法规定，新宪法草案必须获得全民公决通过后才能正式颁布实施。新宪法草案获得通过后将为预定于今年底举行的泰国新一轮全国大选铺平道路。

1. 听清标题，听出新闻的中心或主要事实

新闻标题是对新闻的主旨或内容的提要，用以吸引听者。新闻标题可以由引题、正题和副题组合而成。

引题，往往用来交代形势，说明背景，烘托气氛，揭示意义，引出正题。

正题，是新闻中心的概括或主要事实的说明。

副题，常常用以补充交代事实，说明事情结果，有时也用来说明正题的由来或依据。

---

① 李彬. 泰国新宪法草案获全民公决通过为大选铺平道路[EB/OL]. (2007 – 08 – 20) [2014 – 05 – 30]. http://news.sohu.com/20070820/n251666836.shtml.

标题一

湖南凤凰大桥垮塌事故调查开始进行①

标题二

奥运会开赛第一天传来"零的突破"喜讯

我国运动员夺得两枚金牌

同时夺得一枚举重银牌和一枚射击铜牌
国家体委、中国奥委会和国体总致电热烈祝贺②

一般的新闻都采用单行标题（只有正题，如标题一）或双行标题（引题配正题，或正题配副题），也有用多行标题（引题、正题、副题都出现，如标题二）。但不管哪种标题，都要对新闻中心进行概括或对主要事实进行说明，因此，听新闻时要抓住标题中的正题，听清新闻的中心或主要事实。

2. 听清导语，听出新闻中的重要信息

导语是新闻的开头部分，可以用一句话，也可以用一个自然段。其一般是说明新闻当中最重要的信息，要简明扼要地叙述最新鲜、最主要的事实，或综合介绍全文的基本内容，使听者先获得一个概貌。

导语一

今天，世界上最大的水利枢纽工程——三峡工程实现了大江截流。江泽民主席向全世界宣告，多少代中国人开发和利用三峡资源的梦想正在变为现实。③

导语二

"8 月 19 日，四川省 2013 年普通高校招生录取工作顺利落幕。据统计，截至 8 月 19 日，全国共有 1852 所院校在川已录取本专科新生

---

① 胡少飞. 湖南凤凰大桥垮塌事故调查开始进行［EB/OL］.（2007－08－20）［2014－05－30］. http://news. 163. com/07/0820/09/3MB2FVL00001124J. html.

② 刘小明，吴骅. 奥运会开赛第一天传来"零的突破"喜讯［N/OL］. 人民日报,（1984－07－31）［2014－05－30］. http://www. bookbao. com/views/200911/26/id XNTgyODQ = 2. html.

③ 唐卫彬，严文斌，刘晖. 三峡工程实现大江截流［EB/OL］.（1997－11－08）［2014－05－30］. http://news. xinhuanet. com/newmedia/2006－11/01/content_5276500. htm.

40.2 万人。"①

一般来说，很多情况下，由于新闻的要求，它的导语要包括六个要素——何时（When）、何地（Where）、何事（What）、何人（Who）、何因（Why）、如何（How），这六个要素是把新闻事实弄清楚的最起码条件。因此，我们听新闻导语时，一定要听清楚这六个要素，掌握新闻的关键信息，弄清新闻事实。

3. 听懂主体，全面了解新闻事实

主体是新闻的主干，它要对报道的事实做具体的叙述和进一步的说明，要用充分的、有说服力的事实材料表现内外的主旨。对于材料的安排，可以按时间顺序写出事件的发展，或按空间位置的转移组织材料，或依据事物的逻辑联系来安排层次。

听新闻时，要注意听新闻的主体，这有助于我们对新闻事实做更全面的了解。如前文，新闻中的主体就交代了泰国新宪法草案的通过情况。

4. 听懂结尾

结尾是新闻的最后一句或一段话，一般会指出事物发展的趋势或对报道内容做概括式的小结；有的则提出希望，如前文中"新宪法草案获得通过后将为预定于今年底举行的泰国新一轮全国大选铺平道路"指出了新宪法草案在今后所起的作用。

5. 听懂背景材料，了解新闻发生的历史和环境

背景材料是指有关新闻事件发生的历史条件和环境的材料。其一般用来深化主旨，帮助读者认识所报道的事实的性质和意义。背景材料包括对比性材料、说明性材料和注释性材料。如，例文中的"泰国新宪法草案由去年9月发生军事政变后成立的新宪法起草委员会起草，并于今年7月得到制宪大会的审议通过"就是一种说明性材料。

三、听新闻的方法技巧

1. 专注地听，听得明白、清楚、正确，并且能够理解内容。

2. 抓关键，就是抓住关键性的内容。在"听话"的时候，即使是用第一语言交际，也不要求每一个词都听得很清楚，一般只需抓住主要的意思、关键性的内容。所以，"听新闻"的时候要善于抓关键。

3. 跳障碍，就是把不懂的非关键性词语跳过去。所谓非关键性词语，就是不影响基本信息或主要信息的词语。在"听新闻"的时候，如果有一两个词听

---

① 四川省教育厅. 四川：2013 年普通高校招生录取工作结束[EB/OL]. (2013 - 08 - 21)[2014 - 05 - 30]. http://www.jyb.cn/gk/gksx/201308/t20130821_548895.html.

不懂，不要把注意力停留在"想"这一两个词上，而是要注意继续往下听，否则就不能获得下面的信息。

4. 分析和判断，即对内容、情绪和技巧作出评断。

【思考与训练】

1. 下面是一则新闻，请你听后用一句话概括新闻的要点。

　　据英国广播公司报道，德国汉堡大学的天文学家在银河系中发现了一颗已有140亿年历史的恒星，它的形成能够追溯到宇宙形成的初期。这颗恒星被编号为 HE0107 - 5240，其罕见之处在于：与其他历史稍短的恒星不同，它完全是由宇宙大爆炸时产生的几种简单元素组成的，是迄今为止发现的第一颗不含金属元素的恒星。[①]

2. 下面是一则消息，请听后按要求完成问题。

　　今年3月，南海市明湖公园采取公园与职工个人共同筹资的方法购买了一台"挑战者号"型时空穿梭机。时空穿梭机又名娱乐仿真模拟器，是仿真科技与多媒体技术相结合的产物。三维立体图像、震撼人心的音响效果和高度仿真运动使人惊心动魄，会产生超越时空的感觉。这台时空穿梭机开始营业以来，3个月的营业收入就达到40万元人民币，其中仅五一节一天的收入就超过公园300条游船的总收入。在近两年来许多公园经济效益不景气的情况下，明湖公园这台时空穿梭机所带来的如此大收益使全园职工备受鼓舞。据说，娱乐仿真模拟器已经成了国外许多公园、游乐园换代的标志性设备，无论是好莱坞还是日本海洋公园，仿真模拟器都是当地的盈利明星。[②]

（1）复述消息的内容。
（2）为这则消息拟一条导语。

3. 下面是挖掘杭州雷峰塔地宫的一段报道，请复述有关地宫开启的过程。

---

　　① 张蓓蕾. 勃兰特下跪赎罪受到称赞［EB/OL］.（2011 - 06 - 22）［2014 - 05 - 30］. http://blog.sina.com.cn/s/blog_4c8058fa0100sgyt.html.

　　② 高中语文题库. 压缩概括［EB/OL］.（2012 - 10 - 25）［2014 - 05 - 30］. http://www.gzy-wtk.com/tmshow/393.html.

上午 9 时整，考古队进入现场开始挖掘。打开地宫并不容易，直到 9 时 45 分，考古人员才将压在地宫洞口的 750 公斤的巨石移开，露出 93 厘米长宽、13 厘米厚的大理石盖板。盖板上没有任何文字，但考古人员在紫红色的泥土中发现了 10 枚唐开元通宝铜钱。10 时 5 分，盖板基本清理完毕。10 时 30 分，盖板绘图完毕。11 时整，盖板还没有打开，挖掘现场发现越来越多的钱币。11 时 11 分，最激动人心的时刻到了，考古人员开始用撬杠撬开盖板。11 时 18 分，考古人员翻开大理石盖板，地宫口终于被打开了。①

4. 听电视上的新闻节目，听后复述。

方法一：录下新闻，复述后与录音比较，再听，再复述，再比较。反复做，直到满意为止。

方法二：两人一组，同时听一则新闻，听后复述，相互更正。反复做，直到满意为止。

---

① vbk. 语言运用之压缩语段［EB/OL］.（2009 – 03 – 05）［2014 – 05 – 30］. http://blog. sina. com. cn/wbk0728wbk.

第二部分

口　语

生活中不少人有这样的感觉：平时和熟人东拉西扯还可以，但一到紧要关头，却经常有言不及义、言不尽意之感。看到别人妙语连珠、能言善辩，虽然一方面很羡慕，另一方面却又自己安慰自己："我是老实人，我不会说话。"于是，心安理得地接受自己口语表达能力不强这一事实，而许多原本也可以属于我们的美好事物——升职、加薪、成功、爱情、幸福等，可能就是因为我们的"笨嘴拙舌"而与我们失之交臂。由此可见，口语表达的力量非同一般。

第一章　口语表达概述

【案例导入】

最好的和最坏的

有一天，老爷对侍仆说："你去宰一只羊，把最好的给我们端上来。"

侍仆端来了羊舌。

第二天，老爷又对他说："你再宰一只羊，把最坏的给我们端上来。"

侍仆端来的仍然是舌头。老爷问他为什么，他说："说好，没有比舌头更好的；说坏，没有比舌头更坏的。"①

这个故事通过舌头的作用告诉了我们说话的重要性。同一件事、同一个人，通过不同的话语，我们既可以把它说成是好的，又可以把它说成是坏的。正所谓"众口铄金，积毁销骨"，语言的魔力尽在于此。

【知识要点】

人类自从有了语言，口语表达就成为社会生活中人与人之间的一种重要交流方式。口语表达随时空的变化而不断发展、完善，它既蕴含丰富的内容，又具有其独自的特色。我们只要遵循它的主要原则并灵活运用，就能充分感受到口语表达的美妙。

---

① 美琪文学. 说幽默话做幽默人大全集［EB/OL］.（2014－02－27）［2014－05－30］. http://www.zuipark.com/book/319521/40.

第一节　口语表达的价值

社会生活中不管我们说什么、做什么，首先都应该弄清楚它有什么意义。口语表达的重要价值千百年来一直深受历朝历代有识之士的普遍重视。下面我们就从历史、社会和个体三个角度来分析了解口语表达所具有的价值。

一、口语表达具有历史价值

翻开人类文明史册，古今中外，能言善辩、激浊扬清的雄辩家、演说家犹如璀璨的群星，永远光照人间。

我国先秦时期有胆有识的辩士、说客们，凭着巧言利舌游说列国，驰骋政坛，左右君主，声震天下。如，春秋战国时的毛遂，自荐使楚，口若悬河，迫使楚王歃血为盟；战国时的苏秦，游说诸侯，身挂六国相印，促使合众抗秦联盟；三国时的诸葛亮出使东吴，舌战群儒，说服吴主孙权联合刘备抵抗曹操，从而获得赤壁大捷，遂成三分天下之势。此外，还有中国古代的孟子、晏子、墨子等，现代的李大钊、萧楚女、闻一多等；外国有古希腊的西塞罗、德摩斯梯尼等，近代的华盛顿、列宁、季米特洛夫等，他们杰出的口才都伴随着卓越的思想、不凡的业绩而永垂青史。

历史上的人们为我们做出了口语表达的典型示范，他们也为我们留下了口语表达的宝贵财富。南北朝时的著名学者刘勰曾高度评价口语表达的价值："一言之辩，重于九鼎之宝；三寸之舌，强于百万之师。"

二、口语表达具有社会价值

从人类开始有语言的那一刻起，口语表达就对社会的发展起着举足轻重的作用。通过对话交流，人们开始了合作创造，社会亦开始出现了多姿多彩的生活。美国人早在 20 世纪 40 年代就把"口才、美元和原子弹"看作在世界上赖以生存和竞争的三大法宝，20 世纪 60 年代以后，又将其改为"口才、美元和电脑"。卡耐基曾说："一个人的成功，约有 15% 取决于知识和技术，85% 取决于人脉沟通。"[①] 这个成功学的公式已经为大多数人所认可，而这举足轻重的 85%——人际沟通和口才等综合素质，恰恰是很多人成功的绊脚石。可见，口语表达是社会发展必不可少的一个重要因素。

我们可以做一个大胆的假设：假如人类失去了语言，我们将生活在怎样的一个社会里？果真有那么一天，"有声有色"这个词就会变成"无声无色"，说话

---

① 展啸风. 用舌头代替拳头，用幽默化解沉默 [M]. 北京：中国华侨出版社，2012：1.

的利器"嘴"也将退化，电话、电视、手机和电脑等用品将失去它们的价值……"社会"这个词将会被覆上一层阴霾，社会仿佛笼罩在黑暗中，一切都是那样的毫无生息。

三、口语表达具有个体价值

口语表达是综合开发个体智慧、培养开拓型人才的需要，也是发展个体的积极心态、培养自信心和走向成功的有效途径。

> 卡耐基先生曾讲过这样一则故事：一位英国人，失业后没有钱，走在费城街道上找工作。他走进当地一位大商人保罗·吉彭斯的办公室，要求与吉彭斯先生见面。吉彭斯先生以信任的眼光看看这位陌生人。他的外表显然对他不利。他衣衫褴褛，衣袖底部已经磨光，全身上下到处显出寒酸样。吉彭斯先生一半出于好奇心，一半出于同情，答应接见他。一开始，吉彭斯只打算听对方说几秒钟，然而这几秒钟却变成几分钟，几分钟又变成一个小时，而谈话依旧进行着。谈话结束之后，吉彭斯先生打电话给狄龙出版公司的费城经理罗兰·泰勒，而泰勒这位费城的大资本家则邀请这位陌生人共进午餐，并为他安排了一个很好的工作。
>
> 这个外表潦倒的男子，怎么能够在这样短的时间内影响了如此重要的两位人物？其中秘诀就是：他对英语有很强的表达能力。[①]

良好的口语表达帮助该年轻人展示了才华，获得了美满的结局。因此，我们每个人都有必要学习口语的有关知识和表达技巧，以帮助我们在工作、生活中更好地展现才能，提高语言的感染力、号召力、鼓舞力。

第二节 口语表达的内涵与特色

一、口语表达的内涵

口语表达即说话，它是与书面语言表达相对应的一种语言表达方式。口语表达作为一种实际的语言行为，其意义指向是十分丰富和不确定的，对它的理解应呈现多样化和多层次的特点。

口语表达的内涵主要通过以下三方面来体现。

---

① 高铁军. 卡耐基口才学 [M]. 北京：北京燕山出版社，2008：274-275.

（1）有效地说话——这是美国著名的人际关系学大师、西方现代人际关系教育的奠基人戴尔·卡耐基对口才的定义。

晏婴是春秋时代齐国的宰相，他的身材矮小，不满五尺，但他很聪明，有才干。有一次，晏婴作为齐国使臣出使楚国，楚怀王不给开城门而挖一小洞让其钻进去。晏婴说："人走城门，狗钻狗洞，这难道是说我到了狗国吗？"接着，楚怀王又讥笑晏婴说："你们齐国恐怕是没人了吧，怎么派你这样的人做使臣呢？"晏婴从容地应对："我们齐国的人多得抬一抬手，（衣袖）能连成一片云；挥一把汗，能下一阵雨。不过，我们齐国派遣使臣有一个规矩，有才能的人常常被派去见有才能的君王，无能的人呢，就被派去见无能的君王。我在齐国是最无能的人，所以就被派来见您啦！"接下来，楚怀王又演了一出双簧，命手下捆绑一人押解上来。问："何人？"答："齐国人。""何罪？""偷窃罪。"楚怀王借题发挥："原来齐国人是惯于偷窃的啊！"面对楚怀王的挑衅，晏婴的辩驳从容不迫："橘生江南则为橘，又大又甜，移到江北则为枳，又小又酸，何故？水土的缘故啊。"随后话锋一转："我们齐国人在齐国不偷，到了楚国就偷了，莫非是楚国的水土使人惯于偷窃啊！"①

其实，所谓有效地说话，就是"得体地"，进而"艺术地"进行口语表达。所谓"有效"，也是一种相对的说法，因为效果对于不同的个体而言有高有低。要想做到"有效地说话"，不妨先进行一下必要的自我审视和定位，把自己在口语表达方面的优势、障碍、难关、目标一个一个地弄清楚；树立信心，确定目标，找好方法，不断有效地提高自己的口语表达能力；既不将口语表达能力视为高不可攀、难以企及的一种才能，又不好高骛远，一口就想吃个胖子。

（2）口语表达是一种螺旋式上升的发展过程。口语表达即指"说话"，此"说话"隐含有对一种行为的某种特殊期待和要求，从而赋予了此"说话"艺术层面的内涵。换言之，此"说话"其实是指"会说话""能说话"，或指"说话有技巧"和"说话有能力"。此种口才的发展蕴含在口语表达—说话—会说话—口才这样一个螺旋式上升的发展过程中，一个人要想提升口语表达能力，就要认识口语表达自身的规律和特点，摒弃一蹴而就的想法，坚持不懈、循序渐进地去努力，去实践，去提升。

（3）口语表达是一个人多种能力和多方面修养的综合反映。口语表达不仅

---

① 杨牧之.中国历史小故事 晏子使楚［M］.北京：中国少年儿童出版社，1980：67－72.（有改动）

需要一个人拥有较好的语言能力和思维能力，而且需要一个人拥有较好的文化素养和道德素养。只有综合素养较好的人，其口语表达才会体现出对社会有价值的作用。

二、口语表达的特点

口语是书面语得以产生的基础和源泉，是书面语进一步发展的动力，因为口语不断为书面语提供鲜活的材料，促使书面语向前发展。口语表达除了需要借助态势语言作为辅助手段外，还具有以下几个特点。

1. 口语表达的语言与思维具有趋同性

口语表达的过程，是一个将内部语言的思维变为外部语言的口语过程。这个过程可分为两个阶段：其一是初始思维阶段，即"打腹稿"阶段；其二是现想现说、现说现想阶段。口语与思维的趋同性，要求口语表达要跟得上思维，关键点在于思维必须敏捷、周密、连贯。

2. 口语表达的语音具有易逝性

口语表达是以声波为载体来传递信息、交流思想的，而声波则是稍纵即逝的。也就是说，口语具有易逝性特点。所谓易逝性，是指一句话讲出来就是其最终的形式，而这种形式保留的时间很短。

3. 口语表达过程具有灵活性

日常交际中，口语表达的话题、内容、言语形式、表达风格都是灵活多样的，它随人物、语境等的变化而变化，呈现出很大的灵活性。书面语的变化落后于口语，书面语的发展要服从口语的发展。

4. 口语表达简短明快、通俗自然

相对于书面语言的语句雅正、结构严密，口语具有简短明快、通俗自然的特点。口语表达往往是在随想随说的情况下进行的，不可能对语言进行细致的加工润色，因而显得通俗易懂，但又显得有些不够严密。换句话说，口语成品语不像书面成品语那样，是经过精心设计、多次修改的结构完整、语法规范的成熟作品。

第三节　口语表达的原则

任何事物都依照一定的原则发展变化，口语表达也如此。这里，我们借用5W1H对口语表达的原则进行阐释。5W1H原本是管理工作中对目标计划进行分解和决策的思维程序。它按照一定的秩序对所要解决问题的目的、对象、场合、时机、内容和方法提出一系列的询问，并寻求解决问题的答案。这六个问题是：

①When——什么时间执行？什么时间完成？　　　　　　　　　　（时机）

②Where——在什么场合进行口语表达？　　　　　　　　　　（场合）

③Who —— 由谁进行口语表达？　　　　　　　　　　　　　（对象）

④Why ——为什么要进行口语表达？　　　　　　　　　　　（目的）

⑤What——口语表达什么？　　　　　　　　　　　　　　　（内容）

⑥How——怎样进行口语表达？采取哪些口语表达的有效方法？　（方法）

以上六个问题的英文第一个字母为 5 个 W 和 1 个 H，所以简称 5W1H 工作法。运用这种方法分析问题时，先将这六个问题列出，得到答案后，再考虑列出一些小问题，又得到答案后，便可进行取消、合并、重排和简化工作，对问题进行综合分析研究，从而产生更新的创造性设想或决策。

口语表达的方法与内容将在后面的章节详谈。这里仅就口语表达的时机、对象、场合与目的四方面进行具体的阐述。

（1）口语表达要选择时机。说话不但讲究技巧，也很讲究时机。正确的话语如果不注意时机，不但收不到应有的效果，还会产生负面作用。

　　孔子曰："侍于君子有三愆（qiān，过失）：言未及之而言谓之躁；言及之而不言谓之隐；未见颜色而言谓之瞽（gǔ，瞎子）。"①

　　【译文】孔子说："陪君子说话容易有三种失误：还没轮到自己说话却抢先说了，这叫急躁；轮到自己说了却不说，这叫阴隐；不察言观色而说话，这叫瞎子。"

这里的"君子"指长官、前辈等，用朱熹的解释，则指"有德位之通称"。其实，在社会生活中就是一般朋友、同学、同事之间的谈话，这里的几点也是很适用的。孔子所指出的三个毛病，的确也是一般人容易犯的。第一个毛病是急躁，爱出风头，没有耐心听人说话的涵养。这一点，对于一个领导者来说，尤其是致命的。第二个毛病是阴隐。该说话的时候不说，给人以城府很深、人很阴的感觉，很容易失去朋友。第三个毛病是说话不长眼睛，说话不看人家的反应，只顾自己说得痛快，得罪了人自己还不知道，这是直肠子性格一类的人，不适合做与人交往、待人接物、洽谈业务等方面的工作。由此可见，在与人交往和相处中，如果一个人说话的时机把握得不好，他的话就很难打动他人，很难做到愉快地与人交往。因为时机是分寸的调和剂，摸清了这种调和剂的真意，对说话时机把握的能力也就会得心应"口"。

（2）口语表达要看清对象。常言道："射箭要看靶子，弹琴要看听众。"任何交际都离不开特定的对象。与人说话，必须根据对象的实际情况，如年龄、身

---

　　① 朱熹. 论语集注［M］. 济南：齐鲁书社，1992：169.

份、性别、性格、地位、心境、文化修养、彼此间的关系等，来确定"谈什么"和"怎样谈"。

比如，打听一个人的年龄，对老年人不宜说"您几岁"，最好说"您今年高寿"或"您今年高龄"；对小孩则不能说"你年龄多大"，而应该说"你今年几岁了"。又如，目前社会上一般称不认识的女性为"美女"，而如果你在问路时，碰巧遇到一位 60 岁的老太太，这时你也称呼其为"美女"，那就可能会招来老太太的白眼了。因此，说话不看对象，难免会事与愿违。

（3）口语表达要分清场合。场合的基本因素是指说话的时间、空间和交际情景。口语表达总是在一定场合进行的，有正式的与非正式的，有公开的与私下的，有喜庆的与悲痛的。说话要区分不同的场合，否则就达不到理想的效果。

　　某法院开庭审理一起盗窃案，被告对作案时间交代不清。为了核实，审判长决定传被告之妻到庭作证。由于过分着急，审判长脱口而出："把他老婆带上来！"全场哗然。①

法庭的气氛是严肃的。在法庭上，审判长应该运用法庭用语，宣布"传证人某某到庭"。由于审判长以日常用语取代了法庭用语，冲淡了法庭严肃的气氛，引来一片哗然，显得很不得体。

（4）口语表达要注重目的。交际目的不同，说话的详略、重点的选定都应有所不同，否则就会降低语言表达的效果。

　　科学巨人法拉第在进入英国皇家学院工作之前，曾和介绍人戴维爵士进行过一次这样的谈话。

　　戴维："很抱歉，我们的谈话随时有可能被打断。不过，你很幸运，此时此刻仪器还没有爆炸。法拉第先生，信和笔记本我都看了。你在信中好像没有说明在哪里上的大学。"

　　法拉第："我没有上过大学，先生。"

　　戴维："噢？但你做的笔记说明你显然是理解这一切的，那又怎样解释呢？"

　　法拉第："我尽可能去学习一切知识，还在自己房间里建立了小实验室。"

　　戴维："年轻人，我很感动。不过，你可能因为没到实验室中干过，

① 刘津. 有效沟通的艺术——卡耐基口才训练教程［M］. 北京：海潮出版社，2002：353.

所以才愿意到这儿来。科学太艰苦，要付出极大的劳动，而只有微薄的报酬。"

法拉第："但是，只要能做这件工作，本身就是一种报酬啊。"

戴维："哈哈哈，你再看一下我眼边的伤疤，这是在氢实验中引起的一次爆炸留下的。我想，你装订的那些书籍总不曾将你炸痛，让你出血或把你打昏吧？"

法拉第："是的，不曾有过，但每当我翻开装订的科学书籍，它的目录常常使我目瞪口呆，神魂颠倒。"①

这段对话重点突出，详略得当，饶有趣味。戴维爵士所强调的是从事科学研究不是一件轻松的事，需要付出艰苦的劳动，甚至要付出伤残或牺牲的代价；而法拉第所表示的是对知识的强烈渴望，对科学的执着追求。谈话的结果是戴维爵士破格让法拉第当了自己的助手。从此，法拉第便在科学事业中大显身手了。假如当初一个强调学历，另一个贪图金钱，那肯定是另一番情形了。

所有口语表达都应遵循5W1H原则，虽然5W1H的具体内容随时都在变化，但是只要我们依据原则中所提出的具体要求去做，就会达到意想不到的效果。

【思考与训练】

1. 简要阐述口语表达的特色。

2. 如何理解"看什么人说什么话"、"到什么山头唱什么歌"？

3. 下面的事例突出或违反了口语表达的哪一种原则？他们这样说话，给人留下了怎样的印象？

(1) 有一个秀才去买柴，他对卖柴的人说："荷薪者过来！"卖柴的人听不懂"荷薪者"（担柴的人）三个字，但是听得懂"过来"两个字，于是把柴担到秀才面前。秀才问他："其价如何？"卖柴的人听不太懂这句话，但是听得懂"价"这个字，于是就告诉秀才价钱。秀才接着说："外实而内虚，烟多而焰少，请损之。"（你的木材外表是干的，里头却是湿的，燃烧起来，会浓烟多而火焰小，请减些价钱吧。）卖柴的人听不懂秀才的话，于是担着柴就走了。②

(2) 某人在参加追悼会时，对别人说："哈哈，昨晚我筑长城的战

---

① 刘津. 有效沟通的艺术——卡耐基口才训练教程［M］. 北京：海潮出版社，2002：137 – 138.

② 王霞. 寓言故事［M］. 天津：天津古籍出版社，2003：405.

绩可大啦！摸了好几回清一色，赢得真过瘾！"

（3）某人在一次很正式的宴会上说："昨天我看见了一场车祸，那个被撞死的人脑浆溅得到处都是。"另一个人又说："这两天我闹肚子，跑厕所勤得很。"

（4）冬天，在电影院里，常有年轻女观众入场后不脱帽子，影响后面的观众观看。为此，放映员多次广播："影片放映时请不要戴帽子。"但许多人依然我行我素，不予理睬。后来，放映员说："本影院为了照顾年老体衰的女观众，允许她们照常戴帽子，不必摘下。"这一来，所有戴帽子的女性全摘下了帽子。①

（5）两位刚旅游归来略显疲倦的客人走进了一家旅店的大厅。新来的接待员小罗立刻迎上前去，微笑着说："你好先生，欢迎入住本旅店。"紧接着，小罗又开始一一介绍客房设备。这时，一位客人说："知道了。"但是，小罗仍然继续介绍。还没等她说完，另一位客人就从自己的钱包里拿出一张百元人民币，不耐烦地递给小罗。小罗心里觉得十分委屈，自己的一片好意怎么会被误解成这样了？她赶忙说了一声："对不起，我们不收小费。如果您有事就叫我，我先告退。"

4. 分小组训练：用一分钟简洁地说明自己目前口语表达的现状。

---

① 百度文库. 第十八修辞与交际 [EB/OL]. (2014-01-14) [2014-05-30]. http://wen-ku. baidu. com/link? url = Ai5u90mQQxN1kVJSAqalHj467LnXBYybNYtspkH1QyGVqcZjUHmeWs0W x0oj6fPps3wBUlM62Mhk6KupPB CCETXxPg9S MEMBY8sTtd2R8C.

第二章　口语表达的方法

【案例导入】

　　有一艘轮船触礁将要沉没，船长叫大副去通知乘客弃船，结果大副悻悻而回说："他们都不愿下去，长官……"船长只得亲自去解决。少时，船长微笑返回对大副说："他们都下去了，我们也走吧……"大副惊讶地问："您是怎么对他们说的？"船长道："我对英国人说——作为绅士，应该做出表率——他下去了；我对法国人说——那是很潇洒的举动——他也跳下去了；我对德国人说——这是命令——他于是跳了下去；我对伊拉克人说——这是真主和将军的旨意——他跳下去时，甚至没穿救生衣……"大副敬佩得五体投地地对船长说："太妙了！长官。对美国人你是怎么说的呢？"船长说："您是被保了险的，先生——那家伙赶紧夹着皮包跳下去了！"①

　　这个故事告诉我们，要想有效解决问题，就必须找到解决问题的根本方法。只有找准并掌握了做事方法，才能让事情办好，让事情做得出色。

　　中国有句古话叫"授之以鱼，不如授之以渔"，说的是传授给人既有知识，不如传授给人学习知识的方法。为什么这样说呢？因为一条鱼，虽然能解一时之饥，却不能解长久之饥，如果要想永远有鱼吃，就要学会钓鱼的方法。一个人如果要想拥有一副好口才，就需要掌握提高口语表达能力的方法。

---

　　①　清凌凌的水. 外国幽默［EB/OL］.（2006 - 08 - 15）［2014 - 05 - 30］. http://blog. sina. com. cn/s/blog_4a653144010004u6. html.

第一节 思维的灵活

【知识要点】

口语表达是以智力为基础的。要想使口语表达获得成功，必须以思维的敏捷为前提。因为口语表达的目的在于表情达意，离开了思维，就谈不上感情交流，也就失去了口语表达的内涵与意义。

一、语言与思维的关系

思维是人脑对客观现实本质和事物内在规律的概括及间接而有目的的反映。这一反映以已有的知识经验为基础，以语言为中介进行活动。思维依靠语言表现出来，也通过语言固定下来。

语言是思维的物质外壳。语言是人类思维的手段，人类思维的形成、表达和感受都要借助于语言。词汇和语法规则是思维的成果，是人们思维逻辑的表现。思维是语言的内核；语言是思维的外衣，是思维成果的外在表现。

口语表达的过程实际上就是把思维的结果用语言这个外壳表述出来的过程。"言为心声"说的就是这个道理。人们常说的"锦心绣口""文思泉涌"中的"口"与"心"、"文"与"思"，说的就是语言与思维的关系。有人甚至把"思维"称作"无声的语言"，认为语言是"出声的思维"。这些都说明思维与语言的关系密切。

二、基本思维

思维是一种潜在的资源。思维资源并非与生俱来，而是需要经过教育训练才能逐渐成熟、运用自如的。人的思维基础是社会实践。人类在认识客观世界、改造客观世界的同时，也改变了主观世界，发展了思维。

这里所说的基本思维，与大家通常所谈的"思维定式"或"习惯性思维"既有联系，也有区别。"思维定式"或"习惯性思维"是指人们按已经习惯的、比较固定的思路去考虑问题、分析问题，表现为在解决问题过程中做特定方式的加工准备。"思维定式"或"习惯性思维"阻碍了思维的开放性和灵活性，造成思维的僵化和呆板，使创造性思维的发展受到阻碍，其消极作用是显而易见的。而我们这里所提的基本思维意在倡导发挥固定思维中积极有效的因素，强化习惯思维中的根本思维方法，这种思维一般不随意创新。让我们先来看两道排序题：

事例一：①收集书籍 ②购买木料 ③打造书架 ④雇用木工 ⑤排列书籍

这是一个工作流程题。可以设想为：某人要整理书籍。要排列书籍，需要有书架，做书架则需要购买木料、雇用木工，这样一来，其逻辑顺序就应该是：②购买木料——④雇用木工——③打造书架——①收集书籍——⑤排列书籍

事例二：①入场　②回家　③看电影　④买票　⑤剧终

这件事的一般思维习惯为：看电影得先买票，买票后入场，看至剧终，然后回家。这样排序就应该是：④买票——①入场——③看电影——⑤剧终——②回家

以上两个事例告诉我们：做事一般要按基本的思维习惯去思考，说话一般也应遵循基本的思维习惯。

基本思维是一种按常规处理问题的基础思维方式。它可以省去许多摸索、试探的步骤，缩短思考时间，提高效率。在日常生活中，基本思维可以帮助我们解决每天碰到的90%以上的问题。基本思维就像我们每天需要吃饭、喝水、呼吸一样，是不能丢弃的。

三、创新思维

这里所谈的创新思维就是不受常规思路的约束，寻求对问题的全新而独特的解答和方法的思维过程。常见的几种创新思维如下。

1. 逆向思维法——"反其道而行之"

逆向思维是对某些问题，尤其是一些特殊问题，从结论往回推，倒过来思考，从求解回到已知条件的一种思维方式。

> 孙膑是战国时著名的兵法家。他到魏国求职时，魏惠王心胸狭窄，忌其才华，故意习难他，对他说："听说你挺有才能，如你能使我从座位上走下来，就任用你为将军。"魏惠王心里想：到时候我就是不起来，看你奈我何！孙膑心里想：魏惠王贵为皇帝，只要他在座位上稳坐着，不起来，我是不能强行把他拉下来的，因为把皇帝拉下座是死罪呀。怎么办呢？只有采用逆向思维法，让他自动从座位上走下来。于是，孙膑对魏惠王说："我确实没有办法让大王从宝座上走下来，但是我有办法让大王坐到宝座上。"魏惠王心里想：嗨，这还不是一回事；我就是不坐下，你又奈我何！于是，他便乐呵呵地从座位上走了下来。孙膑马上说："我现在虽然没有办法让您坐回去，但我已经让您从座位上走下来了。"魏惠王方知上当，只好任用他为将军。①

在进行逆向思维时，需要把握好它的三个特性：

---

① 陈镜宇. 哈佛优质思考术大全集［M］. 北京：石油工业出版社，2011：73.

一是普遍性。逆向思维在各种领域、各种活动中都有适用性，如，性质上对立两极的转换：软与硬、高与低等；结构位置上的互换与颠倒：上与下、左与右等；过程上的逆转：气态变液态或液态变气态、电转为磁或磁转为电等。不论哪种方式，只要从一个方面想到与之对立的另一方面，都是逆向思维。

二是批判性。逆向是与正常比较而言的，正向是指常规的、常识的、公认的或习惯的想法与做法。逆向思维则恰恰相反，是对传统、惯例、常识的反叛，是对常规的挑战。它能够克服思维定式，破除由经验和习惯造成的僵化的认识模式。

三是新颖性。用循规蹈矩的思维按传统方式解决问题虽然简单，但容易使思路僵化、刻板，摆脱不掉习惯的束缚，得到的往往是一些司空见惯的答案。其实，任何事物都具有多方面属性。由于受过去经验的影响，人们容易看到熟悉的一面，而对陌生的另一面视而不见。逆向思维则能克服这一障碍，往往给人以耳目一新的感觉。

2. 自由创造思维法——"展开想象的翅膀"

自由创造思维方法是开发人的想象力并把想象力转化为创新能力的思维工具。

1983 年，一位叫普洛罗夫的捷克籍法学博士发现：50 年来，纽约里士满区一所穷人学校（圣·贝纳特学院）出来的学生在纽约警察局的犯罪记录最低。普洛罗夫通过发放调查表询问他们："圣·贝纳特学院教会了你什么？"在接下来将近 6 年的时间里，他共收到 3756 份回函。在这些回函中，有 74% 的人回答是：他们在学校里知道了一支铅笔有多少种用途。

这是怎么回事呢？普洛罗夫百思不得其解。于是，他走访了纽约市最大的一家皮货商店的老板。该老板说："学院的贝纳特牧师教会了我们一支铅笔有多少种用途。我们入学的第一篇作文就是这个题目。当初，我认为铅笔只有一种用途——写字。谁知道铅笔不仅能用来写字；必要时还能用来替代格尺画线；还能作为礼品送给朋友表示友爱；能当商品出售获得利润；铅笔的芯磨成粉后可以做润滑粉；演出的时候可以临时用来化妆；削下的木屑可以做成装饰画；一支铅笔按照相等的比例锯成若干份，可以做成一副象棋；在野外缺水的时候，铅笔抽掉芯还能当做吸管喝石缝中的水；在遇到坏人时，削尖的铅笔还能作为自卫的武器……总之，一支铅笔有无数种用途。贝纳特牧师让我们这些穷人的孩子明白，有着眼睛、鼻子、耳朵、大脑和手脚的人更是有无数种用途，并且任何一种用途都足以使我们成功。我原来是个电车司机，后来失业了。但是你看，我现在是一个皮货商了。"听了皮货商店老板的说明后，普洛罗夫恍然大悟。后来，普洛罗夫又采访了一些圣·贝纳特学院毕业的学生，发现无论贵贱，他们都有一份职业，并且生活得非常乐观。而且，他们都能说出一支铅笔的至少20种用途。①

自由创造思维方法在于开发想象力，开发想象力要"敢于想"，要"能够想"，要"善于想"。它强调树立想象的自信心、培养想象的能力并注意想象的方法。

3. 头脑风暴法——"三个臭皮匠，赛过诸葛亮"

头脑风暴法是由美国创造学家奥斯本在1939年提出来的，也称"智力激励法""畅谈讨论法""集思广益法"等。具体做法是：选定一个题目，相约几个人在一起畅想，发表意见。运用头脑风暴法要求每个人敞开思想的大门进行发散性思维，暴露每个人思维的过程，相互启发，通过思维的碰撞，产生新的思想火花，努力寻求解决问题的多种办法，越新颖越好。奥斯本的头脑风暴法，实际上与我国民间俗话所说的"三个臭皮匠，赛过诸葛亮"是一回事：碰到一个难题，大家你一言我一语地共同商议，拿出好的主意来。头脑风暴法这种方法和形式，能够产生互相激励的作用，激发参与者的兴趣和求知欲，促进每个参与者想象力和发散性思维的发展。

遵守运用头脑风暴法需注意的四个问题：一是提倡自由畅谈；二是畅谈中不得阻挡他人另类的言论；三是大家所畅谈的解决问题的方案就像韩信点兵，多多益善；四是要善于利用别人的想法来拓展自己的思路。

4. 灵感思维法——"灵机一动"

灵感思维是一种带有突发性、非自觉性的创造性思维活动。通俗的解释为：当某一个思考了很长时间却没有解决的问题，突然受到某一事物的启发，"灵机一动"，一下子就豁然开朗，想到了解决问题的好办法，这种思维方法就叫灵感思维。

激发灵感的几种途径如下。

激发灵感的途径之一：自发灵感。所谓自发灵感，是指当某人对某个问题已进行了较长时间的思考而百思不得其解时，所思考问题的某种答案或启示有可能在某一时刻突然就在头脑中闪现。

激发灵感的途径之二：诱发灵感。所谓诱发灵感，是指思考者根据自身生理、爱好、习惯等方面的特点，采取某种方式或选择某种场合，有意识地促使所思考的某种答案或启示在头脑中出现。

---

① 徐彩虹. 放飞你的梦想［M］. 长春：吉林大学出版社，2009：149 – 150.

　　激发灵感的途径之三：触发灵感。所谓触发灵感，是指当某人在就某个问题已进行了一定时间的思考而又未得其解的状态下，在接触另外某些相关或不相关的事物时，这些事物有可能成为"媒介物"或"导火线"，促使所思考问题的某种答案或启示在头脑中引发闪现出来。我国古语说的"水尝无华，相荡乃成涟漪；石本无火，相击而后发光"，讲的就是这个道理。

　　激发灵感的途径之四：逼发灵感。所谓逼发灵感，是指在紧急情况下，只要镇定思考，情急生智，解决问题的某种答案或启示就有可能在头脑中突然闪现。千百年来脍炙人口的《七步诗》——"煮豆燃豆萁，豆在釜中泣。本是同根生，相煎何太急！"就是逼发灵感的结果。

　　　　奥地利作曲家莫扎特是海顿的学生。有一次，他和老师打赌，说他能写一首老师准弹不了的曲子。海顿自然不相信。莫扎特用了不到5分钟，就匆匆地把乐谱稿子写完，送到海顿的面前。"这是什么呀？"海顿弹奏了一会儿后惊呼起来："我的两只手分别弹向钢琴的两端时，怎么会有一个音符突然出现在键盘的当中呢？这是任何人也弹不了的曲子。"莫扎特微笑着在钢琴前坐下，当弹到那个音符的时候，他弯下身来，用鼻子弹出了那个音符。①

　　人都是靠经验做事情的，难免会墨守成规。这里，莫扎特依靠自发灵感，打破了一般习惯思维和"游戏规则"，给老师出了难题。

【思考与训练】

　　1. 简述语言与思维的关系。
　　2. 你最常用哪一种思维方式思考问题？请举例说明。
　　3. 以"手的用途"为题，或自选题目，进行自由创造思维法练习。
　　4. 阅读下面的事例，谈谈歌德运用了怎样的思维方法说话反击了对方？同时，想想自己是否遇到过类似的情形，又是怎么加以处理的？

---

　　① caiyihao. "创新思维训练"第一章第三节之二［EB/OL］. （2007 – 01 – 31）［2014 – 05 – 30］. http://blog. sina. com. cn/s/blog 55510737010007no. html.

给傻瓜让路①

有一次，歌德在一条窄窄的小路上散步，遇到了一位评论家。这位评论家不喜欢歌德的诗，在报上把歌德的作品说得一文不值。评论家看到对面走来的是歌德，先是一愣，随后挺起胸膛，露出很傲慢的神气，高声喊道："我从来不给傻子让路的！"歌德却摘下头上的帽子，满面笑容地闪在一旁让开了路，说："我恰恰相反！"说完，他就闪身让路，让批评家过去。

5. 讨论：人们在日常生活中是如何运用基本思维的？

第二节　语言的锤炼

【知识要点】

口语表达要取得好的效果，必须有丰富的词源，准确地用词和选句，恰当地使用语气词，使话语说得委婉、顺畅；同时，应根据表达内容和语言环境的需要，选择最恰当的句式，不断强化语词、语音、语调、语速，准确地进行口语表达。

一、语词

词是语言的基本材料。一个人对语言掌握的优劣程度根本取决于他的词汇是否丰富，运用是否灵活。因此，我们要注意不断积累语词，并且在进行口语表达时选好词、用好词。

（一）积累语词

1. 从课本中积累

一般来说，语文教科书所选用的每一篇课文，用词都比较准确、生动。因此，要善于从课本中学习词语。比如，对于朱自清的《荷塘月色》、孙犁的《荷花淀》等美文里的词句，如果能在理解文章内容的基础上加以积攒，久而久之，在说话时必然就会有丰富的词汇自然而然地从口中流出。

---

① 顾汉良. 歌德给傻瓜让路打通思路 [M]. 太原：希望出版社，1999：178.

2. 从课外读物中积累

大量的课外阅读是积累词语的重要来源。因此，我们不仅要课外阅读，而且要从课外读物中摘抄词语。特别是遇到不懂的词语，千万不要放过，要真正把它弄明白为止。

3. 在生活中积累

在日常生活中，我们会接触到各种各样的人，他们的语言各具特点，我们应该留心倾听并随时收集，持之以恒，天长日久了，自己就会感到词语越来越丰富。

4. 在使用中积累

积累的词语不能只记在本子上，在平时回答问题、与他人交谈或作文时，要尽量运用已掌握的词语，通过使用达到积累的目的。

为了更好地积累词语，可以建立一个"词语摘抄本"，把从各方面选到的词语抄在上面。抄写词语可以按词性归类，也可以按用途或自己的习惯归类。经过日积月累，词汇就会丰富起来。活到老，学到老，不断学习进步是一件让人愉快的事情！

（二）选词用词

在积累词汇的同时，我们的说话也在进行。选词不同，话语表达的意思也会有差异。如下例：

大量的事实说明，在"既得利益集团"的＿＿＿＿＿下，有些人为了一己一帮的私利，采取欺上瞒下的手段，侵害了广大人民群众的利益。

A. 庇护　　　　B. 保护　　　　C. 捍卫　　　　D. 保卫

此题应该选择"A"答案！

这四个词都是动词，都含有"尽力照顾，不使受损害"的意思，但它们在词义、感情色彩、适用对象等方面有差别。

词义方面："保护"着重在"护"，指不使受损害的意思；"保卫"着重在"卫"，指不使受侵犯的意思；"捍卫"也着重在"卫"，与"保卫"的意思相通，只是语义更庄重一些，分量更重一些；"庇护"着重在"庇"，是包庇、袒护的意思，它虽也指不使受损害，但是通过包庇、袒护的手段来实现的。

感情色彩方面："保卫""捍卫"是褒义词；"保护"是中性词；"庇护"是贬义词。

适用对象方面："保卫""捍卫"多用于有重大政治意义的方面，很少用于一般的个人或事物；"保护"使用范围广泛，常用于一般的人和事物。

构词能力方面："保护""保卫""捍卫""庇护"虽然都有构词能力，但是结合的词不同。"保护""保卫""捍卫"都能跟"者"结合，分别构成名词"保护者""保卫者""捍卫者"。除此之外，"保卫"还能跟"科""处""局"等结合，构成名词"保卫科""保卫处""保卫局"等；"保护""捍卫"则不能；"庇护"能跟"所"结合，构成名词"庇护所"。例如：

①对于珍贵的历史文物，要很好地加以保护，绝不能损坏了。
②保卫祖国，是每个公民的神圣职责。
③我们的文艺，应该大力歌颂当前广大人民群众为建设小康社会而进行的艰苦卓绝的奋斗和英勇献身的崇高精神，满腔热情地塑造各种生动感人的英雄形象。

通过以上事例，我们应该明确，在口语表达时应根据不同的主题准确地选择不同的词语。

二、语音

语音，即人说话的声音。我们国家有 56 个民族，遇家乡人说方言，遇外乡人就应该使用普通话了。因为说话时如果不注意说错了音，往往会"谬以千里"，闹出很多笑话。生活中，这样的例子太多了。

比如，一个小伙子说："我去青云街，给张大娘送花盆子。"由于语音不准确，他说成"我去青云姐，给张大梁送花棚子"，令人啼笑皆非，真是又好笑，又误事。

生活中，像这样令人啼笑皆非的例子还有很多。一次开班会，一位同学发言说道："现在的学生程度参差（cān cā）不齐。"于是，有的同学就在底下小声嘀咕："那叫参差（cēn cī），真没文化。"读错音，会影响一个人的形象。如果是对外宣传，就会影响一个单位或集体的形象。

在语音方面，要注意以下两点。

1. 使用标准普通话交流

中国幅员辽阔、方言众多，即使是同一个地方，山南山北的话也有很大差异。比如有的地方将"吃饭"说成"掐饭"，"怎么了"说成"弄个了"。使用方言交流会影响人际交往中语意的表达，所以在社交活动中最好使用普通话交流。

2. 语音要说准确

老师问："这道题答案是多少？"
学生答："45 度。"
老师："什么？四舍五入？"
全班同学哄堂大笑。

方音方言是可以改正的，尽管改起来不容易，但只要不懈地努力，从我做起，从身边的小事做起，在日常的口语交际中多加注意，就会减少日常生活和工作中使用方言所带来的不必要的麻烦。

三、语调

语调能美化语言，增强语言色彩。语调要服从说话内容；做到声音洪亮，讲究抑扬顿挫。比如，"我是一名老师"（ˇ ˋ ˊ ˉ）四个声调都有，发音的时候要做到：声母发响亮音，韵母发饱满音，语调的抑扬顿挫也就自然表现出来了。有人说：汉语是世界上最美丽的语言，汉语的美丽美在四声。而我们熟知的英语只有两个语调，要么升调，要么降调。比如：I am a teacher. Are you a teacher? 同学们，热爱我们的汉语言吧，它是世界上最美丽的语言，世界很多国家学习汉语的人都说汉语像唱歌一样动听。

语调的美化包含四方面的内容：语音的轻重、停顿、升降、拖音。

1. 重音

为了突出某个意思，而把某些词、词组的音量加大，讲得重些，这就是重音。如：

　　为中华之崛起而读书
　　实用语文强调语文的实用性

周总理从小的志向是"为中华之崛起而读书"，这里就是要突出周总理读书的目的。而实用语文这本书所强调的重点在于突出语文的实用价值。

2. 轻音

由于表情达意和创造特殊表达效果的需要，把话讲得轻一些，音量小一些，这就是轻音。

如徐志摩的诗《再别康桥》中的第一句：轻轻的我走了，正如我轻轻的来。（加点的字应该读得轻一些，表示轻悄悄的意思）

3. 语调停顿变化

停顿就是句子当中、句子之间、句群之间的间歇。

朱自清先生在寂静的荷塘没有排解掉一腔的郁闷忧愁，无奈地又回到现实中，此时他的心情由淡淡的喜悦转变为淡淡的哀愁，这两种感情的衔接处就应该有较大的停顿：这时候最热闹的，要数树上的蝉声与水里的蛙声；/但/热闹是他们的，我/什么也没有。（画"/"地方为语音停顿）

在《念奴娇·赤壁怀古》中，第一句是作者面对滚滚长江思慕古代英雄人物，自己也渴望成为英雄人物；第二句是思慕周瑜。两句略有不同，应该有较大停顿。第三句描写景物，第四句抒发爱国情感，与前面又不同，也应该有停顿。上片与下片应该有更大的停顿。下片头三句赞美周瑜，与后面自我伤怀，抒发人生老已、壮志难酬的感慨不同，应该有较大停顿。

念奴娇·赤壁怀古①
宋·苏轼

大江东去，浪淘尽，千古风流人物。/故垒西边，人道是，三国周郎赤壁。/乱石穿空，惊涛拍岸，卷起千堆雪。江山如画，一时多少豪杰。/

遥想公瑾当年，小乔初嫁了，雄姿英发。羽扇纶巾，谈笑间，樯橹灰飞烟灭。/故国神游，多情应笑我，早生华发。/人生如梦，一樽还酹江月。

4. 语调升降变化

语调升降，会使表达的思想感情出现差异。

如：

他说的对。↘（渐降，表示一般陈述）
他说的对？↗（渐升，表示一般询问）
我喜欢他。↘（渐降，表示肯定）
我喜欢他？↗（渐升，表示质疑）

5. 拖音的处理

拖音，即声音的延长。根据表达的需要，有时声音需要延长。如徐志摩的诗《再别康桥》中的一节：

那河畔的金柳——
是夕阳中的新娘——
波光里的艳影——
在我的心头荡漾——

四、语速

语速，即说话时声音的快慢。

说话的语速因说话内容而定。一般而言，要说明某件事时，需要用正常语速；要叙述某件事时，需要用较慢语速；议论或抒情性地说话时，要或快或慢。

---

① 欧阳友权. 诗神的回眸 [M]. 长沙：中南工业大学出版社，1998：94.

语速要与说话的内容相吻合，做到语速服从说话内容。说明性文字用正常语速，叙述性、描写性文字用较慢语速，议论、抒情性文字要或快或慢。

另外，语速的快慢要考虑到语言自身的形式特点。如：散乱的、冗长的句子和发音拗口的词汇，不宜太快；而整齐的、富有韵律色彩的语句，要说得快些，使人听得顺耳。

几千年了，"女子无才便是德""贤妻良母"这些传统观念的幽灵仍然在社会的各个角落里徘徊，它顽固地阻碍着当代社会女性的彻底解放！是母亲们天生愚笨，不堪造就吗？请看当今世界的巾帼英雄吧！①

上段文字要慢，开头要更慢一些，因为它句子长，比较拗口。

冰心老人在三个孩子的啼哭声中辛勤笔耕，成为一代文学大师；琼瑶女士与狂赌丈夫分手后，怀抱着小女儿写下篇篇言情小说，终于名扬天下；第23届奥运会长跑冠军是两个孩子的妈妈；撒切尔夫人在丈夫的支持下，成为英国历史上第一位连任三届首相的"铁娘子"。②

这段文字语速应当快，越快越好，因为它是一组排比句。快，可以增加文章的气势。

【思考与训练】

1. 词语单选题。
(1) 大街上往来的人群熙熙攘攘，_____，十分热闹。
A. 川流不息　　B. 摩肩接踵　　C. 热闹非凡　　D. 车水马龙
(2) 西双版纳是座天然的大植物园，各种植物尽管_____，但都长得很茂盛。
A. 千变万化　　B. 千头万绪　　C. 千差万别　　D. 千回万转
2. 任选一个词进行接龙比赛，看一看谁积累的词最丰富。
3. 读下面的事例，说一说这则故事是从语言的哪一个方面来谈的，我们应该采用怎样的方法让他真正明白这个"啥"的念法？

---

① 刘国鑫. 演讲与口才课程全书［EB/OL］.（2011－01－19）［2014－05－30］. http://sy. weleve. com/whsy/66/885. shtml.

② 刘国鑫. 演讲与口才课程全书［EB/OL］.（2011－01－19）［2014－05－30］. http://sy. weleve. com/whsy/66/885. shtml.

有个自以为很聪明的人，读到"啥"字，不认识了，于是去问另一个人。

这字念啥呀？

这个字嘛，念"啥"。

是呀，它念啥呢？

念"啥"！

我问的就是它念啥？

念啥！念啥！我说念"啥"就念"啥"！①

4. 分别用升降调读出下面几句话，并说出不同的语调表达了怎样的思想感情。

他会骗我吗。谁说他是老师。 小方和小圆不是好朋友。

5. 下面的绕口令，看谁读得又快又准！

(1) 红凤凰，粉凤凰，红粉凤凰，花凤凰。

(2) 梨上有泥，吃梨别吃泥。

(3) 四是四，十是十，十四是十四，四十是四十，谁能说准四、十、十四、四十。

6. 分别用慢速、中速、快速三种语速朗读下面的两段绕口令。

(1) 有个小孩叫小杜，上街打醋又买布，买了布打了醋，回头看见鹰抓兔，放下布搁下醋，上前去追鹰和兔，飞了鹰跑了兔，洒了醋湿了布。

(2) 嘴说腿腿说嘴，嘴说腿爱跑腿，腿说嘴爱卖嘴，光动嘴不动腿，光动腿不动嘴，不如不长腿和嘴，到底是那嘴说腿还是腿说嘴。②

---

① 岁月如歌. 笑话一则[EB/OL]. (2006 - 11 - 21)[2014 - 05 - 30]. http://tieba. baidu. com/p/14849895.

② 阮显忠，王迭. 拗口令400则 [M]. 合肥：黄山书社，1990：219.

第三节 态势的运用

【知识要点】

态势语是由头部面部表达、手势表达、姿态表达等组成的。在口语表达中充分运用态势语，可以增强表达效果。

一、头部面部表达

1. 头部姿态

头部姿态是态势语中一个不可缺少的组成部分。一般来说，头部端正表示正常的态度、自信、勇气、喜悦、自豪和威严；头部向上表示希望、请求、祈祷和祝愿；头部向下表示羞怯、谦逊、内疚和沉思；头部向前表示同情、倾听、期望；头部向后表示惊奇、恐惧、退让；头部左右摇摆表示否认、拒绝、不相识、不满意或强调；点头表示同意、赞许、应诺等。

2. 面部表情

面部表情是运用态势语的关键所在，它能迅速、敏捷、准确、真实地反映情感，传递信息。面部表情由眉、眼、嘴等组成。它以灵敏、细腻的变化，将人们各种复杂的内心世界迅速、敏捷、充分地在面部反映出来。已故美国记者根宝在他写的《回忆罗斯福》中记述，罗斯福总统在短短20分钟之内，表情已体现出"稀奇、好奇、伪装的吃惊、真情的关切、担心、同情、坚定、假笑、庄严，还有超绝的魅力。但他可不曾说过一个字"[①]。可见，面部确实堪称人心灵情感的"荧光屏"。人的面部有春风满面、面若冰霜、笑脸相迎、愁眉苦脸、面红耳赤、面色铁青、板着脸、哭丧着脸、拉长了脸、嬉皮笑脸等多种形态，这些都反映出面部整体态势的信息传递功能。

眉：眉毛的变化能直接反映出复杂的内心世界。眉毛上挑且微微颤动，表示扬眉吐气、眉飞色舞、喜上眉梢；眉头紧锁则表示忧愁、心事重重；低眉表示顺从、认错、沉思；横眉表示鄙视；竖眉则表示愤怒。眉和眼睛的活动很自然地联系在一起，因此就有"眉目传情"之说。

眼："眼睛是心灵的窗户"，它最能坦露人的内心思想情感和隐秘。两眼向前注视表示勇气和决心；轻轻上抬表示高兴、希望、兴奋；向下时表示羞愧、胆

---

① 黄恒正. 世界传记名录总解说（下）［M］. 台北：远流出版事业股份有限公司，1981：171.

怯、悔恨；死死盯着但视而不见表示着迷或疯狂；向侧面看表示憎恶、讨厌、反感；两眼圆睁、滚动闪烁则表示恐惧、气愤及勃然大怒；茫然凝视表示绝望；半闭双眼则表示快乐幸福、喜不自胜；斜眼表示轻蔑、冷落、怀疑、厌倦；眨眨眼睛偏向一边则表示不予考虑。

嘴：嘴在语言表达中所起的作用是靠口形变化来体现的。和谐宁静、端庄自然时嘴唇闭拢；半开表示惊讶、疑问；全开表示惊骇；向上表示喜悦、诙谐、礼貌、殷勤和善意；向下表示痛苦悲伤、无可奈何；不满时噘着嘴；愤怒时紧绷着嘴，有时也表示挑衅、对抗或决心已定。

在面部，传递交际信息最复杂的是笑。笑脸上传递的信息往往是丰富而多解的。微笑，特别是"职业的微笑"，是不出声音的，通过面部略带的笑容来传递信息的一种脸色。这种脸色好似和煦的春风，让人感到温暖、亲切和愉快，营造出一种融洽和谐的交际氛围。俗话说，"人无笑脸莫开店""笑是力量的亲兄弟"，笑可以缓解人与人之间的关系；笑能表达出人类征服忧患的能力；笑能增强交谈双方的友谊，达到相互信任、相互理解。

二、手势表达

周恩来总理在参加会议时，经常靠在椅背上，用富有表现力的手势增强谈话的效果。当要扩大谈话内容和范围，或者要从中得出一般结论时，他经常用手在面前一挥；当搁浅的争议有了结果时，他又会把两手放在一起，十指相对。周恩来总理恰到好处、优雅洒脱的举止，直率而从容的姿态，显示出一个伟大革命家、外交家特有的巨大魅力、博大胸怀和泰然自若的风度，为世人所敬仰。

手是人体最灵巧而有力的肢体，也是颇具活力的表情器官。由手的指、掌、拳、腕、臂等的不同造型及伸、抓、握、摇、摆、挥、摊、按、推、劈、举等动作节拍所形成的手势，可以描摹复杂的事物状貌，传递丰富的内部心声，表达特定的含义。

恰当地使用手势是态势语表达中的重要环节。口语表达中的手势不同于艺术表演中的手势。艺术表演中的手势由于舞台表演的需要，动作幅度要比生活中的大很多，具有夸张感。而日常口语表达中，手势是加强说话感染力的一种辅助动作，要求优雅、灵活、适度、自然、得体。

手势的运用是多种多样的，它主要由手掌、拳头、手指构成。

1. 手掌的运用

手心向上，胳膊微曲，手掌稍向前伸：这种手势主要表示贡献、请求、赞美、欢迎等意思。

手心向下，胳膊微曲，手掌稍向前伸：这种手势主要表示神秘、抑制、否认、制止、不喜欢等意思。

两手叠加：表示团结一致、联合、一事依赖于另一事，或命运攸关、休戚与共。

两手分开：一般表示分离、失望、空虚、消极等意义。

手心向外的竖式手势：表示分隔、对抗、不兼容的矛盾或互不同意的观点。

2. 拳头的运用

握紧拳头：表示挑战、精诚团结、一致对外、警告等意义。

举起拳头在空中晃动：表示号召人们起来斗争、奋斗等意义。

3. 手指的运用

表示称赞或轻视：伸出拇指，表示称赞、夸耀；伸出小指，表示轻视、挖苦人。

表示事物或方向：可用手指指某一事物或方向，让听众感知。

表示数目：可用手指数来表示所讲事物的数目。

三、姿态表达

现代诗人徐志摩 1924 年 7 月随印度诗人泰戈尔访问日本。回国前夜，酒席间，日本侍女的一个低头动作令他刻骨铭心："最是那一低头的温柔，像一朵水莲花不胜凉风的娇羞。"可见，优美的姿态会给人留下美好的印象。

姿态是由体动和身姿构成的。体动主要指肢体动作，身姿是指躯干与肢体的造型。两者互相联系，互相转化，呈现多姿多彩的情形。古代雅典教育中，要求女孩"端坐如花瓶"，既优雅又娴静；要求男孩"站立如雕像"，既雄健又威武。这里特别强调一下"三姿"。

1. 站姿

站姿就是站立时有一个得体的姿态。对男性而言，古人强调"站如松"，身躯挺拔，头正颈端，胸挺腹收，腿直脚稳，犹如挺拔的苍松，给人以振作威严、沉稳有力的感觉。女性站姿，则不要求像仪仗队队员那样站得笔直，而是"亭亭玉立"，仪态大方。

2. 坐姿

男性坐姿，古人强调"坐如钟"，端正沉稳，眼正视，腰伸直，脚并拢或稍分开。女性坐姿强调并腿并膝，所谓正襟危坐。

3. 走姿

古人主张男性"行如风"，昂首挺胸，步子要大，速度适中，给人的感觉是稳健。对于职业女性，一般要求步履轻盈、便捷，体态婀娜。

态势语在信息、情感的交流中一般不能单独使用，它只是辅助有声语言或加强有声语言的表达，因此，只有将有声语言和态势语协调配合，才能更加准确、完善地表达思想感情。态势语独特的有形性、可视性和直接性对于口语表达而言，具有不可低估的特殊价值。

【思考与训练】

1. 请用正确的态势语对下列内容进行表达：

（1）同意　不满意　不屑一顾　勇敢面对

（2）微笑　大笑　冷笑　苦笑　激动　悲痛　愤怒　感动

（3）前进　胜利　团结　很好　请求　拒绝　恭喜　暂停

（4）忧伤　羞怯　惭愧　思考　傲慢　慌张　轻薄短浅　自信自强

（5）真诚地握手　愤怒地指责　默默地注视　热情地拥抱

2. 说说下面几种"站相"给人的感觉。

（1）两脚并拢，昂首挺胸。

（2）两脚叉开。

（3）呈"稍息"姿态，一只脚还不停地抖动。

（4）摆弄衣角、纽扣，低头不面向观众。

（5）耸肩或不停地晃动身体，扭腰，将手插入兜内。

（6）摸鼻子、擦眼睛，用手拢头发。

3. 模仿影视剧中某人物的动作姿态或雕塑、绘画、摄影作品中的人物形态，请其他同学猜一猜你在模仿谁。

4. 模拟登台演讲，练习坐、立、行走和基本表情姿态。

5. 注意观察和捕捉交际活动中人们自然流露出来的态势语，抓住那些有典型含义并且优美的姿态，体会优美的态势语在交际活动中的重要作用。

6. 分小组比赛"三姿"，由同学间互相打分并作出评价与建议。

第四节　话语的激发

【知识要点】

　　交谈是双向的，在交谈的时候，除了吸引对方和引起对方的兴趣以外，还要引导激发对方加入交谈。因为交谈就像传接球一样，永远不是单向的传递。如果其中有人没有接球，就会出现难堪的沉默——直到有人把球捡起来，继续传递，一切才能恢复正常；否则，交谈就无法进一步展开。因此，必须尽一切努力把球保持在传递中，而不是使它停在某一个点位上。

　　激发对方话语有如下几种方法。

一、深入话题

深入话题是指继续探究某个话题，打破砂锅问到底。

每个人都能提问题，不过很少有人知道如何提出问题才能有效地促进交谈。有时候，当一个问题没有引起对方积极的回应时，可能不是因为对方不友好，也许是对方对所提问题不感兴趣，也许是所提问题不合时宜……

提问题可分为两种：封闭式和开放式。封闭式问题有点像对错判断或多项选择题，回答只需要一两个词。例如："你是哪里人？""你经常跑步吗？""我们今晚什么时间出去吃饭，6：00还是6：30？""你是否认为应该关闭所有的核电站？"要想让谈话继续下去，并且有一定的深度和趣味，就要继封闭式问题之后提出开放式问题。开放式问题就像问答题一样，不是一两个词就可以回答的，它需要解释和说明，同时向对方表示你对他们说的话很感兴趣，而且还想了解更多的内容。

在日常生活中，话语激发的提问多由封闭式提问开始，后逐渐转化成开放式提问。

美国纽约市凤凰人寿保险公司的代理商哈利·N. 赫歇尔先生曾说过：在他的日常生活中，他觉得最感兴趣也是最有意义的一件事，就是跟别人交谈。为此，他细述道："常常有人来向我请教，问我如何与在吃午餐时所碰到的人，或者在旅馆门口及旅行车上遇到的人说话。我对他们说，在双方互通一些例行的客套话之后，我们可以客气地问对方：'非常冒昧，可以问你从事哪一种职业吗？'如果对方乐意回答，便可以进一步地问他：'可以告诉我，究竟是什么原因让你选择了这种职业？'关于这个问题，十有八九的人都回答：'唉！说来话长。'这么一来，我们不就自然地成了他的听众吗？而对方因为有人听他讲话，自然也会侃侃而谈了。"①

说话时，如果你能使对方谈到他感到有兴趣的事情，就表示已经很巧妙地吸引了对方。此时，你再以询问的方式诱导对方谈论有关他个人的生活习惯、经验、愿望和兴趣等方面的问题。对方如果对你的问题有兴趣，自然愿意叙述自己的一切，对方会因为你表示出的关怀备至而开怀畅谈。

二、偷梁换柱

这里的偷梁换柱是指在交谈过程中自然而灵敏地转移、切换话题，让交流更上一层楼。

在说话过程中，此种方法要求说话人要有较强的话语感悟力，敏锐地捕捉住说话的主题，非常主动灵活地将话语主题自然地转移到其他主题中去，以便更有效地开启另一个话题，让交谈更佳有效地进行下去。

---

① 林可行，张小云. 智慧处世术91种左右逢源的圆融处世艺术 [M]. 长春：北方妇女儿童出版社，2004：296.

　　一次，达尔文应邀赴宴。宴会上，他恰好和一位年轻美貌的女士并排坐在一起。"达尔文先生，"坐在旁边的这位美人带着戏谑的口吻向科学家提出疑问："听说你断言，人类是由猴子变来的。我也是属于你的论断之列吗？""那当然喽！"达尔文看了她一眼，彬彬有礼地答道："不过，您不是由普通猴子变来的，而是由长得非常迷人的猴子变来的。"①

　　这里，达尔文先生既坚持了自己的原则，又诙谐地缓解了别人对他的敌意。他在回答时有意将话题引向了迷人的问题上去，对方自然不会再追根究底地围绕猴子的事情来谈了。

　　《皇帝的新衣》中，皇帝已经被骗并且还闹了很大的笑话。有个爱好文学创作的青年，他试着为《皇帝的新衣》写续集。文中，他这样写道：皇帝下令严抓两个骗子，不久，两个骗子被抓，皇帝发怒道："把他们拉出去斩首示众。"此时，两位骗子大笑："哈哈，上帝派我们来试探一下你这个皇帝的品行，看来你的确如上帝所言，是一位昏君。我们将回去如实禀报，你的未来将被打入十八层地狱。"皇帝一听，急了，赶忙亲自将两位骗子释放，并且好吃好喝款待他们，希望两位骗子回去以后在上帝的面前多美言几句。这样一来，皇帝又被骗了。

　　续集里的描述非常富有想象力。因为通常情况下，我们会推测两个骗子在面对皇帝的愤怒时会跪地求饶，竭力哀求皇帝放他们一马。可续集作者将话题一转，让两个骗子继续欺骗了昏庸的皇帝。

【思考与训练】

　　1. 针对社会或学校中的某一现象进行口头谈论，要求运用深入话题法。

　　2. 模仿"实话实说"进行一次命题交谈。一方作为主持人，另一方作为嘉宾。交谈中，"主持人"可以向"嘉宾"提出一些尖锐的问题。教师适当加以讲评。

　　3. 你的朋友和他的家人闹别扭，原因是他想在元旦节请几位要好的同学去娱乐一下，家里人没有同意。这位朋友埋怨家长不理解自己，找到你，向你诉说烦恼，想得到宽慰。而你又感到有点为难。请你思考一下，该怎样谈话，才能既消除他和家长的矛盾，又能让他感到你确实对他很关心？

---

　　① 李春生. 小幽默大智慧［M］. 珍藏版. 北京：中国城市出版社，2006：275－276.

第三章　交际口语

　　交际口语是人们日常工作和生活中离不开的一种最基本的语言表达方式。问候与寒暄、拜访与接待、赞美与安慰、说服与拒绝、批评与致歉、电话口语、网络口语是人际交往中几种常见的交谈情形。掌握好交际口语能为一个人的学习、生活、工作插上一双翅膀，助其展翅高飞。

【案例导入】

吟诗赴宴①

　　苏轼二十岁的时候，到京师去科考。有六个自负的举人看不起他，他们备下酒菜请苏轼赴宴，并打算在席间戏弄他。苏轼接邀后欣然前往。入席尚未动筷子之时，一举人提议行酒令，并要求酒令内容必须要引用历史人物和事件，如谁能做到，就能独吃一盘菜。其余五人齐声叫好。"我先来。"年纪较长的说："姜子牙渭水钓鱼！"说完，他捧走了一盘鱼。"秦叔宝长安卖马！"第二位神气地端走了马肉。"苏子卿贝湖牧羊！"第三位毫不示弱地拿走了羊肉。"张翼德涿县卖肉！"第四个急吼吼地伸手把肉扒了过来。"关云长荆州刮骨！"第五个迫不及待地抢走了骨头。"诸葛亮隆中种菜！"第六个傲慢地端起了最后的一样青菜。菜全部分完了，六个举人兴高采烈地正准备边吃边嘲笑苏轼时，苏轼却不慌不忙地吟道："秦始皇并吞六国！"说完，他把六盘菜全部端到自己面前，微笑道："诸位兄台请啊！"六举人呆若木鸡。

　　苏轼在宴会上向我们展示了口语的强大力量，让我们看到了"山外有山，楼外有楼"，知道了"强中自有强中手"。在交际口语中，我们就应不断学习，努力向前……

　　在社会生活中，与人交际是必需的，而交际中的寒暄、拜访与接待、赞美与

---

① 王晓亮. 书画名人轶事［M］. 北京：中国戏剧出版社，2007：58.

安慰、说服与拒绝、批评与致歉，以及打电话、网络聊天中的口语等，都必须根据时空的变化而灵活使用，这样才能收到良好的交际效果，否则就会影响一个人的交际，无法达到预期的交际目的。

第一节　问候与寒暄

【知识要点】

问候与寒暄拉开交谈的序幕，是交谈的润滑剂，它能在交谈者之间搭起一座友谊的桥梁，因为问候与寒暄能产生认同心理，满足人们的亲和需求。

一、寒暄的形式很多，常见的有以下四种

（一）问候式

两人见面点头微笑，或说"你好"，或关心地询问近况——"你的职业资格证考试准备得怎么样了？"，然后交谈起来。

（二）夸赞式

人都需要别人的认同。诚心的赞美是一种活跃的寒暄方式。例如："小何，你这件裙子可真漂亮！""啊，谢谢你！"

短短的话语，使双方都感到心情舒畅，随后就可以顺利地交谈起来。

（三）描述式

两个人见面后，一方以友好的口吻描述对方正在做的事情，如："回来了？""下课了哦？""要去逛超市呀？"

（四）言他式

两人见面后，谈论对方不厌恶的事，如："今天天气太热了！""车子太挤了！"

这些寒暄方式，可以用来拉近人与人之间的距离，消除陌生感，为进一步攀谈架设桥梁、沟通情感。

寒暄尽管比较单调、平淡且重复，却不可忽视。路上相见，明明是熟悉的，却视而不见地擦肩而过，既无态势语（如微笑点头之类），又无言语表示，只能给人留下傲慢、无礼的印象，进而引发敌视情绪。

二、积极有效的寒暄应注意的几个问题

（一）积极的姿态

在与别人相遇的瞬间，要迅速培养自己的愉快情绪，争取主动，使对方从你

的言行反应中感受到自己的存在，使其受人尊重的心理需要得到满足。

（二）集中注意力

任何漫不经心的言语都只能使对方感到被轻视。

（三）善于选择话题

根据社会学家的研究，与生人见面后的 4 分钟内，只宜做一般性的寒暄，如问候、互通姓名、谈论一些无关紧要的话题，应绝对避免提出易于引起争论的话题。与老朋友、老同学、老乡或熟人相见寒暄，也要根据当时的具体情况选择合适的话题。

（四）讲究方式

与生人初次见面时的寒暄，一般需要有两三个问答往复的过程。熟人之间的寒暄，如常见面，往往只需一句话、一个招呼，甚至只需一个眼神、一个微笑、一个手势；如久不见面，则宜有两三个问答往复的过程。

【思考与训练】

1. 您如何理解中国人寒暄的常用语"您吃了吗"的内涵？

2. 今天你与他人见面时寒暄了吗？如何寒暄的？对照寒暄应注意的几个问题，提出改进意见。

第二节　拜访和接待

【知识要点】

在日常生活中，人们为了增进感情和加强友谊，往往需要相互走访探望，这就出现了拜访与接待的问题。在拜访与接待过程中，为了让主客双方都高兴愉快，除了相应的礼仪、礼节外，更重要的是要注意拜访与接待过程中语言交流的方式、方法。

一、拜访的语言

拜访是指出于礼节需要或某种目的而进行的访问。不同形式、不同目的的拜访，所使用的会话语言各不相同。

1. 进门语

（1）拜访的时候要轻轻敲门或短促地按门铃。

（2）同主人见面后，应立即打招呼。说一些如"好久没有来看您了！""一直想来拜访您，今天终于如愿了！""给您添麻烦了！""对不起，让您久等了！"之类的话语，因为一句话可以暖人心！要注意礼貌用语，不可调侃，如"我又来了，您不讨厌我吧?"，这样会使主人感到尴尬。

2. 寒暄语

（1）话题要自然引出，内容要符合情景。如天气冷暖、小孩的学习情况、老人的健康、最近发生的新闻趣事、墙上的挂历以及耳际的音乐等都是寒暄的内容。如："今天降温了，外面风真大!""这挂历不错，画面好像是……"话题符合情景，自然引出。

（2）切记：寒暄内容一定要符合习惯，避免犯禁忌——不问年龄；不问婚姻；不问收入等。（交往甚密的好朋友除外）

（3）寻找主客双方共同关心的话题，为双方进一步交谈创设一个融洽、和谐的气氛。

> 客：这副对联是你自己写的吗？写得真不错。
> 主：你过奖了。我不过是跟李一老师学过一段时间。
> 客：呀，你也是李一老师的学生呀，我也曾跟他学习过。
> 主：太好了！看来我们应该称师兄弟了。

这段寒暄，话不多，但贵在求同，一下子缩短了双方的心理距离。

3. 晤谈语

在拜访中，晤谈应注意以下几个问题。

（1）简明扼要。一般来说，交谈的时间以半个小时为宜（朋友间的随意性拜访除外），以免耽误主人的时间。所以，主客双方寒暄后，客人应选择适当的时间，言简意赅地说明来意。

（2）控制音量。客人谈话应降低音量，保持适度，忌无所顾忌地高谈阔论，搅乱主人及其家属的安静生活，引起主人的反感。假如隔壁邻居家来了客人，高声谈话，朗声大笑，此时的你也会皱眉头不高兴的。

（3）注意态势语。人们常说，听其言还需观其行。作为客人应举止文明，避免手舞足蹈、频繁走路或指手画脚等不雅动作。不经主人允许，不要乱翻东西、四处走动或随意参观别人的居室，以免反客为主。

4. 辞别语

（1）表示感谢，请主人留步。如："十分感谢您的盛情，再见!""就送到这吧，请回!""这件事就拜托您了，谢谢!"表示感谢的辞别语应礼貌得体。

（2）邀请对方来自己家做客。告辞时，除了向主人表示感谢外，还可邀请主人及家属来自己家做客。如："老同学，告辞了。你什么时候来我家坐坐!"

二、接待的语言

有一则民间笑话，说某人请四位客人，结果只来了三位，主人心中不悦，不由得自言自语地说："唉，该来的不来。"三位客人中的一位敏感了，起身离去；主人心中着急，竟脱口而出："不该走的又走了。"剩下两位客人中的一位又敏感了，也起身离去；主人见状更急了，连忙解释说："我又没讲他。"第三位客人愤愤然，拂袖而去。①

古人云："有朋自远方来，不亦乐乎？"然而这位不会说话的主人，不仅没有达到请客的目的，而且让三位客人感到尴尬，误解了他的意思，以致拂袖而去。

做一位热情好客的主人，在言谈上要注意以下几点。

1. 热情应答

对来访者的进门语做礼貌、热情应答。如："我也想同你聊聊，快请进！""哎呀！上次已经打搅了，还让你再跑一趟，叫我怎么感谢你呢？""哎呀，你来了，我可真高兴！"

2. 简单寒暄

主人在热情接待的过程中，要进行简单的寒暄，让气氛轻松愉快。

3. 弄清来意，迅速确定谈话话题

简单寒暄之后，主人要尽快弄清来访者的意图，以便迅速确定谈话话题。在谈话过程中，如无原则上的分歧，作为主人要顺应客人心愿，给客人以愉快的感受。

得体的接待体现的是一个人的教养与素质，它为人们建立了与人沟通的桥梁；反之，接待如果不当，就会带来不必要的麻烦。

【思考与训练】

1. 当你登门拜访时，在门口就听见里面在争吵，这时你该怎么办？
2. 你去拜访朋友，在友人家中，好客的女主人给你端上一杯茶，正当你端起要喝时，却发现杯中有头发。这时你该怎么办？应该怎么说？
3. 有位朋友到你家串门，天很晚了，你也很困，他却没有离去的意思。这时，你该怎么办？又准备怎么说？

---

① 黄绍汪，傅希能. 妙趣逻辑168［M］. 广州：中山大学出版社，1997：47.

第三节　说服与拒绝

【知识要点】

生活中随时都有可能出现矛盾，面对矛盾，可以通过说服的方式予以解决。如果别人提出了自己不愿、不应、不必、不能办到的事项，该拒绝就要拒绝，如果打肿脸充胖子，事情又没有办成，以后就更不好意思见人了。说服得当，别人才会心服口服；懂得拒绝艺术，朋友之间才会不伤和气，友谊才会天长地久。

一、说服

说服的目的是让别人放弃已有的观点而去接受其他观点。

（一）说服的原则

1. 知己知彼

一个人的话语能否被别人接受，首先取决于他的可信度高低，一个人衣饰恰当、举止大方、谈吐自然得体、眼神专注、表情沉稳，会在一定程度上使人产生信赖感。然而不同的人接受他人意见的方式是不同的。只有知己知彼，才能对症下药，收到最好的说服效果。

例如，一个中学生离家在外游玩一阵之后感到后悔，暗下决心准备回家学习。可当他一走进家门，他的母亲就急不可耐地大声说："冤家，你又到哪里野去了？你这样子将来怎么考得上大学？""哼，上大学，上大学，我就不信不上大学就混不出人样来！"在逆反心理的驱使下，儿子又跨出了家门，母亲的一番苦心白费了。

2. 动情明理

说服的要领是动之以情，晓之以理，观点正确，条理清楚，陈述具体，要综合运用各种说服方法。

（二）说服的方法

说服的具体方法多种多样，下面重点介绍四种。

1. 例证法

即着重利用现实事例和名人的名言、经历的权威性，增强说服力。

在唐弢的《琐忆》文章中，作者回忆鲁迅先生时写道："有些青年一遇上夸夸其谈的学者，立刻便被吓倒，自惭浅薄。这种时候，鲁迅先生便又鼓励他们说：'一条小溪，明澈见底，即使浅吧，却浅得澄清，倘是烂泥塘，谁知道它到底是深是浅呢？也许还是浅点好。'"①

这里，鲁迅先生就通过举例说服青年不要被夸夸其谈的学者吓倒了，鼓励他们要树立信心。

2. 暗示法

即通过语言来唤醒对方的潜意识，让其接受说服方的观点。

男甲："我真想不上班，在家打麻将，那多舒服。"
男乙："是啊，我还想在家生孩子，让老婆挣工资养我。"

通过幽默，暗示对方的想法不切合实际，不要沉浸在舒适的生活中而忘记奋斗！

3. 攻心法

即针对对方的心理特点或特殊心境进行说服。

美国黑人领袖约翰·洛克在面对白人听众关于解放黑人奴隶的演说时说："女士们、先生们！我来这里，与其说是发表演说，还不如说是给这一场合增添一点'颜色'。"说完后，下面响起了笑声和赞赏的掌声。②

自嘲式的开场，笑声无形中冲淡了种族差异造成的心理隔阂，一下子使沉重的话题变得轻松，白人听众本来抵触的情绪也被融化了，内心开始接受这个黑人领袖！

4. 易位法

即站在对方的立场上进行游说，使其换位思考，替说服方说话。

某年，某公司在新的一年开始时向全体员工宣布，从本年度开始，交通补贴由原来的每月20元增加到50元。宣布后不到两个月，公司由于财政紧张，兑现有些困难，经理便召集中层以上干部讨论，是否仍然恢复到原先的水平。会议开始，一位中层干部站了起来，他说："在冬天，一个人穿着毛衣毛裤，他并不觉得冷，可如果有人给他披上一件大

① 唐弢. 琐忆［EB/OL］.（2010 - 08 - 03）［2014 - 05 - 30］. http://wenku. baidu. com/link? url = UHQQ2DVF - - Oh0yOUQAvgjkwxhhYgwTACPSf4gt - WK5utyy5cDciQV6W3m630BAnS6zr7pxK5yUBJnChcW0qBfry - hdQnttFihoHy6Yo - wDa.

② 上海演讲培训班，上海口才培训班. 熟悉8种演讲开场白［EB/OL］.（2014 - 06 - 30）［2014 - 07 - 15］. http://www. hainachuan. org/grzxlist. asp? nid = 808.

衣，一会儿又把大衣拿掉，他就会感到冷，这种体会，大家都有。50元的交通补贴就像那件大衣，不过大衣拿掉只是身上冷，把增加的交通补贴拿掉则会使人心冷。因此，我建议克服一切困难也要使50元的交通补贴兑现。"一席话说得大家点头称是。后来，通过公司各方的共同努力，增加后的交通补贴终于得以兑现。①

总之，在说服对方以前要进行周密的准备。对谁讲，讲什么，为什么讲，怎么讲，有什么有利因素和不利因素，怎样处理等内容，都要一一地仔细考虑清楚。

二、拒绝

（一）拒绝的内涵

拒绝又叫回绝或推辞，这是使对方的要求或建议落空的一种语言行为。人际交往不会永远是一帆风顺的。有时自己提出的要求被别人拒绝，有时又不得不拒绝一些熟人、朋友、亲戚向自己提出的要求。对于不合理的要求、无法做到的要求、自己不愿允诺的要求，通常要拒绝的，只是由于人情关系、利害关系等，很难说出一个"不"字。这就需要"婉拒"，即委婉地加以拒绝。婉拒可以打破人际关系的僵局，能使自己轻松愉快地说出"不"的意思，同时又能使对方高高兴兴地接受拒绝。

（二）婉拒的常用方法

1. 巧说

先肯定对方的要求，再强调拒绝的理由，人们把这种方法称为"是……但……"的模式。这种方法避免一开口就说"不"，给对方留一些面子，也使对方好下台。一次，一位读过《围城》的美国女士到中国来，打电话给该书的作者钱钟书先生，说自己很想拜见他。钱钟书先生一向淡泊名利，不慕虚荣。他在电话中婉拒道："假如你吃了一个鸡蛋觉得不错的话，又何必一定要见那个下蛋的母鸡呢！"

2. 沉默

用沉默表示拒绝。在三人以上进行交谈的场合，两个人在说另一个人的坏话，第三个人不同意，也不想加以辩驳，可以采用沉默法。这样既不会因争论而造成对立，也不必违心地表示同意。

---

① pblkjki55296. 人物描写［EB/OL］.（2012－06－02）［2014－05－30］. http://wenku.baidu.com/link？ url＝1e5nBoySWBsoHc8LRaXTxIZsOTUjvp16lS26QKhkx0xXg79nBqcfRLBS2K8r8s7cPjpJMmuk ncw 5S23QPgYANQfrJ8UMMHO1Xo－B0pOISq.（有改动）

3. 推托

用拖延来表示拒绝。这比说"没空，不去！"显得婉转一些，更容易让对方接受。比如，不想去参加某人的宴会，可以对他说："谢谢，下次有空一定去。今晚我有点事，就不去了。"表面并没有拒绝对方的邀请，只是改个日期而已，但这个"下次"是没有期限的。

推托也可以用转移话题的方法，"王顾左右而言他"，用其他事来转移注意力也是一种巧妙的回避方法。如果受朋友邀请晚上去看电影，但自己心里不想同他交往，就可以这样说："你不觉得今天的实验很有奥妙吗？"

4. 诱导

诱使对方自我否定。当对方对自己的请求作出了否定，就能把对方请求的缘由转为拒绝的理由，拒绝的目的也就达到了。如，罗斯福当美国总统之前，曾在海军担任要职。一天，一位朋友问起有关海军的情况，该情况涉及保密的内容。罗斯福灵机一动，装模作样地向四下看了看，压低声音回答："你能保密吗？""当然能！"罗斯福接着说："你能我也能。"这样的拒绝有针对性，容易说服对方。

5. 预伏

预伏即预埋伏笔，适时拒绝。从人际关系的角度考虑，要尽可能地把拒绝的理由讲充分；从接受方的心理考虑，要让对方有足够的思想准备。为此，可以采取这样的办法：先不拒绝，充分阐明不利因素，埋下伏笔，在适当时机，用适当方法（如书面通知、请人带口信等）加以拒绝，这样，即使要求没有达到，但至少让对方感到自己已经尽心尽力。

（三）使用拒绝方法应注意的问题

不管怎样"委婉"，遭到拒绝总归是令人不愉快的。怎样才能将这种不愉快减少到最低程度，进而使双方的交往关系进入一个柳暗花明的新境界呢？对此，可以从以下几点入手考虑。

（1）态度要真诚，不能嘲讽、冷落对方。

（2）顾及对方的自尊，给对方留台阶。如果向有权威的人士表示反对或拒绝，一定要有充分的理由，还要十分注意技巧。

（3）要给对方留退路。

（4）让对方明白自己是赞同他的。

（5）避免只针对对方一人。

（6）以友好、热情的方式拒绝。

【思考与训练】

1. 班上一位同学来自贫困地区，生活拮据，但自尊心很强，也很敏感，平时总认为别人瞧不起她，喜欢独来独往，喜欢把自己封闭起来。大家都认为她性格孤僻，为人古怪。一次，班级组织春游，她没有报名，老师让你找她谈谈，动员她参加这次活动。你在校园里遇见她，打算如何去进行劝说？

2. 有同学邀你一起在寝室打麻将。对此，你该如何拒绝？

3. 毕业了，社会上的朋友邀你一起进舞厅娱乐，并且要让你尝尝摇头丸，还鼓动说："是男子汉就要尝尝它的滋味。"你是否会拒绝？如果想拒绝，你该如何说？

第四节　赞美与安慰

【知识要点】

生活中，当一个人有了成绩、成就时，需要有人赞美；当一个人身处逆境、面对不幸时，需要有人安慰。真诚的赞美与安慰都有助于营造善意、和谐的气氛，于人于己都具有十分重要的价值和作用。

一、赞美

（一）赞美的意义

生活需要赞美。北宋学者周敦颐欣赏莲花，特写《爱莲说》赞美莲花——"出淤泥而不染，濯清涟而不妖，中通外直，不蔓不枝，香远益清，亭亭净植"；朱自清先生欣赏春天，特写下《春》——"桃树、杏树、梨树，你不让我，我不让你，都开满了花赶趟儿。红的像火，粉的像霞，白的像雪。花里带着甜味，闭了眼，树上仿佛已经满是桃儿、杏儿、梨儿。花下成千成百的蜜蜂嗡嗡地闹着，大小的蝴蝶飞来飞去。野花遍地是：杂样儿，有名字的，没名字的，散在花丛里，像眼睛，像星星，还眨呀眨的[①]"。

对于喜爱的事物，人们会由衷地赞美。同样，对于一起生活和工作的同伴，也应真诚地去赞美他们。

渴望赞美是每一个人内心的一种基本愿望。美国著名心理学家威廉·詹姆士说："人类本性上最深的企图之一是期望被赞美、钦佩、尊重。"

真诚的赞美于人于己都有重要意义。赞美别人，仿佛用一支火照亮了别人的生活，也照亮了自己的心田，有助于营造一种善意、和谐的气氛。赞美是一件好事，但绝不是一件易事。给人期待的赞美应是发自内心的、真诚的、合乎情理

---

① 朱自清. 春［EB/OL］.（2011 - 07 - 05）［2014 - 05 - 30］. http://www. baidu. com/s? word = % D6% EC% D7% D4% C7% E5% B4% BA&tn = site888 3 pg&lm = -1.

的，是让人听后非常愉悦的。倘若赞美别人时不能审时度势，不掌握一定的技巧，即使是说了好话，也会使好事变成坏事，因为虚假的赞美在别人看来就有"拍马屁"之嫌。赞美话不能乱说，也不能常常用同样的方法，更要注意的是不可多说。

（二）赞美的原则

1. 真诚

倘若赞美不是发自内心的真诚想法，那最好不要赞美。虚伪的赞美只能适得其反。人都喜欢听赞美的话，但真诚的赞美源于内心真实的想法，用真诚的语言传递出真心真意的情感。

> 清代京城有一位大官，特别会奉承人。一次，由于种种原因出外做官，临走之前官员去拜别老师，老师告诫道："在外边做官不容易，一切事必须小心谨慎。"这位官员很自信地说："我准备了一百顶高帽，逢人便送一个，应该不会有不愉快的事。"老师听了，大怒道："我辈都是刚直之人，何必那样做！"这位官员忙说："天下像老师这样不爱戴高帽的人能有几个？"老师点点头说："你的话也不是没有道理。"官员告别老师，出门时对人说："我准备的一百顶高帽，现在只剩下九十九顶了。"①

这位官人已经将他对别人的"赞美"作为家常便饭了，然而"路遥知马力，日久见人心"，他那不真诚的赞美总有一天会露出破绽的。

2. 恰当

> 伯牙与钟子期初识，伯牙说："我为你弹一首曲子好吗？"子期立即表示洗耳恭听。伯牙即兴弹了一曲《高山》，子期赞叹道："多么巍峨的高山啊！"伯牙又弹了一曲《流水》，子期称赞道："多么浩荡的江水啊！"伯牙又佩服又激动，对子期说："这个世界上只有你才懂得我的心声，你真是我的知音啊！"于是，两个人结拜为生死之交。
>
> 伯牙与子期约定，待周游完毕之时要前往子期家去拜访他。一日，伯牙如约前来子期家拜访他，但是子期已经不幸因病去世了。伯牙闻听悲恸欲绝，奔到子期墓前为他弹奏了一首充满怀念和悲伤的曲子，然后站起来，将自己珍贵的琴砸碎于子期的墓前。从此，伯牙与琴绝缘，再

---

① 林染. 让你的谈吐打动人心 [M]. 北京：金城出版社，2007：96.

也没有弹过琴。[①]

伯牙感恩知己之情，在子期死后，终身不再弹琴，就是因为在他心灵深处无法抹去子期对他琴声准确、真挚的赞美之情。赞美必须在事实的基础上进行，不要浮夸，措辞也要适当。

3. 具体

美的东西应该是看得见、摸得着的，这就是具体。赞美者要深入、细致地及时捕捉别人哪怕是最微小的长处，并不失时机地予以赞美。赞美用语愈翔实具体，说明赞美者对对方愈了解，对其长处和成绩愈看重。只有真正挖掘出对方潜在的优良品质，增加对方的价值感，赞美才能更好地促进对方的关系。

比如：你看上去真精神／真棒／真漂亮；你今天做的红烧肉真好吃；你们真是天生的一对；你的项链真特别；你的刺绣真漂亮等。

4. 注意性别差异

有首歌唱的是"男人爱潇洒，女人爱漂亮"，这间接说明男人内心期待别人欣赏他的潇洒，潇洒多表现在一个人的功名、能力、个性方面；而女人内心多期待别人欣赏她的漂亮，漂亮多表现在容貌、衣着或身边伴个白马王子以示魅力方面。根据性别的差异进行赞美，有时还会收到意想不到的效果。

> 有一位妻子虚荣心重，当夫妻商量如何出席友人婚礼时，她缠着丈夫要买一款昂贵的铂金项链。家里刚买了房，经济很不宽裕，丈夫自然不肯答应花这笔钱。争吵中，妻子赌气地说："人家小小和喜喜的爱人多大方，早就给自己的夫人买了×克的铂金项链，哪像你，小气鬼!"丈夫不愿争论，转眼笑呵呵地对夫人说："可是，她俩有你这样漂亮吗？我敢说，她们如果也有你这样美，根本就不用买项链装饰了，对不对?"妻子一听这些赞语，不觉转怒为笑，主动放弃了买项链。

5. 鼓励

用赞美来鼓励对方，能增强其自信心。尤其对工作表现处于相对落后状态下的同事，为了促使其进步，努力把工作做好，首要的就是激发他的自信与自尊。因此，最有实效的赞美不是"锦上添花"，而是"雪中送炭"。同时，还要根据不同情形，采用相应的赞美方法。如，有些人因第一次做某种事情，干得不好。

---

① charles hmily. 俞伯牙钟子期的故事［EB/OL］.（2011－11－20）［2014－05－30］. http://zhidao. baidu. com/link? url = qySHjnWe0UPvwYpGwxHxDYlSrGSEg5DCEvJua1Dhq614pzfYm9WfwlZePQkH79 M86dGmBYmadRitw1q3pk9.

这时，不管他有多大的毛病，也应该说："第一次有这样的成绩就不错了。"对第一次登台、第一次比赛、第一次写文章等的人来说，这种赞美会让人铭记一辈子。鼓励性赞美的要点在于见机行事、适可而止，真正做到"美酒饮到微醉后，好花看到半开时"。

6. 间接

日常生活中我们常忽视在背后赞美别人，其实，利用合适的场合在身后赞美别人也是一种不错的人际交流。

罗斯福的一个副官，名叫布德，他对颂扬和恭维曾有过出色而有益的见解：背后颂扬别人的优点，比当面恭维更为有效。德国的铁血宰相俾斯麦，为了拉拢一个敌视他的属员，便有计划地对别人赞扬这个部属，他知道那些人听了以后，一定会把他说的话传给那个部属。结果也正如他所愿。

间接赞美是一种至高的技巧，在各种赞美的方法中，要算是最使人高兴的，也最有效果的了。

二、安慰

人生的道路不平坦，逆境常多于顺境。身处逆境、面对不幸时，当事者不仅需要自强、自勉，也迫切需要别人的安慰。真诚的安慰如雪中送炭，给不幸者以温暖、光明和力量。

（一）安慰的原则

安慰的一般性原则如下。

1. 真诚尊重

这是安慰的首要条件。把对方的事当成自己的事，与对方的情感保持同步，让对方感到亲切与欣慰。

2. 选好时机

安慰一定要选好时机，不要事过境迁再安慰，更不要火上浇油。在对方情绪失控的情况下，应该待其冷静下来，恢复理智后再交谈为宜。当然，也可以先同他闲谈，直到话语投机了再逐渐引入正题，分析开导，给其安慰和鼓励。

3. 趋黑避暗

任何事物都有利有弊。要引导对方摆脱悲观情绪，摆脱不良影响，从积极的一面来看待人生。通过安慰驱走别人心理的不愉快，驱走别人内心黑暗的雾霭，让其感受到阳光般的灿烂。

（二）安慰的方法

1. 认同体谅

所谓认同体谅，是指真诚感受对方的心境，感同身受。一个人遭到挫折和不幸的时候，十分需要同情。真诚的同情不仅能使不幸者的痛苦、懊丧的情绪得到宣泄，而且有助于消除其心理上的孤独感，使其增强战胜困难的信心。例如，要帮助一个因相貌不佳而自卑沉沦的青年，可以针对青年的自卑心理，着重分析相貌与是否能获得成功之间的关系，并列举古今中外大名人、伟人的成功事例，让青年在绝望中看到希望，起到解除烦恼、振奋精神的作用。反过来，如果一味讲道理，或者用教训人的口吻批评青年，则恐怕只能适得其反。

2. 多向安慰

即带着热情的希望娓娓道来，从不同角度去安慰他人。如，针对对方的心理，循循善诱，积极引导，排除忧愁，驱散烦恼，给迷惑者指明前程，让失望者看到希望。多角度安慰要动之以情，也要晓之以理，可使用慢慢细聊、热情感化的劝慰法。用语要让人感到温暖体贴。面对忧愁的人说："别伤心，先说给我听听，说不定我能帮上忙呢。""快乐是一天，忧愁是一天，我们何不选择快乐一天呢？"面对失败的人说："人生在世，不如意之事十有八九，不要将失败放在心上。""都说失败是成功之母，我们再一起努力！"面对丢钱的人说："钱乃身外之物，折财免灾！""虽然没有钱不行，但是钱绝对不是万能的东西。"

3. 变相安慰

安慰中暗暗诱导对方转换立场，使自己成为被安慰者，对方自然也就被安慰好了。探望身患重病的不幸者，不必过多谈论病情，谈及过多，势必加重病人的思想包袱。这时，应多谈谈病人关心、感兴趣的事，以转移对方的注意力，减轻其精神负担。对于身患绝症的病人，有时在安慰中可以使用一些善意的谎言，重病轻说。如果谎言唤起了他对生活的热爱，增强了他与病魔斗争的意志，就有可能使生命延续得更长久，甚至战胜死神。善良的谎言，其用心当然也是善良的。他如果以后明白了真相，也只会感激而不会埋怨。即使当时半信半疑甚至明知是谎话，通情达理者仍会感到温暖、宽慰。如果以真话相告，加重对方的精神痛苦，即使不算坏话，也该算蠢话。

4. 无声安慰

当别人倾诉苦恼或悲伤时，总有不知如何安慰的时候，"别伤心，坚强点"或"你觉得该怎么做？"的用处也不大，该怎么安慰呢？其实，一两个安慰的动作，甚至一句话不说，也能让他们安心。

在他倾诉时，你可以鼓励地拍拍对方的肩膀，轻柔地回答："嗯，是这样啊。"这时，不需要为对方出谋划策，让他说完想说的话。而若还觉得倾诉时"相对两无语"，那么就陪他走段路，慢慢使对方心情放松，再平静地讲述。对于生老病死之类的突发事件，对于丧亲的不幸者，强烈的悲痛如巨石积压在心头，愈久愈重，不吐不快，在安慰时不要急于劝阻对方的恸哭。应当注意倾听对方的回忆、哭诉并适当安慰，让其宣泄、释放出来，这反而更有利于对方较快地恢复心理平衡，恢复平静的状态。

【思考与训练】

1. 西西的艺术专长是弹琵琶，大家戏称她为"琵琶精"。偶然的一次，你碰巧听到西西那美妙的琵琶声。你于是上前赞美她说……请补充所说的话。

2. 做生意的 28 岁的小李刚买了一辆奥迪。你是小李的邻居，出门正好碰上，你会如何赞美他？

3. 某同学过去期末考试一直位居第一名，这次却只考了第六名。她因此非常难过。你该如何安慰她？

4. 一位酷爱小狗的朋友突然失去了她最爱的一只小狗，她心里难受极了。你将选择怎样的时间去安慰她？如何安慰？

第五节　批评与致歉

【知识要点】

批评与致歉是一门会说话的艺术。批评方式得当，会让人听了之后很乐意接受，并在行动中改正错误；致歉主动真诚，会赢得别人的谅解。

一、批评

（一）批评的意义

批评也可以叫责备或指责，是指出别人的言行违背情理的一种语言行为。批评和其他语言行为一样，是人际关系中不可缺少的。如果明知对方不对，却不指出来，这是不负责任的做法。

在生活和交往中，要敢于批评和接受批评。然而由于每个人对接受批评的心理承受能力不同，对批评的理解和接受就存在差异。所以，在运用批评时，要注意以善意作为基本要求；以事实为依据，对事不对人；以最佳方式为切入点，根据不同的对象选择不同的方式、方法。

（二）批评的方式

批评的意义固然重要，但要实现批评的目的，关键在于方式要对头。方式不对，还不如不批评。批评方式不当，容易伤害对方的自尊心。一般来说，批评可以采用以下几种方式。

1. 提示法

这种批评以暗示为手段，巧妙地把批评信息传递给对方，主要针对领悟能力比较强的人。对此，可采用幽默、以褒代贬、巧用省略、将错就错等方法。

有一位顾客来到某酒店喝酒，但主人以半杯酒充当满杯酒卖给他。他喝完第二杯后，转身问店主："你们这儿一星期能卖多少桶酒？""35桶。"店主得意扬扬地回答。"那么"，顾客说："我倒想出了一个能使你每星期卖掉70桶的办法。"店主很惊讶，忙问："什么办法？""这很简单，你只要将每个杯子里的酒装满就行了。"①

2. 触动法

这是直接批评的方法，措辞较为尖锐，语气强烈，主要针对惰性、依赖性比较强，侥幸心理比较重的人当头棒喝，促使其迷途知返。

有一位学生总是迟到，班主任严肃地对他说："本周你总计迟到24.8分钟。周一迟到10分钟；周二迟到5分钟；周三迟到4.3分钟；周四迟到3.2分钟；周五迟到2.3分钟。你每天都迟到了，但可喜的是你迟到的时间在缩短。希望你从下周起不要再迟到，否则你的'总成绩'将被公之于众了。"从这以后，这位同学还真没再迟到了。

3. 商讨法

这种批评以问答、诱导的方式让对方自己去体会自己的过失，去寻求改正或补救的办法。这种批评方式既可以加快批评者与被批评者的信息交流，增进理解和信任，又避免了"正面交锋"，是一种比较理想的批评方法。

英国前首相威尔逊在竞选时，演说刚讲到一半，突然有个故意捣乱者高声打断他的话："狗屎！垃圾！"显然，他的意思是叫威尔逊"别再胡说八道"。威尔逊却不理会其本意，只是报以容忍的一笑，并说："这位先生，我马上就要谈到您提出的环境脏乱问题了。"捣乱者一下子哑口无言。②

① 闲空就来. 演讲与口才——投其所好,能言巧辩[EB/OL]. (2014 - 04 - 27)[2014 - 05 - 30]. http://c. tieba. baidu. com/p/3008435022.
② 石兰. 沟通人脉最重要的润滑剂:善幽默　会解嘲[EB/OL]. (2012 - 04 - 25)[2014 - 05 - 30]. http://book. ce. cn/szwz/201204/25/t20120425_23271927_1. shtml.

（三）批评中要注意的问题

1. 批评下属要刚柔相济

以"经营之神"闻名的松下幸之助，是以用人的技巧而知名于世的。他责骂部下的方式就非常巧妙。

三洋电器的前副董事长后藤清一在供职松下公司时，因犯了一个小错误而惹怒了松下。当他走进松下的办公室，只见松下正拿着一把火钳气急败坏地敲打着桌面，接着后藤清一便被松下痛骂了一顿。后藤被骂得很不是滋味，正要悻悻离去时，松下突然说道："等等，刚才因为我太生气了，不小心把这把火钳弄坏了，麻烦你把它弄直好吗？"

后藤无奈，只好拿了把铁锤拼命敲打，而他的心情也随着敲打声渐趋平稳。当他拿着敲直的火钳交给松下时，松下说："比原来的还好，你真不错！"然后，他高兴地笑了。

责骂过后，反以题外的话来称赞对方的方式，是很容易消除反感的。事情发生后不久，松下就给后藤的妻子打电话说："今天你先生回去时，可能脸色会很难看，希望你能好好照顾他。"

本来，后藤在受到上司责备后，便想立即辞职不干了，但松下的做法反而使后藤感动得五体投地，决心效忠于公司。[①]

责骂往往会引起别人的反感，而骂人的一方在骂过后，紧张的情绪就会慢慢消失，待理性恢复后，就会有后悔的感觉。明知会有这种反应，但如果不予责骂就是姑息别人，事情便不会有所改进。所以，责骂归责骂，只是在责骂后，使对方明白自己并没有失去他人尤其是上司的信赖，这才是最重要的。而能否达到这样的效果，则完全取决于责骂后的处理方式。

松下的赞许和关心就属于这种类型。下意识地用间接方式透露些有关情报给第三者，更是他独到的技巧。因为他知道这位第三者一定会透露给对方，对方自然会想到"原来董事长对我是爱之深，责之切"。如此，不但不会令对方起反感，反而会令对方感激，更愿为他效力。所以说，责骂是必要的，但重要的是责骂后的处理方式。我们要学习松下这种与人沟通的方法，在责骂别人的情形下也能真正实现和谐双赢。

2. 批评上级要委婉

针对上级所出现的失误，应委婉批评，以利于启发和说服上级作出正确的决

---

① 田伟. 口才赢就一生［M］. 哈尔滨：北方文艺出版社，2006：291.

策。批评上级时，应以委婉为宜，最好用幽默诙谐的方式机智巧妙地提示领导，使其意识到自己的错误并自觉修正。

太平盛世，乾隆曾七下江南，游山玩水，好不开心。一次，他到苏州狮子林，玩得龙心大悦，便要来笔墨，题下"真有趣"三字。随游人员黄熙在旁，觉得三字太俗，又不便进言，就"扑通"一声跪下，说："皇上圣恩，请将'有'字赐予奴才。"乾隆恍然大悟，立即将题词改为"真趣"。[①]

二、致歉

致歉是对他人表示歉意，并请求对方谅解的一种语言行为。人非圣贤，孰能无过？日常生活之中，人人都应该学会致歉。衷心致歉不但可以弥补破裂了的关系，还可以增进相互间的感情。

致歉的方法和注意事项

（1）错了就应该主动致歉。与其等别人批评、指责，还不如主动认错、道歉，这更易于获得谅解与宽恕。真心实意地认错、道歉，不必找客观原因、做过多解释。当由于个人的过错而给别人造成了损失时，应当致以诚心的歉意。真心的道歉应语言温和，真诚而不谦卑。目光友好地凝视对方，并多用"打扰""得罪""指教"等礼貌词语。道歉的语言应以简洁为佳，只要表明基本态度，对方也通情达理地表示谅解就行了，切忌啰唆。

（2）致歉并非耻辱，而是真挚和诚恳的表现。丘吉尔起初对杜鲁门的印象很坏，但后来他告诉杜鲁门说以前低估了他，这是以赞誉的方式表示歉意。

老师在点认新同学的名字时念道"吴昊"，没人应答。一同学站起来，说道："老师，我叫吴昊，您是否念的是我的名字？"老师仔细一看，发现自己认错了，赶紧道歉："吴昊同学，对不起，老师刚才念错了你的名字。我记下了！"吴昊同学也立即回答老师："没关系。"俗话说："知错能改，善莫大焉。"

（3）及时致歉。应该致歉的时候，就马上道歉，越耽搁就越难启齿，有时甚至会追悔莫及。假如你认为有人得罪了你，而对方没致歉，那你就应该冷静，不要闷闷不乐，更不要生气，也许对方正为如何道歉而不好过呢。公交车上不小心踩到了别人的脚，应马上致歉；不小心将别人的杯子摔坏了，应马上致歉并主动要求赔偿；技术工作上出错了，应立即向对方道歉并及时修改。

---

① 一起游网. 苏州旅游故事之狮子林的传说［BE/OL］.（2012 – 12 – 03）［2014 – 05 – 30］. http://www.17u.com/news/shownews26668440c.html.（有改动）

（4）如果你觉得致歉的话说不出口，可以用别的方法来代替。一束鲜花能使前嫌冰释；把一件小礼物放在对方的餐桌上或枕头底，可以表明悔意，以示爱念不渝；大家不交谈，触摸也可传情达意，这就是所谓的"此时无声胜有声"。

【思考与训练】

1. 大一学生小鹏近段时间特别迷恋网络游戏，有时甚至晚上翻墙出校门去打游戏。如果你是小鹏的老师，今晚遇上正准备翻墙的小鹏，你该如何批评他？

2. 王经理每次派小娟去办事，她总是会出现一些小失误，而这些失误都是由于她太粗心造成的。这天，小娟又办事回来了，同样又出现了小失误。假如你是王经理，你会怎么办？

3. 中午，你去找你的好朋友玩，来到朋友门前，你一边猛地敲门，一边大声喊："还不开门，快点！"这时，一位老太太出来开了门，你突然发现这是朋友楼下的那位老太太。原来你朋友在六楼，而你现在在五楼。此时的你该怎么办？

4. 一男士误入女厕，遇一女士在内。该男士赶紧跑出来，突然，他又转身进入女厕，大声说："同志，对不起，刚才我忘记给您道歉就跑了！"

请讨论这则致歉的问题在哪里？这位男士如何做才比较妥当？

第六节　电话口语

【知识要点】

电话是一种便利的通信工具。在日常生活中，人们通过电话能粗略地判断对方的人品、性格；在工作中，电话语言也很关键，它直接影响着一个公司的声誉和个人的形象。因此，掌握正确的、礼貌的接打电话的语言技巧是非常必要的。

一、接电话的语言技巧

1. 自报家门

接电话要迅速及时、友好，尽可能在铃声响起第二遍时就拿起话筒打招呼，并自报家门，作自我介绍：你好，这里是某某单位或我是某某。

如果手上工作一时放不下来而拖延了时间，应立即表示歉意说："对不起，让你久等了。"

2. 运用礼貌用语

请对比下面两则事例：

A. 电话铃响了，拿起话筒接听电话："您好，这里是某某学校。"

"找一下王小，好吗?"

"对不起，他刚走出办公室，您愿意等一会还是让我告诉他给您回电话?"

"请您转告他，我是××，请他回来一定给我回个电话。谢谢!"

"不客气，再见。"轻轻放下电话。

B. 电话铃响了，拿起话筒接听电话："您好，这里是某某学校。"

"找一下王小，好吗?"

"他不在，我不知道他现在在哪!"

"那他多久能回来呢?"

"还有事吗? 不知道!"重重地放下电话。

接电话要注意运用礼貌用语，如接话时的"您好"，结束时的"再见"，通话中的"请""对不起"等。

替别人接电话时尤其要有礼貌。有时，受话人不在，可向对方做充分的解释。应尽量使用下列方式，使对方易于接受："现在他不在办公室（家）""他正在办公室（家里）和人谈话""他在开会，可能要开到10点""他出去办事，一会儿就回来""我帮您留句话好吗?"等。

3. 积极回应

接电话时要认真聆听，并用"嗯""对""行"等用语给对方积极的反馈。电话机旁边应当备有纸笔，重要的信息应当随时记下，并向对方重复一遍，以验证记录的正确性。若没有听清楚对方谈话，应礼貌地打断对方，请他再讲一遍："对不起，麻烦您再讲一遍，行吗?"

4. 留言要准确

为了准确无误，还要将记录下的内容（日期、单位、姓名、电话号码）在电话里重复一遍。

打电话者："我叫张强，电话80807754（一气说完）。"

接电话者："（边记，边重复），是立早章，还是弓长张呢?"

"噢，弓长张，张强。电话是8－0－8－0－7－7－5－4。"

"好，你叫张强，电话80807754，今晚5: 30让他给你回电话，是这样吗?"

5. 机智地回答问题

如果不能确定来电话的人是什么身份、有什么意图、他所需要的信息是否可以提供，那就可以这样说："让我查一查再给你回电话，怎么样？""我得跟李先生商量一下才能决定下来，好吗？"接答要谨慎、清楚。在大多数情况下，接电话的人并不知道对方要在电话里谈什么，思想上没有什么准备，加上电话交谈节奏紧凑，很容易因考虑不周而在接答时出现错误。所以，接答电话要谨慎。一时定夺不了的，不要匆忙作答，但一般都要说明原因。当前，尤其要特别注意防范电话诈骗。

二、打电话的语言技巧

1. 准备充分

摁动电话号码之前，应当做好充分的准备，明确打电话的目的，理顺说话思路。

2. 控制时间

控制好打电话的时间，遵循"通话三分钟"的原则，做到长话短说。如果需要较长的交谈时间，就应当在开始的时候说明并且征得对方的同意。如果对方脱不开身，就应当另约时间再联系。

3. 礼貌耐心

电话接通后，一般先要核实一下接通的是否是自己所要找的那个单位（部门）或个人，随后通报自己的姓名（公务电话则通报自己的单位名称），然后再找要找的人，再谈要谈的事。有的时候，电话打过去，对方却没有马上来接，这就要耐心等一等，而不应当匆忙挂断。同时，多用礼貌用语或祈求语言。打电话者要知道，是自己打扰了别人，因此用语要礼貌，以使对方悦纳你。比如："你好，请问是××大学吗？""劳驾，找一下××好吗？""麻烦您，找一下李强，好吗？""谢谢你。"

4. 表达清晰

表达要清晰，防止歧义。汉语中存在大量音同义异的词语，在口耳传播中容易造成歧义。所以，在使用电话时就特别需要讲究表达的清晰、严密，对所传播的重要的、关键的信息，如数字等，可以适当重复。

三、电话交谈注意事项

（1）语调要亲切热情。接打电话的时候，虽然对方看不到你的面部表情，但是你的态度会随着声音传递过去。你和蔼可亲，声音里就会充满温暖与笑意；你愤怒，尽管并未提高嗓门，声音里却仍然会充满愤怒。厌烦伴有厌烦的音调，紧张则会带有紧张的感觉。因此，要注意发挥语气的表情达意功能。由于电话交谈的时候双方互不见面，所以，语调的作用就显得尤其重要。

（2）采取坐姿或站姿，切忌躺着接打电话。

（3）说话要清晰，要使对方能听清自己讲话的内容。控制语速节奏，防止过急过快。使用电话的时间越长，缴纳的话费就越高。这一压力使得许多人在使用电话的时候语速过快，以致含混不清。有的人一拿起话筒，声音就高了八度，大喊大叫，唯恐对方听不到。也有的人开始打电话的时候声音不高，但是越谈嗓门越大。这些都会给人缺乏修养的感觉。

（4）要聚精会神。有人一边打电话，一边吃东西；或者一边打电话，一边与别人打招呼。别人见了不雅，听电话的人也一定觉得你不尊重他。

在信息迅猛发展的今天，电话已经成为人们彼此沟通的重要手段。但在现实生活中，真正掌握电话语言技巧的人并不多。每个人都应该从身边的小事做起，让寻常的电话不单单成为人们联结情感的纽带，也成为提高个人素质的窗口。

【思考与训练】

1. ××服装公司经理打电话给××进出口公司洽谈出口一批服装到美国的事宜，进出口公司主管经理外出办公了，你作为经理办公室秘书，怎样进行电话接待？

2. 两人一组，围绕联系社会（毕业）实习单位的问题创设情境，自选角色进行电话交谈。一次通话时间不超过 5 分钟。

第七节　网络口语

【知识要点】

网络口语是伴随网络的发展而新兴的一种有别于传统媒介的语言形式。它以简洁生动的形式，从诞生起就得到广大网友的偏爱，发展神速。网络口语包括拼音、英文字母的缩写、含有某种特定意义的数字，以及形象生动的网络动画和图片。其最初是网民们为了提高网上聊天的效率，或者为了某种特定的需要而采用的口语，久而久之就形成了特定的网络语言。

一、网络口语的特点

网络口语与我们日常交际口语相比，具有以下几个突出的特点：

（1）词素的组成以字词为主，越来越多的英文字母和数字还有少量图形加入其中。除了汉语中原有的词语外，大量的新兴字词参与其中。同时，网络也演变了一些词义，或扩大或转移，或变化了其情感色彩。这些词语都是新兴网络口语中的重要生力军，若不懂得这些词语，那就成了网络中的文盲——网盲了。如"版主"被说成"斑竹"，"这样子"被说成"酱紫"，"555"是哭的意思，

"886"代表再见，这些大多都是因与汉语的发音相似引申而来的；还有 BBS、BLOG、PK 等大量的英文缩写或音译词；除此之外，还有用"：－)"表示微笑，用"＊（）＊"表示脸红等。

（2）由网络人群新创或约定俗成。这类语言的出现与传播主要寄生于网络人群，还有为数不少的手机用户。Chat 里经常能出现"恐龙""美眉""霉女""青蛙""菌男""东东"等网络语言，BBS 里也常冒出些"隔壁""楼上""楼下""楼主""潜水""灌水"等"专业"词汇。QQ 聊天中有丰富生动的表情图片，如，一个挥动的手代表"再见"，冒气的杯子表示"喝茶"；手机短信中也越来越多地使用"近方言辞"，如"哈人"（四川方言，音 ha ren，意为"吓人"）等。

二、网络口语的类型

（1）数字型：一般是谐音。例如，7456 = 气死我了；9494 = 就是，就是；555～～～～ = 哭泣声；886 = 拜拜了。

（2）翻译型：根据原文的发音，找合适的汉字代替。例如，"伊妹儿" = E－mail；"瘟都死" = Windows；"荡" = Download，下载。

（3）字母型：一是谐音，以单纯字母的发音代替原有的汉字。例如，MM = 妹妹；PP = 漂漂，也就是"漂亮"的意思；E 文 = 英文；S = 死。还有一些在英文里经常用到的：u = you；r = are。二是缩写。有汉语拼音缩写，如，JS = 奸商；BT = 变态；GG = 哥哥。还有英文缩写，这个在语言学上也比较常见，如，BBS = 电子公告牌系统；OMG = Oh My God；BTW = By The Way。还有比较特殊的通过象形的方法创造的，比如，OTZ orz = 拜倒小人。这个也可以归到符号型中，但主要是英文字母做成的，与通过标点符号做成的符号型有一定区别。

（4）符号型：多用简单符号表示某种特定表情或文字，以表情居多。如，"－－"表示一个"无语"的表情；"O.O"表示"惊讶"的表情；"T T"表示"流泪"的表情；"｜｜｜"表示"黑线"。这种表情型符号起源于日本漫画，后演变为漫画杂志中常出现的文字符号，成为网络语言后出现了更多形式。符号表示文字的多与谐音有关，如，"＝"表示"等"；"o"表示"哦"等。又如，"o（∩＿∩）o...＾＿＾"表示高兴的心情；"╭∩╮（︶︿︶）╭∩╮"表示鄙视你！

在网络上还有好多这样的词汇，比如：

美眉——漂亮的女生	BT——变态
GF——Girl Friend，即女朋友	BF：Boy Friend，即男朋友
Y——为什么	坛子——论坛
人不叫人，叫"银"	MS——貌似

特——他　　　　　　　　　　Two 傻——二傻

我不叫我，叫"偶"　　　　　年轻人不叫年轻人，叫"小 P 孩"

蟑螂不叫蟑螂，叫"小强"　　什么不叫什么，叫"虾米"

不要不叫不要，叫"表"　　　喜欢不叫喜欢，叫"稀饭"

好不叫好，叫"女子"　　　　强不叫强，叫"弓虽"

同意不叫同意，叫"顶"　　　惭愧不叫惭愧，叫"汗"

吃惊不叫吃惊，叫"寒"　　　非常不叫非常，叫"灰常"

fans 不叫 fans，叫"粉丝"　　PMP——拍马屁

cu = see you　　　　　　　　RPWT = 人品问题

sg = 帅哥（帅锅，色鬼，色棍……）3q = Thank you

bc = 白痴　　　　　　　　　bb = 拜拜 = 抱抱

bd = 笨蛋　　　　　　　　　pf = 佩服

pk = 单挑 or 群挑　　　　　PP = 图片（通常在帖子里面用到）

zt = 转贴　　　　　　　　　zz = 转载

驴友——"旅友"的谐音，喜欢旅游的人，一般指背包一族

被无数蚊子咬了不叫被无数蚊子咬了，叫"新蚊连波"

　　今日，网络口语已成为网民在网上交流必不可少的"通行证"。对于网民来说，网络语言有着独特的魅力。一位大学生在接受采访时表示，网络语言也是一种文化。首先，为了省事。比如，网上说"再见"，一般只用数字"88"代替，时间久了也就约定俗成。其次，不少网络用语有它自身的意义。比如"菜鸟"、"恐龙"之类，要是直截了当地说你"真是一个差劲的新手"，或是"这真是个丑女"，就感觉失去了应有的味道。再如，用"灌水"来形容在论坛上滥发帖子就很形象，换了其他词就可能表达不出这个感觉。

　　另外，网络口语也一直在不停地丰富和淘汰中发展。如，在表示愤怒时，从最初由港台引进的"哇噻"（尽管后来在国内它大多代表惊喜的意思，但起初这是句骂人的话）发展到"我操"——"我靠"——"我倒"——"我晕"，前面几个词从接受到放弃，这是一个人民群众在语言使用过程中选择的过程，那些不符合时代和社会发展的词语最终会被抛弃在历史的长河之中，而只有那些被大多数人认可的词语才会有持久的生命力。

【思考与训练】

1. 分组讨论并记录：你认为最经典的网络口语有哪些？请至少举出 5 例。
2. 简要谈谈网络口语与生活口语有什么联系与区别。

第四章 服务行业职业口语

"夏天一条毛巾，冬天一杯开水，雨雪天一声叮咛"，真诚的服务会带给人一份美丽的心情。在每天繁忙的工作中，看到客户希冀而来、满意而去的表情，看到客户在自己的服务下得到满意和惊喜的同时，自己也会拥有一种成就感。而要赢得优质的服务，就需要优质的服务行业口语。

【案例导入】

有一天，一个学生在课堂上问苏格拉底，怎样才能成为像苏格拉底那样学识渊博的学者。苏格拉底没有直接作答，只是说："今天我们只做一件最简单也是最容易的事，每个人把胳膊尽量往前甩，然后再尽量往后甩。"苏格拉底示范了一遍，说："从今天开始，大家每天做三百下，能做到吗？"学生们都笑了：这么简单的事，有什么做不到的？过了一个月，苏格拉底问学生："哪些同学坚持了？"教室里有90%的学生举起了手。一年过后，苏格拉底再次问学生："请告诉我，最简单的甩手动作，有哪几位同学坚持做到了今天？"这时，整个教室里只有一个学生举起了手，这个学生就是后来成为著名哲学家的柏拉图。[①]

这则故事告诉我们：看似简单的事却不容易坚持去做。服务行业口语的基本要求其实并不复杂，复杂的是让每一名服务人员拥有"每天甩三百下胳膊"的理念与行为。

营销口语、旅游口语、窗口服务口语在人们的日常生活中是运用得比较广泛的。掌握其一般的使用技巧，并举一反三地将其基本要求拓展到各种服务行业的口语当中，能够让自己对他人的服务更周到、更贴心，使他人对自己的服务更理解与包容。

---

① 方心静. 哲学家苏格拉底的故事［EB/OL］.（2007 – 10 – 28）［2015 – 05 – 30］. http://tieba. baidu. com/p/280504958.

第一节 营销口语

【知识要点】

作为一个成功的营销员，不仅要有好的风度和修养，而且需要智慧和"打动人心"的口才。在营销过程中，应适时地表现自己，让对方多了解自己，从而实现自己的营销目的。

俗话说，十分生意七分谈。营销过程实际上是营销员运用各种推销技巧说服客户购买其商品的过程。所谓"谈"，就是运用口语进行沟通，说服对方，以促成交易。

在营销过程中，要尽力促使双向互动。

一、引起注意

这里主要强调营销者或营销产品要能够引起顾客的注意。而对营销员来说，要吸引顾客，就要先学会寒暄。寒暄是建立人际关系的基石。这里说的寒暄，并不是随便地说一些话题，而是要在面对客户的时候想方设法地打开话题，让客户觉得和你有话可谈，进而和客户建立相互的信任关系，成为知己。

车店里的营销寒暄

李松是某市广州本田博盛店的一名销售顾问，以下称"李"；何劲是一名来看汽车的顾客，以下称"何"。

（何走进店中）

李：您好，先生，欢迎光临广州本田博盛店。我是本店的销售顾问，我叫李松，哦，这是我的名片。

（何接过名片）

李：因为我皮肤颜色比较黑，您也可以叫我小黑，店里的伙伴都这么叫我。

（何笑了笑）

李：先生请问您怎么称呼啊？

何：哦，我姓何。

李：哦，何先生，请问我有什么能为您服务的吗？

何：嗯，我来看看车，请问有新飞度吗？

李：（做了个手势）有啊，在那边呢。何先生，需要我陪您一起看呢，还是您想先自己看看？

　　何：让我先自己看看吧。

　　李：好的，何先生，我就在这边服务台，有问题随时叫我，很乐意
为您服务。

　　（何先生径直走向新飞度）

　　这里的寒暄虽没有明显引起下一轮话题，但顾客已经接受了小李的寒暄，他
们新一轮的话题即将随着何先生对车的疑问而展开。

　　不管是哪一种行业的营销，都需要合适的寒暄。在营销的寒暄中，应注意下
列事项。

　　（1）有礼貌。与人首次见面，一定要礼貌性地寒暄一番，如此方能留给对
方良好印象。对顾客一定要谦恭有礼，随时说声"早安"、"午安"、"晚安"。

　　（2）要注意说好第一句话。对方在听第一句话时，要比听第二句和后边的
话认真得多。因此，同对方寒暄，要想一想第一句该讲什么，以达到吸引对方注
意力的目的。

　　（3）恰当地称呼对方。称呼对方时要因人而异，最好称呼对方的职务。准
确地称呼对方会增加亲切感，如，"您好，张主任"，"早安，李部长"。

　　（4）清楚地介绍自己。介绍自己时，要说清楚自己的姓名、所在的单位、
目前的职级，而且要特别强调自己的专业性。这一方面是让对方听清楚，另一方
面也是郑重其事，以引起对方的重视。

　　（5）带着微笑。无论在家里，还是在办公室，甚至在途中遇见朋友，只要
不吝微笑，立刻就会收到意想不到的良好效果。许多专业推销员，每天清早洗漱
时，总要花个两三分钟的时间，面对镜子训练自己微笑，让微笑成为内心自然绽
放的花朵。

　　（6）要巧妙地赞美对方。恰如其分的赞美可以缩短与对方的距离。赞美要
发自内心，要富有创意，不要鹦鹉学舌、人云亦云。机械地背诵或者言过其实，
都会给人一种不舒服的感觉。

二、激发购买欲望

　　围绕推销产品巧妙地谈，同对方寒暄几句之后，要及时转入正题，做到心中
有数，要通过一定的方式，使客户迅速认识商品，诱发购买动机，刺激购买欲
望。主要方法有：

　　（1）直接提示法。针对客户的购买动机，直接提示商品特点。

　　杰拉尔德·R.福特是美国第38任总统。他回答记者提问时说："我是一辆
福特，不是林肯。"

　　众所周知，林肯既是美国很伟大的总统，又是一种最高级的名牌小汽车；福

特则是当时普通、廉价而大众化的汽车。福特说这句话，一是表示谦虚，二是为了标榜自己是大众喜欢的总统。可以说，他成功地推销了自己。

（2）间接提示法。通过比较、联想等间接方法突出商品特点，激发客户的购买欲望。

> 许多年以前，美国某城市的大街上，有个人卖一块铜，喊价28万美元。好奇的记者一打听，得知此人是个艺术家。不过，对于一块只值9美元的铜来说，他的叫价简直不可思议。于是，那位艺术家被请进电视台，讲述了他的道理：一块铜价值9美元；如果制成门柄，价值就增为21美元；如果制成工艺品，价值就变成300美元；如果制成纪念碑，就应该值28万美元。他的创新说法打动了华尔街的一位金融家，结果，那块铜最终制成一尊优美的铜像——也就是一位成功人士的纪念碑，价值为28万美元。①

（3）情绪感染法。推销员应通过语言激发客户的情绪，如："母亲节到了，买一束美丽的康乃馨送给母亲吧。""情人节来了，买一束玫瑰送给你的心上人吧。"

> 有一天，一位中年妇女从对面的福特汽车销售商行走进了吉拉德的汽车展销室。她说自己很想买一辆白色的福特车，就像她表姐开的那辆，但是福特车行的经销商让她过一个小时之后再去，所以她先来这儿瞧一瞧。"夫人，欢迎您来看我的车。"吉拉德微笑着说。妇女兴奋地告诉他："今天是我55岁的生日，想买一辆白色的福特车送给自己作为生日的礼物。""夫人，祝您生日快乐！"吉拉德热情地祝贺道。随后，他轻声地向身边的助手交代了几句。
>
> 吉拉德领着夫人从一辆辆新车面前慢慢走过，边看边介绍。当来到一辆雪佛莱车前时，他说："夫人，您对白色情有独钟，瞧这辆双门式轿车，也是白色的。"这时，助手走了进来，把一束玫瑰花交给了吉拉德。他把这束漂亮的花送给夫人，再次对她的生日表示祝贺。
>
> 那位夫人感动得热泪盈眶，非常激动地说："先生，太感谢您了，已经很久没有人给我送过礼物。刚才那位福特车的推销商看到我开着一辆旧车，一定以为我买不起新车，所以在我提出要看一看车时，他就推辞说需要出去收一笔钱，我只好上您这儿来等他。现在想一想，也不一

---

① 曹桂喜. 增值思维［EB/OL］. (2011-11-27)［2015-05-30］. http://www.jxteacher.com/jjhx/column8103/5985f6ba-cc3a-455d-935f-e08d160c7405.html.

定非要买福特车不可。"后来，这位妇女就在吉拉德那儿买了一辆白色的雪佛莱轿车。[①]

（4）问题引导法。巧妙设问可以消除客户的紧张感和抵触情绪，缓和商谈气氛；可以更快捷、准确地了解客户的真正要求，从而根据客户要求及时调整推销重点和策略；除此之外，还可以委婉地反驳客户的不同观点和意见。

> 男顾客："鸡蛋多少钱一斤？"
> 卖鸡蛋的："五块。"
> 男顾客："太贵了吧！×××超市才三块八。"
> 卖鸡蛋的："超市？小伙子，瞅你这样子还没结婚吧？"
> 男顾客："是啊，没结婚，怎么了？"
> 卖鸡蛋的："有女朋友吗？"
> 男顾客："有啊，你问这干吗？"
> 卖鸡蛋的："去×××超市一般要带着女朋友去吧！"
> 男顾客："对啊！"
> 卖鸡蛋的："到超市不会就买鸡蛋吧，一定还会买点别的东西吧！"
> 男顾客："……"
> 卖鸡蛋的："最后谁掏腰包？"
> 男顾客："……"
> 卖鸡蛋的："那现在我的鸡蛋还贵不贵？"
> 男顾客："一点儿不贵！给我来十斤！"

（5）产品演示法。即通过对产品的现场演示突出其性能。演示法一般针对某种可操作的器具，比如电视机、电冰箱、微波炉、榨汁机等产品。在演示的过程中，需要准确而简洁地对产品进行说明。

三、促成购买

当顾客对推销的商品产生兴趣后，就可能要购买商品。营销员要努力促成顾客的购买行为。促成是指帮助并鼓励客户作出购买决定，然后协助其完成手续。促成交易是营销的终极目的。

在这一阶段，到了最后真的掏钱包的时候，顾客的压力达到最大，因为他害怕做出了错误的购买决定。要缓解顾客的压力和恐惧，针对不同类型的顾客，在

---

① 蒋红梅，杨毓敏．演讲与口才实训教程［M］．北京：清华大学出版社，2009：190．

促成阶段应该采取两条不同的销售策略：对于那种做事情拖泥带水、优柔寡断的人，这个时候就要利用沉默的力量来给他施加适当的压力，以促成购买；对于性格较为开朗的人，一般要采取无压力式的销售，快速而流畅地促成购买。

四、注意后期效应

当顾客购买了推销商品之后，营销工作还没有结束。好的营销还应注意它所产生的后期效应，让已经接受了推销产品的顾客无形地成为产品的宣传者或是产品的长期使用者。

一是保证售后服务。现在是竞争激烈的市场经济，消费者已不再仅仅是产品的购买者，消费者购买产品的同时也买到了产品的售后服务。营销者售出产品后，应主动负责地为消费者讲清有关这类产品的售后服务情况。

二是请对方留下联系方式，以便告知对方产品的最新消息，同时也留下推销者的联系方式，以便顾客随时可以咨询相关问题。

【思考与训练】

1. 阅读下文，回答问题。

　　霍尔默是美国享有名望的房地产巨商。

　　有一次，他承包的一项房地产买卖意外受阻。其原因是：这块土地虽靠近火车站，有着交通便利的优势，但因紧挨木材加工厂，人们难以忍受电锯的噪声。开始几次的业务洽谈中，霍尔默将实情瞒住，但最后均被买方知道了而致使洽谈失败。①

假如你是霍尔默的营销助手，你该如何与买方进行洽谈？

2. 有位营销员在应对顾客的话语时这样说道："我认为你这种说法不对。""我觉得这样不好。"

你认为这位营销员的回答是否妥当？如果不妥，你该怎样表达？

3. 模拟营销某个方便食品或某个饮料食品。

---

① peipei. 实话巧说的最高境界［EB/OL］.（2013－01－23）［2014－05－30］. http://blog. sina. com. cn/s/blog_5fc75dee0101fje1. html.

第二节　旅游口语

【**知识要点**】

虽然人们现在足不出户即可了解世界，但人们依然喜欢出行，除追求亲身体验的原因之外，还因为旅游可以饱眼福、饱口福、享受他人提供的服务，服务是旅游业的本质。其中，导游作为旅游业的窗口，是与游客打交道的最前线服务人员，其服务质量代表着旅游业的水平。而导游的十八般武艺中，最重要的一项就是语言了，他们依靠语言完成各项接待任务，因此必须讲究语言表达艺术。

一、旅游口语的特点

1. 旅游口语的准确性

旅游口语的准确性，是指导游在宣传、讲解及在回答旅客的问题时，必须做到准确无误，对于史料的考证要真实可靠，切忌弄虚作假和主观臆断。词不达意、以偏概全甚至凭空杜撰史实的解说词，不仅会使人感到不快、不美，还会导致误解和以讹传讹。例如，有的导游把川菜的特点概括为麻、辣、烫，但事实上川菜的特点应该是一菜一格、百菜百味，而麻、辣、烫只是川菜火锅的特点。这里，导游的误导会使客人对川菜产生误解，结果可能使得一些客人失去品尝川菜的兴趣。

另外，一些导游人员不习惯用婉语，喜欢过分夸大其词，试图取得先声夺人的效果。例如，一位导游在陪团去一家风味餐厅时，把这家餐厅捧得太高，非常得意地用了一连串形容词来描述，让游客的期望指数很高，而就餐之后游客们普遍感到很失望。过于夸张的话语是不明智、不可取的，无视游客自身评判能力的做法只会适得其反、得不偿失。

2. 旅游口语的生动性

导游在描述自然和人文景观时，除了掌握丰富的景观知识和语言词汇以及恰当地运用比喻、对比、夸张、借代、映衬、比拟等修辞手法外，还要适当地使用幽默段子。幽默可以让语言更加生动有趣，使语言艺术化、口语化。

（1）方言段子。我国幅员辽阔，有 56 个民族，不同民族在历史的发展中形成了各具特色的地方方言，大致分为七大方言区，每个方言区内又有众多不同的方言分支。语言能够体现一个民族、一个地区的人文特征和地域文化，促使旅游者出游的一个重要原因就是不同的风景和不同的风俗。旅游者在旅途中比较喜欢了解当地的文化特色。就拿方言来说，各地的方言段子就是让人放松的一种幽默方式。有一次，有位导游带团来到贵阳，导游为了让游客了解贵阳人的方言，为游客讲了一则笑话：

> 两个贵阳人到北京旅游，在公交车上看地图，甲说："我们先杀（去）天安门，再杀（去）中南海。"乙说："要得，我们就按你说勒路线一路杀过克（去）。"结果，不幸被同车群众听见，随即报警，两人下车后被扭送至公安机关，交代 N 小时后才被放出。后来，甲乙二人又来到了天安门广场，看着人来人往，两人无语……甲忍不住对乙说："你咋个不开枪（腔）勒？"乙回应说："你都不敢开枪（腔），我开啥子枪（腔）哦！"话音刚落，又被扭送公安机关。一周后，两人走出看守所大门，你看看我，我看看你。甲说："这哈（这下）安逸喽，包包也遭整空了，到哪里搞点子弹（钱）嘛……"门口的武警冲上来将两人按倒在地。为此，公安部门口头通知：为确保奥运会顺利进行，严禁这种说方言的人进京观光。①

旅客喜欢模仿当地方言发音，导游可以适当传授简单有趣的方言词语、句子，如，广东人将"普通话"叫"煲冬瓜"，云南有的地方把"上洗手间"叫"唱歌"，这都十分有趣，借以起到活跃团队气氛的作用。但是，导游在使用方言讲故事的时候一定要注意场合，区分对象，掌握分寸，不能伤人自尊。

（2）趣事与笑话。趣事与笑话是导游使用得最多的，既用作景点讲解的铺垫，也作为活跃团队气氛的润滑剂，只要使用恰当，效果会很好。

有一个导游，在带团出境途中，为了让客人了解英语正确发音的重要性，他讲了这样一个故事：

> 克林顿当政期间，某国元首准备到美国访问，临行前向翻译求教如何用英语跟克林顿打招呼。翻译指点道，见到克林顿你就说"How are you?"，克林顿肯定说："Fine, thank you, and you?"，而你只需说"Me too!"就行了。
>
> 访问那天，元首面对走上前迎接的克林顿总统，竟脱口说了句："Who are you?"克林顿大吃一惊，但仍风趣地回答说："I'm Hillary's husband."这时，只见元首微笑着看了看对面的希拉里，然后点点头，

---

① sdby115aqxy. 两个贵阳人游北京［EB/OL］.（2008 - 07 - 01）［2014 - 05 - 30］. http:// sdby115aqxy. blog. 163. com/blog/static/51920439200861105729306/.

无比坚定地对克林顿说："Me too!"①

在使用幽默话语时需注意：一定要杜绝低级庸俗、哗众取宠，不能为博得客人的一次哄堂大笑或一片廉价掌声而不惜迎合少数旅客的低级趣味，大讲庸俗下流的"荤段子"，制造"旅游污染"，败坏导游人员的声誉。

3. 旅游口语的音乐性

旅游口语的音乐性是指导游所使用的口语要抑扬顿挫、语句畅通，句子的长短、语速的快慢恰当，富有节奏感。一般来讲，口语的抑扬顿挫是由于语调的高低所致，但另一方面也关联着情绪的起伏变化。喜者激昂，悲者低沉。比如，在介绍黄山时，导游深情吟诗道："五岳归来不看山，黄山归来不看岳。"在游西岭雪山时，导游又吟起杜甫的诗歌："两个黄鹂鸣翠柳，一行白鹭上青天。窗含西岭千秋雪，门泊东吴万里船。"面对迷人的桂林山水，导游不禁为大家唱起山歌："唱山歌，这边唱来那边和。山歌好比春江水，不怕滩险湾又多。"这些通过口语的表达突显了语言的音乐魅力。

4. 旅游口语的情感性

导游口语不是简单直陈、抽象或程式化的，它要求形象生动，富有情感色彩。因此，在导游过程中，旅游口语就得"动之以情，晓之以理"，情真意切，这样才能真正唤起游客游览的兴趣。当然，旅游口语的情感性不仅是指有声的感叹语所传导的情绪信号，而且还包括无声语言的直观性情感表现。

二、景点讲解口语技巧

有人说："看景不如听景"，这是强调了讲解的重要性。导游要通过绘声绘色的讲解，让游客通过联想或想象等心理再现事物的形和神，进而感知和了解事物的内在审美价值，将游客带到诗情画意的美景中去，使主客间产生共鸣。在景点讲解的过程中，通常采用如下几种口语表达方法。

1. 描绘法

即运用富有文采的语言对眼前的景观进行描述，使其细微的特点显现于游客眼前。

如浏览乐山大佛时，导游可作如下讲解："乐山大佛始建于唐玄宗开元初年（713年），历经90年方才建成。这是世界上最大的一尊石刻弥勒佛。大佛通高71米，仅头高就接近15米，相当于5层楼的高度；眼长3米，嘴宽3米，耳长7米，鼻长近6米；头发上还有1021个发髻；大佛的脚背宽5.6米，完全可以摆上一张茶桌。乐山大佛因此被称为"山是一尊佛，佛是一座山"应该是当之无

---

① 龙飞. 小幽默　大智慧全集［M］. 北京：海潮出版社，2005：245.

愧的。"

2. 引用法

引用法是引用古代诗词、名人名言或客人本国本土的谚语、俗语、俚语、格言等进行解说。这不仅能增强讲解语言的生动性，还能起到言简意赅、以一当十的作用。

比如，在游览西湖时，导游可引用苏轼的诗句："欲把西湖比西子，淡妆浓抹总相宜。"游客面对西湖的天然美景，听着古人赞美西湖的美丽诗句，一定会游兴大增。到苏州寒山寺旅游，导游可引用"姑苏城外寒山寺，夜半钟声到客船"的诗句。到都江堰旅游，可引用并围绕余秋雨先生的名句"拜水都江堰，问道青城山"。这既提高了旅游语言的品位，又能引起游客无限的遐想。

3. 类比法

类比就是用游客熟悉的事物进行对比，帮助游客理解和加深印象。

比如，讲解中国的万里长城有多长，美国人没概念，导游比喻说"相当于从西雅图修一条高速路直达波士顿"，而且还补上"这可是横穿美国大陆啊！"这样一来，游客一下子都理解了，并由此对长城的宏伟赞叹不已。导游在讲解北京故宫的建造时间时，对外国游客说："它始建于明代永乐四年，也就是 1406 年。"对比，他们并不会有多深印象。如果采用类比法，对美国游客说"故宫在哥伦布发现新大陆 70 年之前就已建成"，对英国游客说"故宫的建造时间是在莎士比亚诞生之前的 140 年"，这样一比较，他们就能更好地感受到故宫历史的悠久。

比较的方法是逻辑的方法，事物间有可比性才能类比，如果动不动就是"中国的曼哈顿""东方的维纳斯"，那只会贻笑大方。

4. 问答法

问答法是导游讲解中较常用的方法。导游通过问答法提问，因势利导地讲解相关的知识，就能引起客人的兴趣，从而通过旅游者的回答来了解他们的需要，在了解中引出更广更深的话题。

比如，游览嵩山时，可以这样设计问题："嵩山是五岳之一，那么五岳是指的哪几座山？"旅游者会七嘴八舌地进行回答，随后导游人员可以接着问："嵩山相对于其他四座山，有哪些特点？"在一问一答中，旅游者的注意力和游兴被渐渐地调动了起来。

在讲解颐和园中的谐趣园时，可以提问："谐趣园中有几趣？"这个问题一般旅游者回答不出来，导游人员便可以自问自答地点出其八趣：时趣、水趣、桥趣、书趣、楼趣、画趣、廊趣、仿趣。这样一来，旅游者对这个园子的印象就深刻多了。

5. 制造悬念法

导游人员在正式讲解前提出令人感兴趣的话题，但不急于告诉客人答案，使客人产生悬念，激起观赏的欲望，这就叫制造悬念法。

少林寺的导游，在介绍少林寺塔林时说："当年乾隆皇帝游历少林寺时带了500名侍从也没能查清楚少林寺到底有多少座塔！"说到这里，停下来，给旅游者留下一个问号，大家在想：到底多少塔呢？为什么500人也没有数清楚呢？把塔林游览完毕之后，导游接着问："大家数清楚了吗？现在塔林有255座塔。当年乾隆皇帝来时，这里古木参天，野草丛生，皇帝让一人抱一塔，有的两三人抱的是同一座塔而不知道，所以贵为天子也没弄清楚有多少座塔。"导游用制造悬念来吸引游客的注意力，最后才把悬念揭开，使旅游者由衷地发出"原来如此"的感叹。

6. 虚实结合法

导游在讲解中常常需要将民间传说、各种典故与景物有机结合，使讲解显得生动有趣。民间传说和典故往往虚无缥缈，若有若无，导游可以用"虚"来营造气氛，增强讲解的生动性，但同时也有责任和义务将事物真实的一面告诉游客，达到"虚"和"实"的科学统一，这种方法就叫虚实结合法。

请看导游对九寨沟高山湖泊（当地人叫"海子"）的讲解。

九寨沟景观的奇特之处首先在于它有108个清澈的海子。为什么叫"海子"呢？传说在十分遥远的年代，神女沃诺色姆的情人——剽悍的男神达戈送给她一面宝镜，沃诺非常高兴，爱不释手，不停把玩，一不小心竟把宝镜摔成了108块，而这108块碎片便成了108个被称为"翠海"的彩色湖泊。

但这只是一个美丽的传说而已，九寨沟内大多数湖泊的真正形成绝非神仙使法所得，而是与流水中含有的碳酸钙质有关。在那远古时代，当地球处于很冷很冷的间冰期、小冰期阶段，这里水中的碳酸钙质不能凝结，它们随水流逝。到距今一万二千多年前，地球气候变暖后，流水中的碳酸钙才活跃起来，它们一遇障碍物就附着其上，千年万年，越积越多，也越积越厚，便形成了如人们在九寨沟见到的，由一条条乳白色的钙质堤埂蓄水而成的"海子"，在地质学上称之为堰塞湖。[①]

---

① sjf621115. 寨沟［EB/OL］.（2014–03–10）［2014–05–30］. http://wenku. baidu. com/view/e7bfd0c6bceb19e8b8f6baaf.html.

【思考与训练】

1. 以导游的身份，说好下面峨眉山金顶的导游词。要求：声音洪亮，普通话标准，语音、语调、节奏富有变化。

金顶高出云表，站在山头，顿感万象排空，视野无垠，胸襟开阔，惊叹天下竟有如此磅礴之景：若是晴日，头上悠悠蓝天，身下皑皑白云，俯视是千里田园，岷江、大渡河、青衣江似带萦绕；远望则众山拱伏，西岭雪山、瓦屋山矗立其间，更有贡嘎山横亘天际，似乎西方极乐世界就在那里。若遇阴雨天气，则雾气蒸腾，茫茫空阔，远山近树时隐时现，佛堂屋宇若有若无，恍若身临太虚仙境，体会到"琼楼玉宇，高处不胜寒"的意境。金顶的"四大奇观"就是日出、云海、佛光、对灯四景。

2. 五人为一组（导游一人，游客四人），组团去临近的一处景点旅游，导游员做全程导游，游客围绕旅游景点适当提一些小问题。

第三节　窗口服务口语

【知识要点】

如今，很多企事业单位都设有专门的窗口为某项业务服务。企事业单位的形象也在这些窗口得到了浓缩。窗口服务人员的口语服务能力就成了展示和维护企事业单位形象的重要因素。

一、窗口服务口语基本要求

（1）说问候语。如："先生，您好！""早上好！""中午好！""晚上好！""国庆好！""中秋好！""新年好！"这些基本问候语应是窗口服务口语中的常用词。问候时要把握时机，一般在客户距离 1.5 米的时候进行问候最为合适。对于距离较远的客人，只宜微笑点头示意，不宜打招呼。另外，问候的时候要配合点头或鞠躬。对客人光有问候而没有点头或鞠躬的配合，是不太礼貌的。

（2）说内行话。窗口人员要熟练掌握本单位、本部门的相关政策，严格依法办事，准确使用政策语言为前来办事人员解答疑问，保证政策传达的权威性、准确性。在专业的服务语言中，不宜说"我不能（不知道）""不行""不该我做"。那样的话，客户的注意力就可能集中在"你为什么不能"或者"凭什么不能"上。窗口服务的口语不要忽略了服务人员应该做的或者所能给予客户的帮助。更恰当的说法是"我们能为你做的是……""您可以到某某窗口咨询一下"

等更为负责和更加委婉的话语。

（3）用事实说话。在处理相关问题时，说话要有真凭实据，不能主观臆想或含糊不清，避免造成不必要的纠纷。

如果有客户来到自己所在的窗口，抱怨他在前一个部门窗口所受的待遇，此时，为了表示对客户的理解，不宜说"是的，这个部门表现是很差劲"，适当的表达方式应该是"我完全理解您的苦衷"。不要随意用臆想的话语附和客户，更不要随意用话语中伤别人。

（4）说话适度。力争做到"说出来合法，听起来顺耳，想起来顺心"，尤其是在处理一些违法问题时，特别要注意控制自己的情绪，通过温和的语言实现执法的刚性与力度。

假如客户的要求单位或部门没法满足，可以这样表达："对不起，我们暂时还没有解决方案。"尽量避免不很客气地说："我没办法。"当有可能替客户想一些办法时，与其说"我试试看吧"，不如说"我一定尽力而为"。这样显得态度积极，容易让客户满意。

假如客户的要求是单位或部门政策不允许的，与其直说"这是公司的政策"，不如这样表达："根据多数人的情况，公司目前是这样规定的……"如果客户找错了人，不要说"对不起，这事我不管"，应换一种方式："……有专人负责，我帮您转过去。"

（5）说话文明。对办事人员不能冷言冷语甚至粗语谩骂，应该始终保持良好修养，以礼相待，以理服人，尽量缩短与办事人员心理上的距离，减少抵触情绪，积极化解矛盾。

（6）说话有针对性。针对办事人员的不同性别、年龄、文化程度、经营行业、经营环境等特点，灵活地运用语言，把握不同环境、不同场合、不同形式及处理不同问题时讲话的方式方法，力求达到理想的办事效果。

（7）使用普通话。方言中有一些表达方式应用在普通话中时就会不妥当。比如，"摆龙门阵""不会啦"等带有方言味道的表达不应带到普通话的规范表达中。

二、窗口服务口语技巧

在窗口服务活动中，大部分时间是与客户打交道。同客户讲话，由于双方素不相识，没有了解的基础，因此，如果不注意口语的技巧，就很难交流起来。为了使客户在短时间里变成自己的老朋友，缩短彼此的距离，就要力求在短时间里了解得更多，力求在感情上融洽起来。常言道："一见如故"，要同客户谈得投机，就要在"故"字上做文章，变"生"为"故"。

1. 主动招呼

很多客户在窗口办理业务的时候，由于经验不足或其他原因，会显得十分被动。这时，作为窗口服务人员，就要主动招呼，了解其需要，帮助解决问题。

一名女士在行政服务大厅转悠。她看看这个窗口牌，又看看那个窗口牌，一脸犹豫。民政部门的李丽看到正从她们窗口走过的这位女士，就主动招呼说："这位女士，您好。请问需要为您提供服务吗?"这时，女士转过身来轻声说："我们要移植一棵树，不知这移植申请书应该交到哪个窗口?"李丽微笑着对她说："请您到城市管理规划窗口去办理此事吧! 往前直走，最后一个窗口就是。"女士说："非常感谢!"

2. 亲切和蔼

亲切和蔼的语言像阳光里的春风，会让人感受到暖意和惬意。亲切和蔼的语言能让人心距离靠近，交流更顺畅，办事更容易。

希尔顿酒店，五星级的大酒店。在一个礼拜天的黄昏时分，酒店来了一对老夫妇，拎了个皮箱。问："有没有房间啊?"柜台服务人员答复："啊呀，真抱歉，没有房间，今天是周末，如果你早点定就好了。不过，我们这附近还有些不错的酒店，要不要我帮你问问看有没有房间?"老先生说："那好。"柜台服务人员掏出一张卡片，签了个字，说："给您。这是免费的咖啡券，到大堂吧坐一下，喝两杯咖啡，我现在帮您查附近的酒店。"老夫妇于是在大堂吧喝咖啡等候。过了一会儿，柜台服务员来了："好消息，后面那条街的喜来登还有一个房间，等级跟我们的酒店是一样的，并且便宜 20 美元，请问您需要吗?"老先生坐在那里说："好的。要!""行，那您先慢慢喝! 我去帮您确认。"过了一小会儿，柜台人员又回来说："喜来登酒店接您的车快到了，不过先生您可以慢慢喝，我会叫他们等您。"结果，那对老夫妇马上一口喝完了，站起来拎着箱子，跟着服务生出去了。喜来登的车子到了，老太太先上去，行李也送了上去。"下次来，我们一定要住希尔顿的。"夫妇俩齐声说道。[①]

3. 细致入微

与客户交谈前，应当采取多种方式，尽可能地多了解对方，再把所获得的种种细微信息加以分析，由小见大，由微见著，以此作为交谈的基础。当客户同你

---

① 史秦．希尔顿大酒店的优质服务[EB/OL]．(2010 – 09 – 17) [2015 – 05 – 30]．http://blog. sina. com. cn/s/blog_69d917d50100lgum. html.

接触时，你要迅速观察，仔细体会，看能不能找到一些线索使你对他了解得更多一点。如果是熟人，那么你应该对他的职业、兴趣、性格、过去的历史等做详细的了解，以便更好地为客户服务。

　　　　电信大厅窗口处来了一位客人，走路一瘸一拐的。服务人员赶紧上前："先生，您需要办理哪方面的业务，我帮您取号？"客人答道："个人业务。"窗口服务人员："您请坐着等候，我马上为您取号！"

4. 借用媒介

　　寻找自己与客户之间的媒介物，以此找出共同语言，缩短双方距离，也是行之有效的办法。如，电信、保险、银行等窗口，特别是需要向客户进行相关业务推销的窗口部门，则可以拿出一些宣传资料和客户更好地进行交流。通过媒介物引发客户表露自我，交谈便会顺利进行。如果遇到那种比较害羞的客户，那么应该跟客户先谈些无关紧要的事，如天气之类，让其心情放松，以激起其谈话的兴趣。

5. 适当叮嘱

　　窗口服务时，如果交谈的重点内容结束后，需要对客户的问询事宜进行交代，一定要区分对象，选用适当的交流语气进行叮嘱。

　　　　某人在房管局窗口咨询完事后，正准备走。房管局窗口办事人员叮嘱道："请您务必记住，要在今年 12 月 31 日之前来办理房子的事情，超过这个时间，您的房子就不能享受政府的补贴了。"

　　口语表达技巧是一门大学问，虽然现在提倡个性化服务，但如果我们在窗口能提供专业水准的个性化服务，相信会增进与客户的沟通。假如全体窗口服务工作人员对口语表达技巧能够熟练掌握和娴熟运用，就可以使与客户的整个交流过程体现出最佳的客户体验与企业形象。

【思考与训练】

　　1. 窗口服务人员的语言应注意哪些基本要求？
　　2. 假如你是银行窗口的一名工作人员，一位顾客到你柜台存钱，但是他的存款还没有清理好。如果让他在柜台前清理存款，则会影响柜台的工作效率。这时，你会怎么处理？
　　3. 一位顾客在窗口处办事，办事过程中他总是随意吐痰。如果你是窗口工作人员，你会如何处理？

第五章　文教行业职业口语

文化教育可以陶冶情操，培养一个人良好的道德素质，培养一个人的技能技艺，让一个人真正体现出现代文明人所特有的秉性和才华。优美的文化教育口语会让人如沐春风，努力前行，不断升华。

【案例导入】

《礼》——做人要懂礼节、有礼节，只有这样才能达到自我控制、自我约束，其行为才会有法度。孔子曾对自己的儿子说："不学礼就不懂立身处世的准则。"

《乐》——以人和为基础，和乐言语，达到心平气和。它是调节人内心情感的一种手段。孔子曾留有"闻韶乐，三月不知肉味"的佳话。

《御》——驾车驭马的本领。春秋时期，贵族与士大夫等级森严。什么人用什么车，使用什么样的牲口，以及规格、尺度，都有严格的标准。在春秋战国，掌握好驾驭的本领，是一门为官和作战必不可少的专业技术。

《射》——拉弓射箭，主要是练臂力，练准确性，百步开弓，上射飞禽，下射走兽。它是抵御战事的重要武器。"射"与"御"也是一项体能训练科目。

《书》——书法文字，写诗作画。其包括文学、艺术、哲学、典籍整理与撰写。

《数》——计算，建筑之学，又是术学，周易的分解卜筮之用。学《数》可知天文地理，占卜预测年景、人事、战事。①

孔子以"六艺"施教，让学生既知书达理，又习文弄武。他培养出的门生多为诸侯国仕人、家臣。相传他弟子三千，贤者七十二人。当今社会，我们的文化教育对人的发展与成才同样起着举足轻重的作用。

---

① ida045.6 艺［EB/OL］.（2010 – 11 – 13）［2014 – 05 – 30］. http://wenku. baidu. com/view/f8f615335a8102d276a22f94. html

第一节　主持口语

【知识要点】

语言是主持人节目内容的载体，主持人通过语言来介绍、组织、评说、串联节目，或者直接采访、报道新闻事件和人物。主持人的思想、观念、情感、态度、修养，以至情趣、人品、知识功底等深层次的内涵也在其中得到了展现。优秀的节目主持人总是能以饱满的热情、平易近人的态度、厚积薄发的功底和深入浅出的技巧，或侃侃而谈，或娓娓道来，或画龙点睛、略加评点，或连缀穿插、自如得体，或灵敏反应、机智贴切，或语流畅达、颇具风采。这样就能使听众、观众在思想文化等方面受益的同时也领略到语言美的魅力。这样的主持人自然能够得到听观众的认可、喜爱和敬佩。

一、会议主持口语

会议主持人是会议的主要人物之一，会议主持人的口语对会议组织、气氛营造等起着重要作用。会议主持人的口语好的话，就能像磁铁一样紧紧地吸引住与会者，增强他们对会议的兴趣。会议主持人的口语一般应注意把握如下几点。

1. 精彩开场

"请各位同志坐好，会议马上开始。""现在开会了。请某某同志做报告，大家欢迎。""大会议程第一项是……"这类开场白比较俗套，令人生厌。会议开场白最好不要过于固化，应根据会议类型的不同，因境制宜，灵活安排，营造会议所需的气氛。精彩的开场白能安定与会者情绪，形成专心参会的气氛；能恰当介绍报告人身份和报告内容，进而吸引听众；能做到形式新颖、不落俗套。

2. 巧妙衔接

会议主持人的衔接语言要能承上启下。衔接语要因会议类型的不同而不同，不能生搬硬套。衔接时可顺说，可反推，可借言，可设疑，也可自答。如果是研究讨论会，有时讨论问题会出现偏离主题的无谓争辩现象，此时主持人则要善于提问，积极引导，尽量从不同角度、不同层面发现和提出问题，引导大家回归正题，进行深入探讨。恰当的衔接，要以别开生面而又恰到好处为原则。

3. 结语精当

一般来讲，会议结束时，应由主持人进行工作布置或总结。好的结语能画龙点睛，强化与会者的记忆，统一认识，并再次调动大家的情绪，提高会议质量，巩固会议取得的成果。

会议的召开都是为实现某种目的，一般都有明确的议题和清晰的程序。在会议主持的过程中，主持人口语要紧紧围绕主题来引导，让会议在主持人的引导下一步一步顺利地进行下去。

二、节目主持口语

节目主持活动是一种有组织、有准备的文化活动。主持人既是观众、听众，又是引领观众走遍整个节目的带路人。主持人应当恰当运用自己独特的口语和个性化的态势语，在会场营造既富于节奏又轻快自然的氛围。节目主持活动口语要注意以下三点。

一是介绍。首先是"主持亮相"。主持人即是整场晚会的形象代言人，充分利用主持人的话语权，"先入为主"地去影响观众，提升观众对整场活动的评价质量。其次，利用主持人在活动之前所做的周密准备，对节目的基本情况、节目类型等作简单介绍；或是介绍到场的领导、来宾和评委。

二是串联主持。串联词在很大程度上决定了活动的气氛，既要风趣幽默，又要不失庄重；既要语言精彩，又不能喧宾夺主。各种节目主持活动中，虽然节目内容丰富多彩，形式多种多样，但是每一场活动都有一个明确的主题。因此，要围绕主题，用恰当的串联词将这些节目有机地联系起来。主持节目时，应当将准备好的串联词烂熟于心。在主持活动的过程中，也可以根据现场效应对串联词进行修改润色，以达到更好效果。

串联词既衔接每个节目，也是在向观众介绍各个节目。过去，固定的串联模式如"下一个节目是""现在请看某某节目""请掌声鼓励某某登场"等，这种串联词显得非常单一，文字上缺乏文采，语言上略显苍白。好的串联词应该将节目的内容、特色、节目之间的内在联系以及对表演的赞美等，用生动的艺术语言连缀起来。节目开始之前，要设计好每一个节目的串联词，这样才能使每一场活动张弛有度，引导观众去理解活动的意蕴。

三是要发挥好组织管理者的作用。活动前要让听众安静下来，活动中要维持好活动秩序，这些都有利于调动表演者的积极性。如果活动场中有国内外贵宾或者专家，则有必要向听众宣布活动纪律，要求大家配合。在主持过程中，主持人的口语要机智善变，随情景的变化而变化。

"尊敬的女士和先生们，下面我们将请多次在国际比赛中获奖的世界著名艺术家用小提琴为我们演奏几首美妙的乐曲。"报幕员对观众说。

"可我根本不是什么小提琴家，"艺术家不好意思地对报幕员说，"我是钢琴家。"

"女士们和先生们，"报幕员说，"不巧，小提琴家把小提琴忘在家里了，因此，他决定改为大家演奏几支钢琴曲。这机会很难得，请大家鼓掌。"①

这里主持人表现出了她的机智：在无关乎原则的情况下，她将错就错，这样一来，玩笑之间反而多了些意外的轻松。

总之，主持人的口语要精心设计。节目主持人的口语要使台上台下融为一体，使大家对这次难忘的主持报以热烈的掌声，并留下永久的记忆。

【思考与训练】

1. 以校园常见的会议，如主题班会、学习经验交流会、就业创业报告会或形势报告会等为对象，先设定其主题、目的、情境，再为其设计开场白和结束语。

2. 为校园活动（如迎新文艺晚会、元旦文艺晚会、校园文化艺术节等）制定节目单，确定主持方式，设计出开场语、串联词和结束语。

第二节　教师口语

【知识要点】

著名的教育家陶行知先生曾说过："学高为师，德高为范。"作为一名人民教师，不仅要具有广博的知识，更要有高尚的道德，师德是教师的灵魂。教师的工作是神圣的，也是艰苦的，教书育人需要感情、时间、精力乃至全部心血的付出，这种付出以强烈的使命感为基础。"育苗有志闲逸少，润物无声辛劳多。"要想成为一名合格的教师，就必须在口语中既体现道德又体现学识。

一、教师口语的道德性

良好的道德是一个人的基本素养之一。作为教育引导学生健康成长的教师，除了自己要有良好的道德品质之外，还需要在口语上体现出道德素养。苏霍姆林斯基说："教师真正的教养性表现为：学生能从他身上看到一个引导他们攀登道德高峰的引路人，从他的话里听出他在号召他们成为忠于信念、对邪念不妥协的人。"② 可见，教师口语的道德素养对学生品德的形成起着重要的作用。

---

① 蝴蝶河畔. 笑到你想哭的笑话[EB/OL]. (2008-02-28)[2014-05-30]. http://tie-ba. baidu. com/p/330968267.

② 新东方作文大全. 经典语录[EB/OL]. (2014-02-27). http://tool. xdf. cn/jdyl/result qiansuliansuhuomulinsiji1. html.

教师口语的道德性有如下"五忌"。

一忌冷语。有的教师对学生的一些言行举止看不惯，感到不合自己的心意，就对学生讥讽、奚落、嘲弄，说什么"你真奇葩""你硬是天才"等。这样会使学生受到不应有的刺激，使其稚嫩的童心受到伤害。

二忌脏语。有的老师不能准确看待有毛病或缺陷的同学，对他们使用鄙视、凌辱性的语言，比如"丑小丫""笨猪""榆木疙瘩"等。这样会在学生的心里播下自卑的种子，给学生造成相当严重的心理负担。

三忌咒语。有的老师会对班里的个别学生使用揭短和盲目定论式的语言，如"天生就坏""从小就熊""神经病""傻子""没出息"等。这类语言会在学生心里埋下冤仇的种子：有的学生会千方百计地报复老师、报复同窗、报复社会；有的则会失去做人的信念，自甘沉溺，破罐子破摔。

四忌浮语。有的教师对学生喜欢用浮夸、吹捧和不切实际的语言。这会使学生爱虚荣，爱吹擂，不能踏踏实实地为人、学习、做事。

五忌烦语。个别教师口语总是反复啰唆，唠唠叨叨；或东山一犁，西沟一耙，废话连篇，离题太远。这样会使学生繁殖腻烦情感、逆反心理。

我们倡导符合人类良好行为规范的道德口语教育。如，在教育学生要养成节约的良好习惯时，可以借用李绅的《悯农》："锄禾日当午，汗滴禾下土。谁知盘中餐，粒粒皆辛苦。"在教育学生过度上网有碍学习时，可以为学生讲述一个因上网而耽误学习的真实事例。在教育学生要珍惜时光时，可以引用一些有关时间的名言警句，如"时光如流水""黑发不知勤学早，白发方悔读书迟"等。总之，教师在育人的过程中，要随时注意口语的道德性。

二、教师口语的知识性

这里所说的知识不仅限于文化知识，同时也包括各种技能知识。因此，教师口语既要传授文化知识，又要传授相关的技能知识。在传授知识时，还要注意教师口语的主导作用。请看下面两则事例。

事例一：

师："眠"是什么意思？

生："是睡觉的意思。"

师："冬眠呢？"

生："冬眠就是冬天睡觉的意思。"

师："人冬天也睡觉，这是冬眠吗？"

生："不是，冬眠是指动物在冬天不吃不喝，只睡觉。"

师："哦，骑兵部的战马到冬天不吃不喝，睡觉去了，敌人来了怎么办？"

生："冬眠是指有的动物在冬天不吃不喝去睡觉。"

师："这样解释就对了。冬眠是指有些动物，如青蛙、蛇等在冬天不吃不喝，一直睡一个冬天。看来，理解准确词意是要动一番脑筋的。"①

这里，教师使用语言引导学生掌握了"冬眠"一词的定义。教师口语在这儿既体现了其主导作用，又展现了词语自身的知识价值。

事例二：

有两位教师同教"机器"这一概念。一个教师在甲班说："电动机、拖拉机、织布机都是机器"。另一位教师在乙班说："机器有三个要素：一是人为的构件组合体，二是构件之间具有确定的相对运动，三是能代替我们做功或转换能力。"课后提问检查：钟表是不是机器？甲班学生说："不知道，老师没有讲"。乙班学生说："钟表不是机器，因为它不能做功。"②

这里，后一位教师的语言较前一位教师的语言更具拓展性，学生如果按照后一位老师所交方法去掌握技能知识，也就更方便快捷了。

因此，教师口语一定要体现这种富有主导性的、蕴含丰富知识的口语特性。

三、寓批评于教育

教师的工作任务主要是对不同的学生因材施教，而每一位学生在成长的历程中都会出现这样或那样的错误。教师在学生产生错误的时候，一定要注意进行有效的批评。如果批评的方法不当，就可能达不到批评的效果，甚至适得其反。

一位班主任老师给学生写了如下的鉴定：有关学生的基本要求，该生差不多都没有做到。该生还沾染了许多不良习气，如抽烟、旷课，无组织、无纪律，对老师不礼貌，思想意识上追求时髦（如烫发、穿奇装异服等），态度倔强，需要树立正确的人生观，明确一个有志青年应当追求什么才能取得真正的进步。如果该生长此下去，毕业是很成问题的。

另一位老师对班级犯错误学生的处理办法是：犯了小错误，就给大家唱支歌，表达歉意；犯了大点的错误，就做一件好事，表示弥补；犯

① xyoum. 教师口语第二章［EB/OL］.（2012 – 09 – 19）［2014 – 05 – 30］. http://wenku. baidu. com/view/2b7be1f4f90f76c661371ab0. html

② 茴渲澜. 教师在编考试12［EB/OL］.（2012 – 05 – 19）［2014 – 05 – 30］. http://wenku. baidu. com/view/42c9d3d726fff705cc170af4. html

了严重的错误，就写一份"说明书"，说明一下当时的心理活动。①

对比以上两位老师对学生的批评方法，第一位老师的批评极有可能让学生产生逆反情绪，学生也可能会一错再错。而后一位老师的批评就会使学生在一种潜移默化的批评过程中受到更好的教育。

　　一位老师在讲"运动与静止的关系"时，有位靠窗边坐着的男同学望着窗外的蓝天，旁若无人。这时，教师点了一下他的名字，说："你凝望无边无际的苍穹在想什么呢？也许在想运动和静止的关系吧？你坐在教室里，心想外边，这就叫静中有动、动中有静嘛！"话刚说完，全班同学笑声哗然，这位同学惭愧不已。②

采用这种委婉手法进行批评，既不伤学生的自尊心，又可以始终不脱离教学目的，增强了课堂气氛，提高了学生的学习兴趣。因此，面对学生所犯的错误，教师一定要注意将批评融入教育中。有不少的学生在学习时代都会表现出不同程度的叛逆，教师只要注意好批评方式，学生也就会得到更好的引导。

从某种意义上说，教育就是通过语言培养人才，可见语言是教书育人的首要因素。一位优秀的教师，应该具有驾驭教学语言的高明技巧，这样才能将学生的注意力紧紧地吸引过来，使学生乐意且热烈地渴望接受老师所传授的知识，学习效果也就会事半功倍。

【思考与训练】

1. 假如你是一位教生物的教师，在你讲课的时候，突然有一位学生在课堂上学鸡叫。你将如何运用与所教课程有关的语言来处理这个问题？

2. 请你以班主任的名义将本学期班级学习、纪律方面的问题，以及活动的开展情况，在家长会上作一介绍，并向家长们提出一些具体配合学校教育的要求。

3. 学生甲和乙在课外活动时，为了争抢一张乒乓球桌吵了起来，甲在情绪激动时竟动手打了乙一耳光。这时，旁边的同学立即上前拉开。乙认为自己被打了耳光，既丢了面子，又吃了亏，十分恼怒，准备寻机报复。你作为班主任，了解相关情况后，应怎样对乙进行说服，打消乙的报复念头？

---

① 袁振国. 当代教育学——强化习题（二）［EB/OL］. (2013 – 09 – 27)［2014 – 05 – 30］. http://www.doc88.com/p – 6028725944653.html.

② 快乐天地. 试论课堂教学语言的有效性［EB/OL］. (2011 – 05 – 22)［2014 – 05 – 30］. http://blog.163.com/l xm12271201/blog/static/186084295201142241215810/.

第六章 演讲与辩论

世上没有天生口才好的人,好口才需要后天的刻苦训练。古今中外那些能言善辩的演说家、雄辩家,无一不是靠刻苦训练才走向成功的。一般来说,能言善辩者更受人欢迎,社交成功度更高。要想成为一名能言善辩者,就要掌握相关的口语技巧,练就一副好的口才。

【案例导入】

同学们在大学里一定要多做梦,甚至可以梦游。(笑声)比如,现在一谈爱情,我脑子里只会闪现我爱人的相片,而你们则可以设想一千位俊男靓女的样子……这就叫作虚位以待。我年少时看了三毛的书也想周游列国,没准还能碰上个女荷西。(笑声)但是,所有这些梦想都属于你们这个年龄段,我现在没有资格做这样的梦了,我现在所处的是人生的舍弃阶段,而你们所处的是人生的选择阶段,不要放弃做梦!(长时间的掌声)更别忘了替这个社会、替这个国家做梦,一个人一生中没有几次这样的机会,等你人到中年,上有老下有小时,想做梦你也力不从心了,因此趁现在抓紧做梦!

有人说现在的大学生找不到工作,怎么会呢?我有时候就想不通,真的如此,那我国岂不是比美国更发达了……因为我们的大学生都在待业呀!(如雷的掌声)其实大学生不是找不到工作,而是找不到一步到位的、最满意的工作!实际上,你就是一个骑手,毕业后你就应该先骑上一匹马,只要你优秀,你就能找到更棒的马!(长时间热烈的掌声)①

这是大家熟悉的"央视名嘴"白岩松在哈尔滨工业大学所作的一场即兴演讲。短短数分钟的演讲就赢得了大学生的阵阵热烈掌声。白岩松针对大学生这样一个即将踏上社会去实现自己人生抱负的群体的特性,用自己的亲身经历与体验来劝勉大家正确处理好当前就业难与实现个体价值之间的关系,让人在通俗生动

---

① 蒋红梅,杨毓敏. 演讲与口才实训教程 [M]. 北京:清华大学出版社,2009:31.

的演讲话语中得到心灵的启发。

第一节 演　　讲

【知识要点】

演讲又叫讲演或演说，是指在公众场所，以有声语言为主要手段，以态势语言为辅助手段，针对某个具体问题，鲜明、完整地发表自己的见解和主张，阐明事理或抒发情感，进行宣传鼓动的一种语言交际活动。

一、演讲的基本类型

1. 命题演讲

命题演讲，即由别人拟定题目或演讲范围，并经过准备后所做的演讲。它包含两种形式：全命题演讲和半命题演讲。全命题演讲的题目一般是由演讲组织部门来确定的。半命题演讲指演讲者根据演讲活动组织单位限定的范围，自己拟定题目进行的演讲。命题演讲的特点是：主题鲜明、针对性强、内容稳定、结构完整。拟稿时，要注重体现演讲稿的针对性、情感性、传声性、鼓动性四大特性。

2. 即兴演讲

即兴演讲，即演讲者在事先无准备的情况下就眼前场面、情境、事物、人物临时起兴发表的演讲。如婚礼祝辞、欢迎致辞、丧事悼念、聚会演讲等。它的特点是：有感而发、时境感强、篇幅短小。它要求演讲者要紧扣主题，抓住由头，迅速组合，言简意赅。

二、演讲的基本特点

1. 针对性强

演讲一定要看场合、看对象。要针对听众的特点和要求，紧扣演讲主题来反映听众心灵的呼声，并采取听众喜闻乐见的演讲方式，使演讲产生最佳的效果。演讲可以针对听众性别、听众年龄、听众的职业分类进行考虑。

如以《阳光是一种语言》为演讲内容，而听众是小学生，此时的演讲最好是小学生易于接受的一种方式。

早晨，阳光以一种最透明、最明亮的语言与树木攀谈。绿色的叶子立即兴奋得颤抖，像是一页页黄金锻打的箔片，炫耀在枝头。阳光与草地上的鲜花对语，鲜花便立刻昂起头来，那些蜷缩在一起的忧郁的花瓣，也迅速伸展开来，像一个个恭听教诲的学子。[①]

　　这种拟人话的演讲就利于小学生接受，让小学生们在诗情画意的演讲语中了解了阳光。

　　2. 主题明确

　　精简演讲主题，紧扣主题进行演讲。在演讲时，应适时提及演讲主题，一般来说，在演讲的开始、中段及末尾都要提及演讲主题。主题一般要有强烈的时代感，要有积极的意义，要适合听众心理并且是自己比较熟悉的。

　　　　敬爱的老师们，亲爱的同学们：

　　　　您还记得吗？2008 年 5 月 12 日下午 14 点 28 分。

　　　　您还记得吗？中国——四川——汶川县。

　　　　那一刻，汶川大地震爆发！其能量相当于 400 颗广岛原子弹！

　　　　顷刻之间，汶川震动，四川震动，重庆震动，湖北震动，上海震动，北京震动，中国震动，世界震动！

　　　　顷刻之间，山崩地裂，公路阻断，桥梁坍塌，房屋倾颓，通讯中断，尸横遍野，哭声震天，大地悲泣！

　　　　顷刻之间，美丽的山河变得满目疮痍！

　　　　顷刻之间，温馨的家园被夷为平地！

　　　　顷刻之间，嗷嗷待哺的婴儿失去了母亲，初婚的新娘失去了丈夫，苍颜的老人失去了儿女……

　　　　顷刻之间，药品告急，血浆告急，食品告急，饮水告急，棉被告急，衣物告急，医务人员告急，抗灾物资告急！

　　　　汶川震颤了，四川震颤了，大地震颤了！[②]

　　这个开头很明显地提示了我们，这是围绕 2008 年 5·12 汶川大地震的一个关于抗震救灾的演讲。

　　3. 语言通俗生动

　　演讲的语言不能过于书面化、过于华丽，这样会使听众的心灵不能与演讲者紧贴在一起。演讲语言通俗生动，则可以使听众接受起来容易，演讲的目的就能

---

　　① 三亿文库 . 98 阳光是一种语言［EB/OL］. (2014 - 05 - 07)［2015 - 05 - 30］. http://3y. uu456. com/bp - fq8sb008dd36a32d737s8166 - 1. html.

　　② 初中语文教育网 . 5·12 汶川大地震赈灾募捐 - 班会演讲稿［EB/OL］. (2008 - 05 - 22)［2015 - 05 - 30］. http://www. yuwen789. com/Article/200805/Article_11906. html.

很好地实现。

下面是一位领导在面对下岗工人的就业问题时进行的演讲开头：

> 目前下岗工人的就业问题，确实潜伏着一定的危机，我们当干部的，就像处在婆媳对立夹缝中的男主人一样，我想……

这样通俗生动的比喻开头会使听众的情绪为之高涨，由于急着想知道下面的内容，听众就会专心致志地听下去。

4. 条理清楚

要使讲话易被听众听清、听懂，就要条理清楚、层次分明，否则，演讲的内容即使丰富、深刻，但散乱如麻、缺乏逻辑性，也会影响讲话效果。

5. 感情适当

演讲要冷静地分析，既晓之以理，又要有诚挚热烈的感情动之以情，这样才能使讲话既有说服力，又有鼓动性。

三、演讲口语技巧

1. 善用修辞

演讲中可以适当地使用比喻、对比、夸张等修辞手法，使演讲语言变得更加丰富、生动，进而增强演讲的力度。如，"快嘴"龙永图用生动形象的比喻解释了复杂的 WTO 贸易问题。

> 加入 WTO，一旦发生贸易摩擦，对中国有什么好处？这就好比一个大个子和一个小个子打架，大个子喜欢把小个子拉到阴暗角落里单挑，而小个子则愿意把冲突拿到人多的地方去，希望有人出来主持公道。我们之所以愿意通过 WTO 多边争端机制解决问题，也就是想让大家来评评理。[①]

2. 选择典型实例

演讲的时间是比较短暂的，因此演讲者应选择典型的实例，让典型实例充分发挥其代表作用，让演讲更有说服力。有一位演讲者在讲到聆听的重要性时，选择了下面这样一个事例。

---

① wanghua. 如何使即兴演讲煜煜生辉［EB/OL］.（2009 – 11 – 04）［2014 – 05 – 30］. http://www. koucai. org/html/yanjiang/jxyj/2009/1104/899. html.（有改动）

有一次，美国知名主持人林克莱特访问一名小朋友，问他说："你长大后想要当什么呀？"小朋友天真地回答："嗯，我要当飞机驾驶员！"林克莱特接着问："如果有一天，你的飞机飞到太平洋上空，所有引擎都熄火了，你会怎么办？"小朋友想了想："我会先告诉坐在飞机上的人绑好安全带，然后我挂上我的降落伞先跳出去。"

当现场的观众笑得东倒西歪时，林克莱特继续注视着这孩子，想看他是不是自作聪明的家伙。

没想到，接着孩子的两行热泪夺眶而出，这才使得林克莱特发觉这孩子的悲悯之情远非笔墨所能形容。于是，林克莱特问他："为什么要这么做？"小孩的回答透露出一个孩子真挚的想法："我要去拿燃料，我还要回来！我还要回来！"①

相信这则故事会触动许许多多读者的心灵，故事是借用一个小孩子的话语来告诫大家，认真聆听别人的话语是多么重要。

3. 用数据说话

准确的数据能给人较强的说服力。一位演讲者在赛场上，为了说明中国面临的人口压力讲道：

是啊！谁也不可否认，大国不等于强国，我们的综合国力不强，我们的装备还很落后，我们的技术还不先进，尤其可怕的是"人均"二字，它们长期"约束"着我国的国民经济。据有关专家预测，我国土地资源最多能载 9.5 亿人，但如今已有 13 亿人。这 13 亿张嘴，一年喝掉的酒能装满一个半杭州西湖；这 13 亿张嘴，一天抽掉的烟排列起来相当于我国东西长三个来回；这 13 亿张嘴，一天吃的粮食能装 7 万辆大卡车。②

4. 添加幽默

演讲中，适当的幽默可以活跃气氛，幽默的语言可让听众在轻松的氛围下更

---

① 受伤的游客. 沟通[EB/OL]. (2010 - 01 - 27)[2015 - 05 - 30]. http://blog.sina.com.cn/s/blog62b9e
5440100gv2r.html.

② 多啦A梦梦遗. 即兴演讲是一种能力吗[EB/OL]. (2012 - 12 - 05)[2014 - 05 - 30]. http://zhidao.baidu.com/link? url = - XWpGZ8VHCknRMYRbr vTdYUVsSa29rhJXbcgTbJAGE5jnj CazwasSrnCrN2w qxJtgMbFrxJfYHwXfNLUnpa.

好地倾听演讲。台湾著名艺人凌峰在中央电视台春节联欢晚会上自我介绍时说："我就是光头凌峰，我是以丑出名的，中华五千年的沧桑和苦难都写在我的脸上。"听众在笑声中记住了凌峰说的话。另有一位演讲者就吸烟讲道：

> 关于抽烟，我想了很久，为什么吸烟的害处那么多，而人们还是要吸呢？我又仔细想了想，可能吸烟有三个好处：一是不会被狗咬，二是家里永远安全，三是永远年轻。大家要问，为什么呢？因为吸烟人多为驼背，狗一看见他弯腰驼背的样子，以为要捡石头打它呢。吸烟的人爱咳嗽，小偷以为主人还没有睡觉，不敢行窃。抽烟有害健康，减少寿命，无法长寿，所以永远年轻。①

演讲口语还有很多技巧，这里就不一一提及。只要是能更好地突出我们的演讲主题，能更好地被听众理解的口语内容，演讲者就要有效利用。

四、演讲的注意事项

1. 善于着装，注意发型

服装会带给观众各种印象。轻松的场合下，不妨穿着稍微花俏一点的服装来参加。不过如果是正式的场合，一般来说仍以深色西服、男士无尾晚宴服及燕尾服为宜。

发型也可塑造出各种形象。长发和光头各自蕴含强烈的形象，而鬓角的长短也被认为是个人喜好的体现。

2. 善用演讲空间

空间是指进行演说的场所范围、演讲者所在之处及与听众间的距离等。演说者所在之处以位居听众注意力容易汇集的地方最为理想，这样不但能够提升听众对于演讲的关注，甚至具有增强演说者信赖度、权威感的效果。

3. 善用态势语言

（1）姿势。演说时的姿势会带给听众某种印象，可以采用轻松的姿势，让身体放松起来。过度的紧张不但会表现出演讲者笨拙僵硬的姿势，而且会对舌头的动作造成不良的影响。

（2）视线。在大众面前说话，必须忍受众目睽睽的注视。克服这种视线压力的秘诀就是一面进行演讲，一面从听众当中找寻对于自己投以善意而温柔眼光的人。要做到无视于那些冷淡的眼光，积极地把自己的视线投向强烈"点头"

---

① admin. 即兴演讲的基本技巧(2) [EB/OL]. (2014 – 01 – 06) [2014 – 05 – 30]. http://www.xuexila.com/koucai/yanjiang/jixing/7831 2. html.

以示首肯的人，这样做能增强演讲者的信心，从而提高演说的效果。

（3）表情。演讲时的脸部表情无论好坏，都会带给听众极其深刻的印象。如果演讲者的表情是紧张、疲劳、焦虑、不自信或畏畏缩缩的，即使演讲的内容再精彩，也欠缺说服力，演讲的效果也会大打折扣。

4. 控制声音和腔调

声音和腔调是与生俱来的，不可能一朝一夕之间有所改善。不过，音质与措辞对于整个演说的影响是巨大的。根据某项研究报告提供的材料显示，声音低沉的男性比声音高亢的男性，其信赖度要高。因为声音低沉会让人有种威严沉着的感觉。演讲者一定要让自己的声音清楚地传达给听众。即使是音质不好的人，如果能够秉持自己的主张与信念，依旧可以吸引听众的热切关注。

说话的速度也是演讲的要素。为了营造沉着的气氛，说话稍微慢点是很重要的。尤其要注意的是，倘若从头至尾一直以相同的速度进行演讲，听众是会睡觉的。

5. 善于临场发挥

在演讲过程中会出现很多意外，比如忘词、说错话、现场听众吵闹等，在这些状况发生时，一定要注意临场发挥，将听众的注意力集中到自己的演讲中来。

一位演讲者在掌声中走上台去，突然被地上的话筒线绊了一跤，引起全场哄堂大笑。这位演讲者微笑着站起来，从容镇定地走到话筒前，轻松自如地说："同志们，刚才我被大家的掌声倾倒了。"一句幽默诙谐的话语不仅化解了一时的尴尬，而且给听众留下了机智幽默的印象。

如果实在是忘词了，应快速地进行回忆，几秒钟之后还回忆不起来的话，就应抛开原有的内容，接着讲没有忘记的部分，用新的内容稳定自己的情绪并吸引听众。

演讲中说错话应立刻纠正，毫不迟疑。这种纠正，只要演讲者再用正确的话重复一遍刚才的内容即可，处理方式则可通过提问等技巧加以掩饰。

如果听众精力不集中，则应先给大家讲一个与演讲主题有关的新闻或小故事、小笑话等，以此吸引听众的注意力。

【思考与训练】

1. 一口气快速、准确地说出我国各省及相应省会的名称。

2. 找出身边的几件实物（书、笔、食品、电脑等），选择其中的一种实物，确定一个主题，展开丰富的联想，即兴说说你对这些实物的看法。

3. 自命题演讲。要求：主题鲜明，内容新颖，语言清楚，态势得体，感情真诚。没有演讲的同学认真观摩他人的即兴演讲，并结合演讲的基本特点进行综合评价。

第二节　辩　　论

【知识要点】

辩论就是把对事物进行考察之后所作的鉴定加以认真分析，彼此用一定的理由来说明自己对事物或问题的见解，揭露对方的矛盾，以便最后得到正确的认识或共同的意见。

一、辩论的储备

辩论前一般需要对辩题进行审视；围绕辩题收集材料；有意识地撰写辩论词并构思好辩论谋略，并在平时多多训练自己的口才。

美国总统林肯年轻时为了练习口才，经常徒步 30 英里，到当地一个法院去听律师们的辩护，看他们如何辩论，如何做手势，并且一边倾听，一边模仿。听到那些福音传教士挥舞手臂、声震长空的布道后，他也去学习他们的样子。他还曾对着树、树桩、成行的玉米练习口才。

日本首相田中角荣，少年时曾患有口吃病，但他没被困难吓倒。为了克服口吃，锻炼自己的口才，他刻意去参加戏剧演出；为了发音准确，他对着镜子纠正自己嘴唇和舌根的部位，其态度严肃认真、一丝不苟。①

辩论的储备不是一朝一夕之事，它是日积月累的结果。因此，一定要有意识地长期训练自己的辩论思维和口才。

二、辩论的基本方法

1. 移花接木

剔除对方论据中存在缺陷的部分，换上对自己这方有利的观点或材料，往往可以收到"四两拨千斤"的奇效。

例如，在一场"知难行易"的辩论中：

反方：古人说"蜀道之难，难于上青天"，是说蜀道难走，"走"

---

① 陈小豁. 口才训练方法 [EB/OL]. (2010 – 08 – 02) [2014 – 05 – 30]. http://blog. renren. com/share/238124272/2974436810.

就是"行"嘛！要是行不难，孙行者为什么不叫孙知者？

　　正方：孙大圣的小名是叫孙行者，可对方辩友知不知道，他的法名叫孙悟空，"悟"是不是"知"？①

　　反方的例证以"孙行者为什么不叫孙知者"为驳难，有些牵强附会。这虽是一种近乎强词夺理的主动，但毕竟在气势上占了上风。正方敏锐地发现了对方论据的片面性，果断地以"孙悟空"中的"悟"就是"知"反诘对方。"移花接木"需要辩手对对方当时的观点和我方立场进行精当的归纳或演绎。

　　2. 顺水推舟

　　表面上认同对方观点，顺应对方的逻辑进行推导，并在推导中根据我方需要，设置某些符合情理的障碍，使对方观点在所增设的条件下不能成立，或者得出与对方观点截然相反的结论。

　　例如，在"愚公应该移山还是应该搬家"的辩论中：

　　反方：我们要请教对方辩友，愚公搬家解决了困难，保护了资源，节省了人力、财力，这究竟有什么不应该？

　　正方：愚公搬家不失为一种解决问题的好办法，可愚公所处的地方连门都难出去，家又怎么搬？……可见，搬家姑且可以考虑，也得在移完山之后再搬呀！②

　　正方利用神话故事是夸大其事以显其理，精要不在其本身而在其寓意的方法，不让反方迂旋于就事论事上。这样，反方符合现代价值取向的"方法论"就无法占据上风。

　　3. 利用矛盾

　　由于辩论双方各由四位队员组成，四位队员在辩论过程中常常会出现矛盾，即使是同一位队员，在自由辩论中，由于出语很快，也有可能出现自相矛盾的状况。一旦出现这样的情况，就应当马上抓住，竭力扩大对方的矛盾，使之自顾不暇，无力进攻对方。

　　比如，在"法律是否是道德"的辩论中，正方三辩认为法律不是道德，二辩则认为法律是基本的道德。这两种见解显然是相互矛盾的。

　　反方乘机扩大对方两位辩手之间的观点裂痕，迫使对方陷入窘境。反方"以子之矛，攻子之盾"，使对方陷于急切之中，理屈词穷，无言以对。

---

①　蒋红梅，杨毓敏. 演讲与口才实训教程［M］. 北京：清华大学出版社，2009：111.
②　蒋红梅，杨毓敏. 演讲与口才实训教程［M］. 北京：清华大学出版社，2009：111.

4. 借力打力

武侠小说中有一招数，名叫"借力打力"，是说内力深厚的人，可以借对方攻击之力反击对方。这种方法也可以运用到辩论中来。

例如，同样在"知难行易"的辩论中：

> 反方：许多贪官不是不知法，而是知法犯法。
> 正方：对啊！那些人正是因为上了刑场，死到临头才知道法律的威力、法律的尊严，可谓"知难"哪，对方辩友！①

当反方以实例对"知法容易守法难"进行论证时，正方马上借反方例证给予有力的回击，强化了"知法不易"的观点，扭转了被动局势。辩题中的"知"，不仅仅是"知道"的"知"，更应该是建立在人类理性基础上的"知"。正方宽广、高位定义的"知难"和"行易"，借反方狭隘、低位定义的"知易"和"行难"的攻击之力，有效地回击了反方，使反方构建在"知"和"行"表浅层面上的立论框架崩溃。

5. 引蛇出洞

辩论中常会出现胶着状态：在对方死死守住其立论的情况下，要尽快调整进攻手段，采取迂回的方法，从看来并不重要的问题入手，诱使对方离开阵地，从而打击对方，在评委和听众的心目中造成轰动效应。例如，在"艾滋病是医学问题，不是社会问题"的辩论中：

正方死守着"艾滋病是由 HIV 病毒引起的，只能是医学问题"的见解，不为所动。

反方则采取了"引蛇出洞"的战术，反方二辩突然发问："请问对方，今年世界艾滋病日的口号是什么？"

正方四位辩手面面相觑，正方一辩站起来乱答一通。

反方立即予以纠正，指出今年的口号是"时不我待，行动起来"。

这样，反方就在正方的阵地上打开了一个缺口，从而瓦解了对方的坚固阵线。

6. 缓兵之计

日常生活中，两口子争吵，一方气急败坏，另一方不焦不躁，结果是后者反而占了上风。再如，思想政治工作者常常采用"冷处理"的方法，缓慢地处理棘手的问题。这些情况都表明，在某些特定的场合，"慢"也是处理问题、解决矛盾的好办法。辩论也是如此，在某些特定的辩论局势下，快攻速战是不利的，

---

① 蒋红梅，杨毓敏. 演讲与口才实训教程［M］. 北京：清华大学出版社，2009：111.

缓进慢动反而能制胜。

> 在某商店里，一位顾客气势汹汹地找上门来，喋喋不休地说："这双鞋的鞋跟太高了，样式也不好……"商店营业员一声不吭，耐心地听她把话说完，一直没打断她。等这位顾客不再说了，营业员才冷静地说："您的意见很直爽，我很欣赏您的个性。这样吧，我到里面去，再另行挑选一双，好让您称心。如果您还不满意的话，我愿再为您服务。"这位顾客的不满情绪发泄完了，也觉得自己有些太过分了，又见营业员如此耐心地回答自己的问题，也很不好意思。结果，她来了个180°的大转弯，称赞营业员给她新换的实际上与刚才那双并无太大差别的鞋说："嘿，这双鞋好，就像是为我定做的一样。"①

营业员以慢对快，以冷对热，让顾客把怒气宣泄出来，达到了心理平衡，化解了这一场纠纷。

7. 李代桃僵

所谓李代桃僵，是指李树代替桃树而死，比喻兄弟互相爱护、互相帮助，后转用来比喻互相顶替或代人受过。

在日常学习、生活、工作中，碰到一些在逻辑上或理论上都比较难辩的辩题时，我们可以采用"李代桃僵"的方法，引入新的概念来化解困难。比如，在"艾滋病是医学问题，不是社会问题"的辩论中：从常识上看，是很难把这两个问题分开的。如果是正方的话，则可以引入"社会影响"这一新概念，如果强说"艾滋病是医学问题，不是社会问题"，这种完全否认艾滋病也是一个社会问题的观点就会于理太悖。反方则可引入"医学途径"这一概念，强调要用"社会系统工程"的方法去解决艾滋病，而在这一工程中，"医学途径"则是必要的部分之一。

这样一来，双方的周旋余地就增大了。

8. 攻其要害

如果在辩论中，双方都在一些细枝末节的问题、例子或表达上纠缠不休，而对要害问题抓得不准不狠，结果就会产生看上去辩得很热闹，实际上已离题万里的后果。这是辩论的大忌。辩论中，要迅速地判明对方立论中的要害问题，从而抓住这一问题，一攻到底，以便从理论上彻底，击败对方。例如，在"温饱是谈道德的必要条件"的辩论中，只有始终抓住此辩题的要害是"在不温饱的状况

---

① 永远的蝶恋花. 辩论技巧[EB/OL]. (2005 - 12 - 22)[2014 - 05 - 30]. http://zhidao. baidu. com.

下，是否能谈道德"，才能给对方以致命的打击。

辩论是一个非常灵活的过程。经验告诉我们，只有使知识积累和辩论技巧珠联璧合，才可能在辩论赛中取得较好的成绩。当然，辩场上的实际情况十分复杂，要想在辩论中变被动为主动，掌握一些反客为主的技巧仅仅是一方面因素；另一方面，反客为主还需要仰仗非常到位的即兴发挥，而这一点却是无章可循，工夫在诗外了。

【思考与训练】

1. 辩论的方法还有哪些？请举例说明。
2. 以"男性比女性更需要关怀"为辩题，分组进行辩论。

第三部分

阅　　读

　　阅读虽不能改变人生的长度，但可以增加人生的宽度和厚度。

　　阅读让我们丰富知识、拓宽视野、启迪思维、增长智慧；阅读让我们滋养心灵、净化情感、愉悦精神、陶冶性灵；阅读让我们丰富阅历、追寻意义、洞察世事、顿悟人生；阅读让我们提高素养、加快成长、实现理想、改变命运。书籍和阅读带给我们的不仅是对心中理想世界的坚持，更是对我们思想和心灵的升华与净化，进而改变我们的生活轨迹。

第一章 大 学

大学之所以称为大学，关键在于它的文化存在和精神存在。大学的文化是追求真理的文化，是严谨求实的文化，是追求理想和人生抱负的文化，是崇尚学术自由的文化，是提倡理论联系实际的文化，是崇尚道德的文化，是大度包容的文化，是具有强烈批判精神的文化。

———杨福家
复旦大学前校长
英国诺丁汉大学校长（首位英国大学华人校长）

大学是一个兼容并包的地方，如同一个小型社会，刚入学的新生们往往会感到迷茫。让我们一起来看看这些文坛前辈们的大学时光是如何度过的，认真研读一下这些文章会有裨益。

第一节 我的大学生涯①

冰 心

冰心（1900—1999），原名谢婉莹，笔名冰心，福建长乐人，现代著名诗人、翻译家、儿童文学家，著有诗集《繁星》《秋水》，散文《寄小读者》，小说《斯人独憔悴》等。

我在国内的大学生涯，在我的短文里，写得最少的，就是这一段，而在我的回忆中，最惬意的也就是这一段，提起笔来，就说个没完没了……

我从贝满女中毕了业，就直接升入了协和女子大学。我选的是理预科，因为我一心一意想学医，对于数、理、化的功课，十分用功，成绩也好。至于中文呢，因为那时教会学校请的中文老师，多半是前清的秀

---

① 冰心. 寄小读者 [M]. 西安：陕西师范大学出版总社有限公司，2011：219－227.

才或举人，讲的都是我在家塾里或自己读过的古文，他们讲书时也不会旁征博引，十分无趣。

在理预科学习了大半年，到了第二年——1919年，"五四"运动起来了，我虽然是个班次很低的"大学生"，也一下子被卷进了这兴奋而伟大的运动。关于这一段我写过不少，在此就不多说了。我要说的就是我因为参加运动又开始写些东西，耽误了许许多多理科实验的功课，幸而理科老师们还能体谅我，我数数衍衍地读完了两年理科，就转入文科，还升了一班！

改入文科以后，功课就轻松多了！就是这一年——1920年，协和女子大学，同通州潞河大学和北京的协和大学合并成燕京大学。我们协和女子大学就改称"燕大女校"。有的功课是在男校上课，如哲学、教育学等，有的是在女校上的，如社会学、心理学等。在男校上课时，我们就都到男校所在地的盔甲厂去。当时男女合校还是一件很新鲜的事，因此我们都很拘谨，在到男校上课以前，都注意把头上戴的玫瑰花蕊摘下。在上课前后，也轻易不同男同学交谈。他们似乎也很腼腆。一般上课时我们都安静地坐在第一排，但当坐在我们后面的男同学，把脚放在我们椅子下面的横杠上，簌簌抖动的时候，我们就使劲儿地把椅子往前一拉，他们的脚就忽然砰的一声砸到地上。我们自然没有回头，但都忍住笑，也不知道他们伸出舌头笑了没有？

但是我们几个在全校的学生会里有职务的人，都不免常和男生接触，如校刊编辑部、班会等。我们常常开会，那时女校还有"监护人"制度，无论是白天或晚上，几个人或几十个人，我们的会场座后，总会有一位老师，多半是女教师，她自己拿着一本书在静静地看。这一切，连老师带学生都觉得又无聊，又可笑！

我是不怕男孩子的！自小同表哥哥、堂哥哥们相处，每次吵嘴打架都是我得了"最后胜利"，回到家里，往往有我弟弟们的同学十几个男孩子围着我转。只是我的女同学们都很谦让，我也不敢"冒尖"，但是后来熟了以后，男同学们当面都说我"厉害"，说这些话的，就是许地山、瞿世英（菊农）、熊佛西这些人，他们同我后来也成了好朋友。

这时我在燕大女校"学生自治会"里，任务也多得很！自治会里有许多委员会——甚至有伙食委员会！因为我没有住校，自然不会叫我参加，但是其他的委员会，我就都被派上了！那时我们最热心的就是做社会福利工作，而每兴办一项福利工作，都得"自治会"自己筹款。最方便而容易的，就是演戏卖票！我记得我们演过许多莎士比亚的戏，如《威尼斯商人》《第十二夜》等，那时我们英文班里正读着莎士比亚，美国女教师们都十分热心地帮助我们排练，设计服装、道具等等，我们演得也很认真卖力。记得有一次鲁迅先生和俄国盲诗人爱罗先珂[1]来看过我们的戏，忘了是哪一出。鲁迅先生写过文章说爱罗先珂先生说我们演得比当时北京大学的某一出戏好得多。因此他和北大同学还引起了一番争论，北大同学说爱罗先珂先生是个盲人，怎能"看"出戏的好坏？我和鲁迅先生只谈过一次话，还是很短的，因为我负责请名人演讲，我记得请过鲁迅先生、胡适先生，还有吴贻芳先生……我主持演讲会，向听众同学介绍了主讲人以后，就只坐在讲台下听讲了。我和鲁迅先生的接触，就这么一次，我也不知道鲁迅先生是从哪一位同学手里买到戏票的。

　　这次演剧筹款似乎是我们要为学校附近佟府夹道的不识字的妇女们，义务开办一个"注音字母"学习班。自治会派我去当校长。我自己就没有学过注音字母，但是被委为校长，就意味着把找"校舍"——其实就是租用街道上一间空屋招生、请老师，也就是请一个会教注音字母的同学都由我包办下来。这一切，居然都很顺利。开学那一天，我去"训话"，看到讲台前坐的都是中年妇女。只前排右首坐着一个十分聪明俊俏的姑娘，听课后我过去和她搭话，她说："我叫佟志云，18岁，我识得字，只不过也想学学注音字母。"我想她可能是佟王后裔。她问我："校长，你多大年纪了？"我笑着说："反正比你大几岁！"

　　这时燕大女校已经和美国威尔斯利女子大学（Wellesley College）结成"姐妹学校"。我们女校里有好几位教师，都是威校的毕业生。忘了是哪一年，20年代初期吧，威校的女校长来到我们校里访问，住了几天，受到盛大的欢迎。有一天她——我忘了她的名字，忽然提出要看看古老北京的婚礼仪式，女校主任就让学生们表演一次，给她开开眼。这事自然又落到我们自治会委员身上，除了不坐轿子以外，其他服装如凤冠霞帔、靴子、马褂之类，也都很容易地借来了。只是在演员的分配上，谁都不肯当新娘。我又是主管这个任务的人，我就急了。我说："这又不是真的，只是逢场作戏而已。你们都不当，我也不等'父母之命，媒妁之言'，我就当了！"于是我扮演了新娘。凌淑浩——凌淑华的妹妹，扮了新郎。扮演公公、婆婆的是一位张大姐和一位李大姐，都是高班的学生，至今我还记得她们的面庞。她们以后在演比利时作家梅特林克的童话剧《青鸟》中，还是当了我的爷爷和奶奶，可是她们的名字，我苦忆了半天也想不起来了！

　　那夜在女校教职员宿舍院里，大大热闹了一阵，又放鞭炮，又奏鼓乐。我们磕了不少的头！演到坐床撒帐的时候，我和淑浩在帐子里面都忍不住笑了起来，急得她们直捂着我们的嘴！

总之，我的大学生涯是够忙碌热闹的，但我却没有因此而耽误了学习和写作。我的老师们对我都很好，尤其是我的英文老师鲍贵思（Grace Boynton）。在我毕业的那一年春季，她就对我说，威尔斯利女大已决定给我两年的奖学金——就是每年800美金的学、宿、膳费，让我读硕士学位，我当然愿意。但我想一去两年，不知这两年之中，我的体弱多病的母亲，会不会出什么意外？我对家里什么人都没有讲过我的忧虑，只悄悄地问过我们最熟悉的医生孙彦科大夫，他是我小舅舅杨子玉先生的挚友，小舅舅介绍他来给母亲看过病。后来因为孙大夫每次到别处出诊路过我家，也必进来探望，我们熟极了。他称我父亲为"三哥"，母亲为"三嫂"，有时只有我们孩子们在家，他也坐下和我们说笑。我问他我母亲身体不好，我能否离家两年之久？他笑了说："当然可以，你母亲的身体不算太坏，凡事有我负责。"同时鲍女士还给我父亲写了信，问他让不让我去？父亲很客气地回了她一封信，说只要她认为我不会辜负她母校的栽培，他是同意我去美国的。这一切当时我还不好意思向同学们公开，依旧忙我的课外社会福利工作。

1923年的春季，我该忙我的毕业论文了。文科里的中国文学老师是周作人先生。他给我们讲现代文学，有时还讲到我的小诗和散文，我也只低头听着，课外他也从来没有同我谈过话。这时因为必须写毕业论文，我想自己对元代戏曲很不熟悉，正好趁着写论文机会，读些戏曲和参考书。我把论文题目《元代的戏曲》和文章大纲，拿去给周先生审阅。他一字没改就退回给我，说"你就写吧"。于是在同班们几乎都已交出论文之后，我才匆匆忙忙地把毕业论文交了上去。

就在这时我的吐血的病又发作了。我母亲也有这个病，每当身体累了或是心绪不好，她就会吐血。我这次的病不消说，是我即将离家的留恋之情的表现。老师们和父母都十分着急。带我到协和医院去检查。结果从透视和其他方面，都找不出有肺病的症状。医生断定是肺气枝涨大，不算什么大病症。那时我的考上协和医学院的同学们和林巧稚大夫——她也还是学生，都半开玩笑地和我说："这是天才病！不要胡思乱想，心绪稳定下来就好了。"

于是我一面预备行装，一面结束学业。在毕业典礼台上，我除了得到一张学士文凭之外，还意外地得到了一把荣誉奖的金钥匙。

这一年的8月3日，我离开北京到上海准备去美。临行以前，我的弟弟们和他们的小朋友们，再三要求我常给他们写信，我答应了。这就是我写那本《寄小读者》的"灵感"！

8月17日，美国邮船杰克逊总统号就把带着满腔离愁的我，从

"可爱的海棠叶形的祖国"载走了！

【注释】
【1】爱罗先珂（B. R. Epomehk，1889—1952），俄国诗人、童话作家。

【评析】

冰心的散文，题材广泛，寓意深邃，体现了她自己所强调的独特风格。她善于撷取生活中的片断，编织在自己的情感波澜之中，凭借敏锐的眼力和细密的情思，把内在的深情和外物的触发融在一起，寓情于景，情景交融，给读者以崇高的美的享受。

她通过对自己大学时期的经历的细腻描写，娓娓动人地追忆了自己当时的生活经历、创作道路以及社会活动，同时生动地描写了她所熟悉的各种人物际遇、精神风貌，形象地勾勒了"五四"时期大学生的生活轨迹和心路历程，闪现着人文主义的精神光辉。

第二节　兼容并包，英华荟萃
——回忆北京大学①
冯友兰

冯友兰（1895—1990），字芝生，河南南阳唐河人，现代哲学家，著有《中国哲学简史》《中国哲学史新编》《三松堂小品》等。

我在北京大学的时候，没有听过蔡元培的讲话，也没有看见他和哪个学生有私人接触。他所以得到学生们的爱戴，完全是人格的感召。道学家们讲究"气象"，譬如说周敦颐的气象如"光风霁月"。又如程颐为程颢写的《行状》，说程颢"纯粹如精金，温润如良玉，宽而有制，和而不流。……视其色，其接物也如春阳之温；听其言，其入人也如时雨之润。胸怀洞然，彻视无间，测其蕴，则浩乎若沧溟之无际；极其德，美言盖不足以形容"（《河南程氏文集》卷十一）。这几句话，对于蔡元培完全适用。这绝不是夸张。我在第一次进到北大校长室的时候，觉得满屋子都是这种气象。

我有一个北大同学，在开封当了几十年中学校长。他对我说："别

① 冯友兰. 三松堂自述［M］. 北京：中国人民大学出版社，2004：247－253.

人都说中学难办，学生不讲理，最难对付。我说这话不对。其实学生是最通情达理的。当校长的只要能请来好教师，能够满足学生求知识的欲望，他们就满意了。什么问题都不会有。"他的这番话，确实是经验之谈。学校的任务，基本上是传授知识，大学尤其是如此。一个大学应该是各种学术权威集中的地方，只要是世界上已有的学问，不管它什么科，一个大学里面都应该有些权威学者，能够解答这种学科的问题。大学应该是国家的知识库，民族的智囊团。学校是一个"尚贤"的地方，谁有知识，谁就在某一范围内有发言权，他就应该受到尊重。《礼记·学记》说："师严然后道尊"，所尊的是他讲的那门学问，并不是哪一个人。……谁讲得好，谁就应该受尊重。再重复一句，所尊的是道，并不是人。在"十年动乱"时期，人们把这句话误说为"师道尊严"，其实应该是说"师严道尊"。

张百熙、蔡元培深懂得办教育的这个基本原则，他们接受了校长职务以后，第一件事情，就是为学生选择名师。他们也知道，当时的学术界中，谁是有代表性的人物，先把这些人物请来，他们会把别的人物都召集来。张百熙选中了吴汝纶。蔡元培选中了陈独秀。吴汝纶死得早了，没有表现出来他可能有的成绩。而陈独秀则是充分表现了的。

陈独秀到北大，专当学长，没有开课，也没有开过什么会，发表过什么演说，可以说没有学生们正式见过面。只有一个故事，算是我们这一班同他有过接触。在我们毕业的时候，师生在一起照了一个相，老师们坐在前一排，学生们站在后边，陈独秀恰好和梁漱溟坐在一起。梁漱溟很谨慎，把脚收在椅子下面；陈独秀很豪放，把脚一直伸到梁漱溟的前面。相片出来以后，我们的班长孙本文给他送去一张，他一看，说："照得很好，就是梁先生的脚伸得太远一点。"孙本文说："这是你的脚。"这可以说明陈独秀的气象是豪放。

附带再说两点。陈独秀的旧诗做得不错。邓以蛰（叔存）跟他是世交，曾经对我说，陈独秀做过几首游仙诗，其中有一联是：

> 九天珠玉盈怀袖，
> 万里仙音响佩环。

抗日战争时期，我在重庆碰见沈尹默，谈起书法。沈尹默说，还是在五四运动以前，陈独秀在他的一个朋友家里，看见沈尹默写的字，批评说："这个人的字，其俗在骨，是无可救药的了。"沈尹默说，他听了这个批评以后，就更加发愤写字。从"其俗在骨"这四个字，可以看出陈独秀对于书法评论的标准，不在于用笔、用墨、布局等技术问题，而在于气韵的雅俗。如果气韵雅，虽然技术方面还有些问题，那是可以救药的；如果气韵俗，即使在技术方面没有问题，也不是好书法，而且这种弊病是不可救药的。书法的好坏，主要在于气韵的雅俗。从"在骨"两个字，可以看出陈独秀评论书法，也不注重书法的形态，而注重形态所表现的那些东西。这是他对于书法理论的根本思想，也是他对于一切文艺理论的根本思想。这是他的美学思想。

......

教授之所以为教授，在于他在学术上有所贡献，在他本行中是个权威，并不在于他在政治上有什么主张。譬如辜鸿铭，在民国已经成立了几年之后，还是带着辫子，穿着清朝衣冠，公开主张帝制，但是他的英文在当时说是水平很高的，他可以教英文，北大就请他教英文。在蔡元培到校以前就是事实。蔡元培到校后不但没有改变这个事实，还又加聘了一个反动人物，那就是刘师培（申叔）。刘师培出身于一个讲汉学的旧家，清朝末年他在日本留学，说是留学，实际上是在东京讲中国学问。那时候，在东京这样的人不少，章太炎也是其中的一个。当时在东京，这样的人中，比较年轻的都以章太炎为师，刘师培却是独立讲学的。这样的人也都受孙中山的影响，大多数赞成同盟会。刘师培也是如此。袁世凯计划篡国称帝的时候，为了制造舆论，办了一个"筹安会"，宣传只有实行帝制才可以使中国转危为安。筹安会有六个发起人，当时被讥讽地称为"六君子"。在六人之中，学术界有两个知名人士，一个是严复，一个是刘师培。在袁世凯被推翻以后，这六个人都成了大反动派。就是在这个时候，蔡元培聘请刘师培为中国文学教授，开的课是中国古文学史。我也去听过一次讲，当时觉得他的水平确实高，像个老教授的样子，虽然他当时还是中年。他上课既不带书，也不带卡片，随便谈起来，就头头是道，援引资料，都是随口背诵。当时学生都很佩服。他没有上几课，就病逝了。这就是所谓"兼容并包"。所谓"兼容并包"，在一个过渡时期，可能是为旧的东西保留地盘，也可能是为新的东西开辟道路。蔡元培的"兼容并包"在当时是为新的东西开辟道路的。因为他的"兼容并包"，固然是为辜鸿铭、刘师培之类的反动人物保留地盘，但更多的是为陈独秀、李大钊等革命人物开辟道路。

那个时候的北大，用一个褒义的名词说，是一个"自由王国"，用一个贬义的名词说，是一个资产阶级自由化的王国。蔡元培到北大以后，开课并不是先有一个预订的表，然后拉着教师去讲，而是让教师说出他们的研究题目，就把这个题目作为一门课。对于教师说，功课表真是活了。他所教的课，就是他的研究题目，他可以随时把他研究的新成就充实到课程的内容里去，也可以用在讲课时所发现的问题发展他的研究。讲课就是发表他的研究成果的机会，研究成果就直接充实了他的教学内容。这样，他讲起来就觉得心情舒畅，不以讲课为负担，学生听起来也觉得生动活泼，不以听课为负担。这样，就把研究和教学统一起来。说统一，还是多了两个字，其实它们本来就是一回事。开什么课，这是教师的自由，至于这个课怎么讲，那更是他的自由了。学生们，那就更自由了。他可以上本系的课，也可以上别系的课。你上什么课，不上什么课，没人管；你上课不上课也没人管。只到考试的时候你去参加就行。如果你不打算要毕业证书，不去参加考试也没人管。学校对于群众也是公开的。学校四门大开，上课铃一响，谁愿意来听课都可以到教室门口要一份讲义，进去坐下就听。发讲义的人，也不管你是谁，只要向他要，他就发，发完为止。有时应该上这门课的人，讲义没有拿到手，不应该上这门课的人倒先把讲义拿完了。当时有一种说法，说北大有三种学生，一种是正式学生，是经过入学考试进来的；一种是旁听生，虽然没有经过入学考试，可是办了旁听手续，得到许可的；还有一种是偷听生，既没有经过入学考试，也未办旁听手续，未经许可，自由来校听讲的。有些人在北大附近租了房子，长期住下当偷听生。

照上边所说的，北大当时的情况，似乎是乱七八糟，学生的思想，应该是一片混乱，派别分歧，莫衷一是。其实并不是那个样子。像上边所说的，辜鸿铭、刘师培、黄侃等人的言论行动，同学们都传为笑谈。传说的人是当成笑话说的，听的人也当成笑话听的。所谓"兼容并包"，不过是为几个人保留领薪水的地方，说不上保留他们的影响。除了他们的业务外，他们也没有什么影响之可言。反之，为新事物开辟的道路，却是越来越宽阔，积极的影响越来越大。陈独秀当了文科学长以后，除了引进许多进步教授之外，还把他在上海举办的《青年》杂志，搬到北京，改名为《新青年》，成为北大进步教授发表言论的园地。学生们也写作了各种各样的文章，在校外报刊上发表。学生们还办了三个大型刊物，代表左、中、右三派。左派的刊物叫《新潮》，中派的刊物叫《国民》，右派的刊物叫《国故》。这些刊物都是由学生自己写稿、自己编辑、自己筹款印刷、自己发行，面向全国，影响全国的。派别是有的，但是只有文斗，没有武斗。

上边所引的那位中学校长说，学生是通情达理的，不仅通情达理，就是在大是大非的问题上，他们的判断水平也是不能低估的。当时已经是五四运动的前夕，新文化运动将近达到高潮，真是人才辈出，百花争艳，可以说是"汉之得人，于斯为盛"。就是这些人，提出了民主与科学的口号。就是这些人，采取了外抗强敌，内除国贼的行动。在中国历史中，类似的行动，在太学生中是不乏先例的，这是中国古代太学的传统。五四运动继承并且发挥了这个传统。

【评析】

什么是兼容并包呢？文中作者举了两个著名的例子。"五四"时期是推翻了千年帝制的革命风云时期，也是新学盛行的时期，但是仍有两位"大反动派"在当时的北大公开任教。一位是辜鸿铭，在"民国已经成立了几年之后，还是带着辫子，穿着清朝衣冠，公开主张帝制"；另一位是刘师培，是鼓吹复辟帝制的臭名昭著的"筹安会六君子"之一。但这两人，一个"英文在当时说是水平很高的"；而另一个则"出身于一个讲汉学的世家"，讲中国古文学史"上课既不带书，也不带卡片，随便谈起来，就头头是道。援引资料，都是随口背诵。当时学生都很佩服"。所以，北大就请他们任教，因为在北大看来，"教授之所以为教授，在于他在学术上有所贡献，在他本行中是个权威，并不在于他在政治上有什么主张"。北大之所以能有这样选聘教授的观念，是与北大对大学性质的认识分不开的。在北大看来，"学校的任务，基本上是传授知识，大学尤其如此。一个大学应该是各种学术权威集中的地方，只要是世界上已有的学问，不管它是什么科，一个大学里面都应该有些权威学者，能够解答这种学科的问题。大学应该是国家的知识库，民族的智囊团"。正因为如此，北大才能认定"学校是一个'尚贤'的地方，谁有知识，谁就在某一范围内有发言权，他就应该受到尊重"。西方的系统论认为，每一个系统在其自身的发展过程中，只有汲取异质的他系统的资源，才能调整自身的内在矛盾，从而使自身得以健全。北大的兼容并包有利于各思想、学术、知识系统在相互竞争、对抗、汲取的过程中，发展、健全自身，也只有兼容并包才能使思想、学术、知识系统的精英荟萃于北大。兼容并包，英华荟萃，这确实是北大可引以为傲的啊！

第三节　记忆[①]
——在 2010 届毕业典礼上的致辞
李培根

李培根（1948— ），湖北武汉人，中共党员，教授，博士生导师，中国工程院院士，原华中科技大学校长。

[①] 搜狐教育. 华中科技大学校长李培根 2010 届毕业典礼致辞 [EB/OL]. (2010 - 06 - 23) [2015 - 05 - 30]. http://learning. sohu. com/20100624/n273041918. shtml.

亲爱的 2010 届毕业生同学们：

你们好！

首先，为你们完成学业并即将踏上新的征途送上最美好的祝愿。

同学们，在华中科技大学的这几年里，你们一定有很多珍贵的记忆！

你们真幸运，国家的盛世如此集中相伴在你们大学的记忆中。08 奥运留下的记忆，不仅是金牌数的第一，不仅是开幕式的华丽，更是中华文化的魅力和民族向心力的显示；六十年大庆留下的记忆，不仅是领袖的挥手，不仅是自主研制的先进武器，不仅是女兵的微笑，不仅是队伍的威武整齐，更是改革开放的历史和旗帜的威力；世博会留下的记忆，不仅是世博之夜水火相容的神奇，不仅是中国馆的宏伟，不仅是异国场馆的浪漫，更是中华的崛起、世界的惊异。你们一定记得某国总统的傲慢与无礼，你们也让他记忆了你们的不屑与蔑视。同学们，伴随着你们大学记忆的一定还有什锦八宝饭；还有一个 G2 的新词，它将永远成为世界新的记忆。

近几年，国家频发的灾难一定给你们留下深刻的记忆。汶川的颤抖，没能抖落中国人民的坚强与刚毅；玉树的摇动，没能撼动汉藏人民的齐心与合力。留给你们记忆的不仅是大悲的哭泣，更是大爱的洗礼；西南的干旱或许使你们一样感受渴与饥，留给你们记忆的，不仅是大地的喘息，更是自然需要和谐、发展需要科学的道理。

在华中大的这几年，你们会留下一生中特殊的记忆。你一定记得刚进大学的那几分稚气，父母亲人送你报到时的情景历历；你或许记得"考前突击而带着忐忑不安的心情走向考场时的悲壮"，你也会记得取得好成绩时的欣喜；你或许记得这所并无悠久历史的学校不断追求卓越的故事；你或许记得裘法祖院士所代表的同济传奇，以及大师离去时同济校园中弥漫的悲痛与凝重气息；你或许记得人文素质讲堂的拥挤，也记得在社团中的奔放与随意；你一定记得骑车登上"绝望坡"的喘息与快意；你也许记得青年园中令你陶醉的发香和桂香，眼睛湖畔令你流连忘返的圣洁或妖娆；你或许"记得向喜欢的女孩表白被拒时内心的煎熬"，也一定记得那初吻时的如醉如痴。可是，你是否还记得强磁场和光电国家实验室的建立？是否记得创新研究院和启明学院的耸起？是否记得为你们领航的党旗？是否记得人文讲坛上精神矍铄的先生叔子？是否记得倾听你们诉说的在线的"张妈妈"？是否记得告诉你们捡起路上树枝的刘玉老师？是否记得应立新老师为你们修改过的简历？但愿它能成为你们进入职场的最初记忆。同学们，华中大校园里，太多的人和事需要你们记忆。

请相信我，日后你们或许会改变今天的某些记忆。瑜园的梧桐，年年飞絮成"雨"，今天或许让你觉得如淫雨霏霏，使你心情烦躁、郁闷。日后，你会觉得如果没有梧桐之"雨"，瑜园将缺少滋润；若没有梧桐的遮盖，华中大似乎缺少前辈的庇荫，更少了历史的沉积。你们一定还记得，学校的排名下降使你们生气，未来或许你会觉得"不为排名所累"更体现华中大的自信与定力。

我知道，你们还有一些特别的记忆。你们一定记住了"俯卧撑"、"躲猫猫"、"喝开水"，从热闹和愚蠢中，你们记忆了正义；你们记住了"打酱油"和"妈妈喊你回家吃饭"，从麻木和好笑中，你们记忆了责任和良知；你们一定记住了姐的狂放，哥的犀利。未来有一天，或许当年的记忆会让你们问自己，曾经是姐的娱乐，还是哥的寂寞？

亲爱的同学们，你们在华中科技大学的几年给我留下了永恒的记忆。我记得你们为烈士寻亲千里，记得你们在公德长征路上的经历；我记得你们在各种社团的骄人成绩；我记得你们时而感到"无语"时而表现的焦虑，记得你们为中国的"常青藤"学校中无华中大一席而灰心丧气；我记得某些同学为"学位门"、为光谷同济医院的选址而愤激；我记得你们刚刚对我的呼喊："根叔，你为我们做成了什么？"——是啊，我也得时时拷问自己的良心，到底为你们做了什么？还能为华中大学子做什么？

我记得，你们都是小青年。我记得"吉丫头"，那么平凡，却格外美丽；我记得你们中间的胡政在国际权威期刊上发表多篇高水平论文，创造了本科生参与研究的奇迹；我记得"校歌男"，记得"选修课王子"，同样是可爱的孩子。我记得沉迷于网络游戏甚至濒临退学的学生与我聊天时目光中透出的茫然与无助，他们还是华中大的孩子，他们更成为我心中抹不去的记忆。

我记得你们的自行车和热水瓶常常被偷，记得你们为抢占座位而付出的艰辛；记得你们在寒冷的冬天手脚冰凉，记得你们在炎热的夏季彻夜难眠；记得食堂常常让你们生气，我当然更记得自己说过的话："我们绝不赚学生一分钱"，也记得你们对此言并不满意；但愿华中大尤其要有关于校园丑陋的记忆。只要我们共同记忆那些丑陋，总有一天，我们能将丑陋转化成美丽。

同学们，你们中的大多数人，即将背上你们的行李，甚至远离。请记住，最好不要再让你们的父母为你们送行。"面对岁月的侵蚀，你们的烦恼可能会越来越多，考虑的问题也可能会越来越现实，角色的转换可能会让你们感觉到有些措手不及。"也许你会选择"胶囊公寓"，或者不得不蜗居，成为蚁族之一员。没关系，成功更容易光顾磨难和艰辛,正如只有经过泥泞的道路才会留下脚印。请记住,未来你们大概不再有批评上级的随意,同事之间大概也不会有如同学之间简单的关系;请记住,别太多地抱怨,成功永远不属于整天抱怨的人,抱怨也无济于事;请记住,别沉迷于世界的虚拟,还得回到社会的现实;请记住,"敢于竞争,善于转化",这是华中大的精神风貌,也许是你们未来成功的真谛;请记住,华中大,你的母校。"什么是母校?就是那个你一天骂他八遍却不许别人骂的地方"——多么朴实精辟!

亲爱的同学们,也许你们难以有那么多的记忆。如果问你们关于一个字的记忆,那一定是"被"。我知道,你们不喜欢"被就业"、"被坚强",那就挺直你们的脊梁,挺起你们的胸膛,自己去就业,坚强而勇敢地到社会中去闯荡。

亲爱的同学们,也许你们难以有那么多的记忆,也许你们很快就会忘记根叔的唠叨与琐细。尽管你们不喜欢"被",根叔还是想强加给你们一个"被":你们的未来"被"华中大记忆!

【评析】

本文是网上盛传,并成为人们热议话题的华中科技大学校长李培根在2010届毕业典礼上的讲话。

中国青年报曾以《李培根〈记忆〉演说,真情演绎魅力"根叔"》为题发表一篇评论,评论中说:华中科技大学前天举办了2010届本科生毕业典礼,校长李培根院士作了题为《记忆》的演说,16分钟演讲被掌声打断了30次,全场7700余名学子起立高喊:"根叔!根叔!"很多人泪洒现场,若干武汉媒体破例全义刊登了李校长的演说词。于一名大学校长,这称得上是一种殊荣。

李培根校长秉承自己一贯的风格,在2000余字的演讲词中,把4年来的国家大事、学校大事、身边人物、网络热词等融合在一起,以"平民化"的叙述方式,娓娓道来,匠心独具,情真意切,文风清新吸引人、感动人,让人如沐春风。

【思考与训练】

1. 从冰心《我的大学生涯》里叙说的大学生活中,你得到了什么启示?
2. 阅读冯友兰的《兼容并包,英华荟萃——回忆北京大学》后,了解你所就读的学校对人才培养的定位,谈谈你对培养学生包容精神、广阔视野的看法。
3. 说说《记忆》带给你的感受。
4. 联系你自己的理解,谈谈开放的思想、包容的精神对于一所大学的重要性。
5. 你已经进入大学校园开始了大学生活,谈谈你对大学生活的设想或规划。

第二章 青 春

青春二字，蒙去上部，剩下日月，日月为明——只要有青春，就有光明。

如果说人生是五彩缤纷的，那么青春必是其中最绚丽的一抹；如果说人生是动静交融的，那么青春必是其中最活力四射的一份。

青春，如诗如梦，如画如火。年轻的生命追求一份烂漫，寻找一丝恬静，这就是充满诗意的青春；纯洁的心灵向往美好的未来，设计一幅又一幅壮丽的蓝图，幻想一个又一个动人的童话故事，这就是梦幻般的青春；生机盎然的我凭着那份执着和激情，无悔地去寻求生命的价值和人生的高度，这就是热情似火的青春。

第一节 青 春[①]

苏雪林

苏雪林（1897—1999），安徽太平人，现代女作家、学者，著有散文集《青鸟集》《绿天》、学术论著《李义山恋爱事迹考》《唐诗概论》《中国文学史》等。

记得法国作家曹拉[1]的约翰戈东之四时（Quatre journees de Jean Gourdon）曾以人之一生比为年之四季，我觉得很有意味，虽然这个譬喻是自古以来，就有人说过了。但芳草夕阳，永为新鲜诗料，好譬喻又何嫌于重复呢？

不阴不晴的天气，乍寒乍暖的时令，一会儿是袭袭和风，一会儿是蒙蒙细雨，春是时哭时笑的，春是善于撒娇的。

树枝间新透出叶芽，稀疏琐碎地点缀着，地上黄一块，黑一块，又浅浅的绿一块，看去很不顺眼，但几天后，便成了一片蓊然的绿云，一条缀满星星野花的绣毡了。压在你眉梢上的那厚厚的灰暗色的云，自然不免教你气闷，可是他转瞬间会化为如纱的轻烟，如酥的小雨。新婚紫

---

① 林呐，徐柏容，郑法清. 苏雪林散文选集［M］. 第 2 版. 天津：百花文艺出版社，2004：262 – 268.

燕，屡次双双来拜访我的矮椽，软语呢喃，商量不定，我知道他们准是看中了我的屋梁，果然数日后，便衔泥运草开始筑巢了。远处，不知是画眉，还是百灵，或是黄莺，在试着新吭呢。强涩地，不自然地，一声一声变换着，像苦吟诗人在推敲他的诗句似的。绿叶丛中紫罗兰的嗫嚅，芳草里铃兰的耳语，流泉边迎春花的低笑，你听不见么？我是听得很清楚的。她们打扮整齐了，只等春之女神揭起绣幕，便要一个一个出场演奏。现在她们有点浮动，有点不耐烦。春是准备的，春是等待的。

几天没有出门，偶然涉足郊野，眼前竟换了一个新鲜的世界。到处怒绽着红紫，到处隐现着虹光，到处悠扬着悦耳的鸟声，到处飘荡着迷人的香气，蔚蓝天上，桃色的云，徐徐伸着懒腰，似乎春眠未足，还带着惺忪的睡态。流水却瞧不过这小姐腔，他泛着潋滟的霓彩，唱着响亮的新歌，头也不回地奔赴巨川，奔赴大海。……春是烂漫的，春是永远的向着充实和完成的路上走的。

春光如海，古人的比方多妙，多恰当。只有海，才可以形容出春的饱和，春的浩瀚，春的磅礴洋溢，春的澎湃如潮的活力与生意。

春在工作，忙碌地工作，他要预备夏的壮盛，秋的丰饶，冬的休息，不工作又怎么办？但春一面在工作，一面也在游戏，春是快乐的。

春不像夏的沉郁，秋的肃穆，冬的死寂。他是一味活泼，一味狂热，一味生长与发展，春是年青的。

当一个十四五岁或十七八岁的健美青年向你走来，先有爽朗新鲜之气迎面而至。正如睡过一夜之后，打开窗户，冷峭的晓风带来的那一股沁心的微凉和葱茏的佳色。他给你的印象是爽直、纯洁、豪华、富丽。他是初升的太阳，他是才发源的长河，他是能燃烧世界也能燃烧自己的一团烈火，他是目射神光、长啸生风的初下山时的乳虎，他是奋鬣扬蹄、控制不住的新驹。他也是热情的化身，幻想的泉源，野心的出发点，他是无穷的无穷，他是希望的希望。呵！青年，可爱的青年，可美慕的青年！

青年是透明的，身与心都是透明的。嫩而薄的皮肤之下，好像可以看出鲜红血液的运行，这就形成他或她容颜之春花的娇，朝霞的艳。所谓"吹弹得破"，的确教人有这样的担心。忘记那一位西洋作家有"水晶的笑"的话，一位年轻女郎嫣然微笑时，那一双明亮的双瞳，那两行粲然如玉的牙齿，那唇角边两颗轻圆的笑涡，你能否认这"水晶的笑"四字的意义么？

青年是永远清洁的。为了爱整齐的观念特强，青年对于身体，当然时时拂拭，刻刻注意。然而青年身体里似乎天然有一种排除尘垢的力，正像天鹅羽毛之洁白，并非由于洗濯而来。又似乎古印度人想象中三十二天的天人，自然鲜洁如出水莲花，一尘不染。等到头上华萎，五官垢出，腋下汗流，身上那件光华夺目的宝衣也积了灰尘时，他的寿命就快告终了。

青年最富于爱美心，衣履的讲究，头发颜脸的涂泽，每天费许多光阴于镜里的徘徊顾影，追逐银幕和时装铺新奇的服装的热心，往往叫我们难以了解，或成了可怜悯的讽嘲。无论如何贫寒的家庭，若有一点颜色，定然聚集于女郎身上。这就是碧玉虽出自小家，而仍然不失其为碧玉的秘密。为了美，甚至可以忍受身体上的戕残，如野蛮人的文身穿鼻，过去妇女之缠足束腰。我有个窗友因面麻而请教外科医生，用药烂去一层面皮。三四十年前，青年妇女，往往就牙医无故拔除一牙而镶之以金，说笑时黄光灿露，可以增加不少的妩媚。于今我还听见许多人为了门牙之略欠整齐而拔去另镶的，血淋淋地也不怕痛。假如陆判官的换头术果然灵验，我敢断定必有无数女青年毫不迟疑地袒露其纤纤粉颈，而去欢迎他靴筒子里抽出来那柄锯利如霜小匕首的。

青年是没有年龄高下之别的，也永远没有丑的，除非是真正的嫫母和戚施。记得我在中学读书时，眼中所见那群同学，不但大有美丑之分，而且竟有老少之别。凡那些皮肤粗黑些的，眉目庸蠢些的，身材高大些的，举止矜庄些的，总觉得她们生得太"出老"一点，猜测她们年龄时，总会将它提高若干岁。至于二十七八或三十一二的人——当时文风初开的内地学生年龄是有这样的——在我们这些比较年轻的一群看来，竟是不折不扣的"老太婆"了。这样的"老太婆"还出来念什么书，活现世！轻薄些的同学的口角边往往会露出了这样嘲笑。现在我看青年的眼光竟和以前大大不同了，嫣妍胖瘦，当然还分辨得出，而什么"出老"的感觉，却已消灭于乌有之乡，无论他或她容貌如何，既然是青年，就要还他一份美，所谓"青春的美"。挺拔的身躯，轻矫的步履，通红的双颊，闪着青春之焰的眼睛，每个青年都差不多，所以看去年纪也差不多。从飞机上望大地，山陵原野都一样平铺着，没有多少高下隆洼之别，现在我对于青年也许是坐着飞机而下望的。哈，坐着年龄的飞机！

但是，青年之最可爱的还是他身体里那股淋漓元气，换言之，就是那股愈汲愈多、愈用愈出的精力，所谓"青年的液汁"（Laseve de la jeunese）。这真是个不舍昼夜滚滚其来的源泉，它流转于你的血脉，充盈于你的四肢，泛滥于你的全身，永远要求向上，永远要求向外发展。它可以使你造成博学，习成绝技，创造惊天动地的事业。青年是世界上的王，它便是青年王国拥有的一切的财富。

当我带着书踱上讲坛，下望黑压压地一堂青年的时候，我的幻想，往往开出无数芬芳美丽的花：安知他们中间将来没有李白、杜甫、荷马、莎士比亚那样伟大的诗人么？安知他们中间，将来没有马可尼、爱迪生、居理夫人[2]一般的科学家；朱子、王阳明、康德、斯宾塞一般的哲学家么？学经济的也许将来会成为一位银行界的领袖；学政治的也许就仗着他将中国的政治扶上轨道；学化学或机械的也许将来会发明许多东西，促成中国的工业化，现代化。也许他们中真有人能创无声飞机，携带什么不孕粉，到扶桑三岛[3]巡礼一回，聊以答谢他们三年来赠送我们的这许多野蛮残酷礼品的厚意。不过，我还是希望他们中间有人能向世界宣传中国优越的文化，和平的王道，向世界散布天下为公的福音，叫那些以相斫为高的刽子手们，初则眙愕相顾，继则心悦诚服……青年的前途是浩荡无涯的，是不可限量的，但能以致此，还不是靠着他们这"青年的精力"？

春是四季里的良辰，青年是人生的黄金时代。是春天，就该鸟语花香，风和日丽，但霪雨连绵，接连三四十日之久，气候寒冷得像严冬，等到放晴时，则九十春光，阑珊已尽，这样的春天岂非常有？同样，幼年多病，从药炉茶鼎间逝去了寂寂的韶华；父母早亡，养育于不关痛痒者之手，像墙角的草，得不着阳光的温煦，雨露的滋润；生于寒苦之家，半饥半饱地挨着日子，既无好营养，又受不着好教育，这种不幸的青年，又何尝不多？咳，这也是春天，这也是青年！

【注释】
【1】曹拉：现译为左拉。
【2】居理夫人：现译为居里夫人。
【3】扶桑三岛：扶桑原为传说中东方海中的古国名，此处指日本。

【评析】
本文是一篇讴歌青春的抒情散文。作者从外在形貌和内在精神两个方面着笔，指出青春的美好。当然，有些青年也不乏坎坷和不幸。作者满含深情，对青年既有细腻的描摹，又有激情的赞美，同时还有谆谆的告诫。文章题目虽为"青春"，开篇却先从四季之春写起，春是四季里的良辰，青年是人生的黄金时代；春天鸟语花香，青春朝气勃发，青年身体里那不舍昼夜滚滚而来的"淋漓元气"，"流转于你的血脉，充盈于你的四肢，泛滥于你的全身"，可以使你"造成博学，习成绝技，创造惊天动地的事业"。作者由春天写起，借万物之生机，看似写春季景色，实为写生命之花季，抒写青春之美好。作者笔下的青春是透明的、清洁的、爱美的、没有年龄之分和美丑之别的，更重要的是，他们具有旺盛的精力、无穷的创造力和不可限量的未来。

第二节　静日玉生香（《红楼梦》节选）①
曹雪芹

曹雪芹（1713—1763，一说为1724—1764），名霑，字梦阮，号雪芹、芹圃、芹溪，清代小说家，著有《红楼梦》前八十回。

　　彼时黛玉自在床上歇午，丫鬟们皆出去自便，满屋内静悄悄的，宝玉揭起绣线软帘，进入里间，只见黛玉睡在那里，忙走上来推他道："好妹妹，才吃了饭，又睡觉。"将黛玉唤醒。黛玉见是宝玉，因说道："你且出去逛逛。我前儿闹了一夜，今儿还没有歇过来，浑身酸疼。"宝玉道："酸疼事小，睡出来的病大。我替你解闷儿，混过困去就好了。"黛玉只合着眼，说道："我不困，只略歇歇儿，你且别处去闹会子再来。"宝玉推他道："我往那去呢，见了别人就怪腻的。"

　　黛玉听了，嗤的一声笑道："你既要在这里，那边去老老实实的坐着，咱们说话儿。"宝玉道："我也歪着。"黛玉道："你就歪着。"宝玉道："没有枕头，咱们在一个枕头上。"黛玉道："放屁！外头不是枕头？拿一个来枕着。"宝玉出至外间，看了一看，回来笑道："那个我不要，也不知是那个脏婆子的。"黛玉听了，睁开眼，起身笑道："真真你就是我命中的'天魔星'！请枕这一个。"说着，将自己枕的推与宝玉，又起身将自己的再拿了一个来，自己枕了，二人对面倒下。

　　黛玉因看见宝玉左边腮上有钮扣大小的一块血渍，便欠身凑近前来，以手抚之细看，又道："这又是谁的指甲刮破了？"宝玉侧身，一面躲，一面笑道："不是刮的，只怕是才刚替他们淘漉胭脂膏子，蹭上了一点儿。"说着，便找手帕子要揩拭。黛玉便用自己的帕子替他揩拭了，口内说道："你又干这些事了。干也罢了，必定还要带出幌子来。便是舅舅看不见，别人看见了，又当奇事新鲜话儿去学舌讨好儿，吹到舅舅耳朵里，又该大家不干净惹气。"

　　宝玉总未听见这些话，只闻得一股幽香，却是从黛玉袖中发出，闻之令人醉魂酥骨。宝玉一把便将黛玉的袖子拉住，要瞧笼着何物。黛玉笑道："冬寒十月，谁带什么香呢。"宝玉笑道："既然如此，这香是那里来的？"黛玉道："连我也不知道。想必是柜子里头的香气，衣服上

① 曹雪芹，高鹗. 红楼梦［M］. 长春：吉林人民出版社，2006：59-60.

熏染的也未可知。"宝玉摇头道："未必，这香的气味奇怪，不是那些香饼子、香毬子、香袋子的香。"黛玉冷笑道："难道我也有什么'罗汉''真人'给我些香不成？便是得了奇香，也没有亲哥哥亲兄弟弄了花儿、朵儿、霜儿、雪儿替我炮制。我有的是那些俗香罢了。"

宝玉笑道："凡我说一句，你就拉上这些，不给你个利害，也不知道，从今儿可不饶你了。"说着翻身起来，将两只手呵了两口，便伸手向黛玉膈肢窝内两肋下乱挠。黛玉素性触痒不禁，宝玉两手伸来乱挠，便笑的喘不过气来，口里说："宝玉，你再闹，我就恼了。"宝玉方住了手，笑问道："你还说这些不说了？"黛玉笑道："再不敢了。"一面理鬓笑道："我有奇香，你有'暖香'没有？"

宝玉见问，一时解不来，因问："什么'暖香'？"黛玉点头叹笑道："蠢才，蠢才！你有玉，人家就有金来配你，人家有'冷香'，你就没有'暖香'去配？"宝玉方听出来。宝玉笑道："方才求饶，如今更说狠了。"说着，又去伸手。黛玉忙笑道："好哥哥，我可不敢了。"宝玉笑道："饶便饶你，只把袖子我闻一闻。"说着，便拉了袖子笼在面上，闻个不住。黛玉夺了手道："这可该去了。"宝玉笑道："去，不能。咱们斯斯文文的躺着说话儿。"说着，复又倒下。黛玉也倒下，用手帕子盖上脸。宝玉有一搭没一搭的说些鬼话，黛玉只不理。宝玉问他几岁上京，路上见何景致古迹，扬州有何遗迹故事、土俗民风。黛玉只不答。

宝玉只怕他睡出病来，便哄他道："嗳哟！你们扬州衙门里有一件大故事，你可知道？"黛玉见他说的郑重，且又正言厉色，只当是真事，因问："什么事？"宝玉见问，便忍着笑顺口诌道："扬州有一座黛山，山上有个林子洞。"黛玉笑道："就是扯谎，自来也没听见这山。"宝玉道："天下山水多着呢，你那里知道这些不成。等我说完了，你再批评。"黛玉道："你且说。"宝玉又诌道："林子洞里原来有群耗子精。那一年腊月初七日，老耗子升座议事，因说：'明日乃是腊八，世上人都熬腊八粥。如今我们洞中果品短少，须得趁此打劫些来方妙。'乃拔令箭一枝，遣一能干的小耗前去打听。一时小耗回报：'各处察访打听已毕，惟有山下庙里果米最多。'老耗问：'米有几样？果有几品？'小耗道：'米豆成仓，不可胜记。果品有五种：一红枣，二栗子，三落花生，四菱角，五香芋。'老耗听了大喜，即时点耗前去。乃拔令箭问：'谁去偷米？'一耗便接令去偷米。又拔令箭问：'谁去偷豆？'又一耗接令去偷豆。然后一一的都各领令去了。只剩了香芋一种，因又拔令箭问：'谁去偷香芋？'只见一个极小极弱的小耗应道：'我愿去偷香芋。'老耗并众耗见他这样，恐不谙练，且怯懦无力，都不准他去。小耗道："我虽年小身弱，却是法术无边，口齿伶俐，机谋深远。此去管比他们偷的还巧呢。'众耗忙问：'如何比他们巧呢？'小耗道："我不学他们直偷。我只摇身一变，也变成个香芋，滚在香芋堆里，使人看不出，听不见，却暗暗的用分身法搬运，渐渐的就搬运尽了。岂不比直偷硬取的巧些？'众耗听了，都道：'妙却妙，只是不知怎么个变法，你先变个我们瞧瞧。'小耗听了，笑道：'这个不难，等我变来。'说毕，摇身说'变'，竟变了一个最标致美貌的小姐。众耗忙笑道：'变错了，变错了。原说变果子的，如何变出小姐来？'小耗现形笑道：'我说你们没见世面，只认得这果子是香芋，却不知盐课林老爷的小姐才是真正的香玉呢。'"黛玉听了，翻身爬起来，按着宝玉笑道："我把你烂了嘴的！我就知道你是编我呢。"说着，便拧的宝玉连连央告，说："好妹妹，饶我罢，再不敢了！我因为闻你香，忽然想起这个故典来。"黛玉笑道："饶骂了人，还说是故典呢。"

【评析】

本文选自《红楼梦》第十九回"情切切良宵花解语　意绵绵静日玉生香"的后半部分，主要描写了贾宝玉、林黛玉这一对少男少女亲密纯洁的恋情，是他们曲折的爱情发展过程中不多见的宁静、旖旎片段。本文生活气息浓郁而富有新鲜感。如，黛玉"触痒不禁"的场面、宝玉胡诌"故典"的情态等极富生活质感的情节一旦被作者的妙笔点染出来，便给人一种既熟悉又新鲜的特殊美感。人物语言高度个性化且意味深长。如，宝玉对黛玉"酸疼事小，睡出来的病大"的一句劝导，既传递出前者对后者细致入微的关爱之情，又揭示了宝玉温婉多情的性格特征。而黛玉对宝玉"真真你就是我命中的'天魔星'"的一句评语，既含深爱于嗔斥，又勾勒出一位正话反说、柔情似水的少女形象。本文前呼后应，针线绵密。如，黛玉戏问宝玉有无"暖香"一节，向前则呼应小说第八回中"探宝钗黛玉半含酸"的内容，向后又牵合宝钗偶然来访的情节，看似随意走笔，实是匠心独运。

第三节　一棵开花的树①

席慕蓉

席慕蓉（1943—　），蒙古族，台湾著名诗人、散文家、画家，著有《七里香》（诗集）、《无怨的青春》（诗集）、《三弦》（散文集）、《有一首歌》（散文

---

① 李保初，周靖. 世界华文作品鉴赏［M］. 北京：中华工商联合出版社，1997：245.

集)、《同心集》（散文集）等。

> 如何让你遇见我
> 在我最美丽的时刻 为这
> 我已在佛前 求了五百年
> 求佛让我们结一段尘缘
>
> 佛于是把我化做一棵树
> 长在你必经的路旁
> 在阳光下慎重地开满了花
> 朵朵都是我前世的盼望
>
> 当你走近 请你细听
> 那颤抖的叶是我等待的热情
> 而当你终于无视地走过
> 在你身后落了一地的
> 朋友啊 那不是花瓣
> 是我凋零的心

【评析】

诗之灵魂在于情，情真意切才有诗。席慕蓉的《一棵开花的树》把一位少女的怀春之心表现得情真意切，震撼人心。在诗中，诗人把诗中女子比作一棵开花的树，一棵为了爱情而存在的树，但是这个比喻被诗人作了另一番处理。诗一开篇，一位美丽端庄、大胆坦率的少女形象倾泻而出，鲜明动人。没有惊天地、泣鬼神的山盟海誓，"最美丽"三字把少女追求纯洁、神圣、伟大、美好的爱情之心描绘得细致入微、淋漓尽致，却又没有一丝一毫的矫揉造作，是少女心之真之诚的自然流露。"佛于是把我化作一棵树"，这个转化是非常巧妙的，具有相当机智的诗性，使诗人所要表达的感情因此更加深沉而厚重。诗中女子成为一棵为了爱情而存在的树之后，在意中人"必经的路旁""慎重地开满了花"。这是爱的宣言，是积极成就与其意中人"份"的举动。"慎重"一词更细腻地刻画了女子努力完善自我，用一颗真心去眺望爱情的心理活动。接下来，通过一个巧妙过渡，从下一局开始，诗歌情绪一下子转入另一种状态。短短几句话，诗人将爱情的失落和伤情的样子传神地表现出来。从整体来看，诗人对全诗前后情感起伏变化把握得非常好，将这种内在而微妙的爱的诚挚、执着和伤感都浑然地传达出来了。

【思考与训练】

1. 通过学习苏雪林的《青春》，谈谈我们应该如何理解青春的情感特性及其人生意义。

2. 试将塞缪尔·厄尔曼的《青春》和苏雪林的《青春》进行比较阅读，谈谈它们各自的特点是什么，共同点又是什么。

青　春①
塞缪尔·厄尔曼

青春不是年华，而是心境；青春不是桃面、丹唇、柔膝，而是深沉的意志、恢宏的想象、炽热的感情；青春是生命的深泉在涌流。

青春气贯长虹，勇锐盖过怯弱，进取压倒苟安。如此锐气，二十后生有之，六旬男子则更多见。年岁有加，并非垂老；理想丢弃，方堕暮年。岁月悠悠，衰微只及肌肤；热忱抛却，颓唐心至灵魂。忧烦、惶恐、丧失自信，定使心灵扭曲，意气如灰。

无论年届花甲，抑或二八芳龄，心中皆有生命之欢乐，奇迹之诱惑，孩童般天真久盛不衰。

人人心中皆有一台天线，只要你从天上人间接受美好、希望、欢乐、勇气和力量的信号，你无不青春永驻、风华长存。

一旦天线降下，锐气便被冰雪覆盖，玩世不恭、自暴自弃油然而生，即便年方二十，实已垂垂老矣；然则只要竖起天线，捕捉乐观信号，你就有望在八十高龄告别尘寰时仍觉年轻。

3. 在评点《红楼梦》时，王蒙说："在宝黛的相爱相处中，静日玉生香一节十分愉快、轻松，简直两个孩子进入了自由王国，无差别境界，获得的是天真烂漫而又相亲相爱的高峰体验②。"请细读《红楼梦》（节选）"静日玉生香"，体会人物对话的妙处及二人的情感世界。

4. 简谈你对席慕蓉的诗作《一棵开花的树》的理解。

---

① sjdyspblu. 好段摘抄200字［EB/OL］. (2013 – 09 – 06)［2014 – 05 – 30］. http://wen-da. so. com/q/1378454281066703.

② 王蒙. 王蒙评点红楼梦［M］. 桂林：漓江出版社，1994：第十九回夹批.

第三章　信　　仰

　　《法苑珠林》卷九十四："生无信仰心，恒被他笑具。"所谓信仰，其实是指在你心中的一盏指路明灯。它是你觉得生活有意义，而且愿意快乐生活下去的希望和勇气。它可能是宗教、政治，也可能是某个人（比如你的父母、你的爱人）；它可能是一种善意，也可能是别的什么。

　　没有信仰的人，生命是空虚的，物质上的一切满足都不可能填补心灵的空虚。无论是美食美酒、豪华住宅，还是昏天黑地的游戏娱乐，都不能让人真正满足，反而在这一切之后，依旧心灵空虚。

　　信仰，而且是好的信仰，能够弥补人心灵的空虚。

第一节　相信未来[①]

郭路生

　　郭路生（1948—　），笔名食指，山东鱼台人，当代诗人，著有《相信未来》《食指、黑大春现代抒情诗合集》《食指的诗》等诗集。

> 当蜘蛛网无情地查封了我的炉台
> 当灰烬的余烟叹息着贫困的悲哀
> 我依然固执地铺平失望的灰烬
> 用美丽的雪花写下：相信未来
>
> 当我的紫葡萄化为深秋的露水
> 当我的鲜花依偎在别人的情怀
> 我依然固执地用凝霜的枯藤
> 在凄凉的大地上写下：相信未来

---

　　① 食指. 食指的诗［M］. 北京：人民文学出版社，2000：10 – 11.

我要用手指那涌向天边的排浪
我要用手撑那托住太阳的大海
摇曳着曙光那枝温暖漂亮的笔杆
用孩子的笔体写下：相信未来

我之所以坚定地相信未来
是我相信未来人们的眼睛
她有拨开历史风尘的睫毛
她有看透岁月篇章的瞳孔

不管人们对于我们腐烂的皮肉
那些迷途的惆怅、失败的苦痛
是寄予感动的热泪、深切的同情
还是给以轻蔑的微笑、辛辣的嘲讽

我坚信人们对于我们的脊骨
那无数次的探索、迷途、失败和成功
一定会给予热情、客观、公正的评定
是的，我焦急地等待着他们的评定

朋友，坚定地相信未来吧
相信不屈不挠的努力
相信战胜死亡的年轻
相信未来，热爱生命

（1968 年）

【评析】

《相信未来》是食指的代表作之一，此诗写于 1968 年。第二年，江青读过这
首诗后说："这是一首灰色的诗，相信未来就是否定现在。"她为诗歌独立不羁
的个性所震惊、所恼怒。于是，一顶反动诗人的帽子重重地扣在了年仅 19 岁的
郭路生头上。在阴云密布的时代，《相信未来》给人们心灵上投下了一道希望之
光。关于这首诗，食指曾说："'文革'前我就挨整，我已经看到这代人的命运
了。鱼儿跳出水面，落在冰块上，它的前途是死，和这个冰块一起消亡。我们会
战胜死亡，这已经进了一步。我年轻，我能看到冰块消亡的那一天。"正是有了
这种信念，诗人才能在 20 岁的时候就写下了这首脍炙人口的作品，他用朴实平

易的文字，将冷静的思考与炽热的感情融入字里行间。

这首诗构思巧妙。前三节写我是怎样"相信未来"的；后三节写为什么要"相信未来"；最后一节呼唤人们带着对未来的信念去努力，去热爱，去生活。用语质朴，而思想深刻；性格鲜明，又令人折服。全诗基本上遵从了四行一节、在轻重音不断变化中求得感人效果的传统方式；以语言的时间艺术与中国画式的空间艺术相结合，实现了诗人所反复讲述的"我的诗是一面窗户，是窗含西岭千秋雪"的艺术。通读该诗，虽然我们感受更多的不是轻松，而是压抑；不是快乐，而是痛苦，但从诗人那压抑和痛苦的吟哦中，我们也真切地感受到诗人那撼人心魄的信念——无时不在渴望和憧憬光明的未来，以及为理想和光明而挣扎奋斗。

第二节　我的信仰[①]

爱因斯坦

阿尔伯特·爱因斯坦（1879—1955），生于德国，1940 年加入美国籍，物理学家；1905 年提出狭义相对论，并在此基础上推广为广义相对论（1916 年），1921 年获诺贝尔物理学奖。

我们这些总有一死的人的命运是多么奇特呀！我们每个人在这个世界上都只作一个短暂的逗留：目的何在，却无所知，尽管有时自以为对此若有所感。但是，不必深思，只要从日常生活就可以明白：人是为别人而生存的——首先是为那样一些人，他们的喜悦和健康关系着我们自己的全部幸福；然后是为许多我们所不认识的人，他们的命运通过同情的纽带同我们密切结合在一起。我每天上百次地提醒自己：我的精神生活和物质生活都依靠着别人（包括生者和死者）的劳动，我必须尽力以同样的分量来报偿我所领受了的和至今还在领受着的东西。我强烈地向往着俭朴的生活，并且时常为发觉自己占用了同胞的过多劳动而难以忍受。我相信，简单淳朴的生活，无论在身体上还是在精神上，对每个人都是有益的。

我完全不相信人类会有那种在哲学意义上的自由。每一个人的行为，不仅受着外界的强迫，而且还要适应内心的必然。叔本华说："人虽然能够做他所想做的，但不能要他所想要的。"这句话从我青年时代

---

①　林贤治. 我的信仰［M］. 许良英，译. 贵阳：贵州人民出版社，1999：14 - 18.

起，就对我是一个真正的启示；在我自己和别人生活面临困难的时候，它总是使我们得到安慰，并且永远是宽容的泉源。这种体会可以宽大为怀地减轻那种容易使人气馁的责任感，也可以防止我们过于严肃地对待自己和别人；它还导致一种特别给幽默以应有地位的人生观。

　　要追究一个人自己或一切生物生存的意义或目的，从客观的观点看来，我总觉得是愚蠢可笑的。可是每个人都有一定的理想，这种理想决定着他的努力和判断的方向。就在这个意义上，我从来不把安逸和享乐看做是生活目的本身——这种伦理基础，我叫它猪栏的理想。照亮我的道路，并且不断地给我新的勇气去愉快地正视生活的理想，是善、美和真。要是没有志同道合者之间的亲切感情，要不是全神贯注于客观世界——那个在艺术和科学工作领域里永远达不到的对象，那么在我看来，生活就会是空虚的。人们所努力追求的庸俗的目标——财产、虚荣、奢侈的生活——我总觉得都是可鄙的。

　　我对社会正义和社会责任的强烈感觉，同我显然的对别人和社会直接接触的淡漠，两者总是形成古怪的对照。我实在是一个"孤独的旅客"，我未曾全心全意地属于我的国家，我的家庭，我的朋友，甚至我最接近的亲人；在所有这些关系面前，我总是感觉到有一定距离并且需要保持孤独——而这种感受正与年俱增。人们会清楚地发觉，同别人的相互了解和协调一致是有限度的，但这不足惋惜。这样的人无疑有点失去他的天真无邪和无忧无虑的心境；但另一方面，他却能够在很大程度上不为别人的意见、习惯和判断所左右，并且能够不受诱惑要去把他的内心平衡建立在这样一些不可靠的基础之上。

　　我的政治理想是民主主义。让每一个人都作为个人而受到尊重，而不让任何人成为崇拜的偶像。我自己受到了人们过分的赞扬和尊敬，这不是由于我自己的过错，也不是由于我自己的功劳，而实在是一种命运的嘲弄。其原因大概在于人们有一种愿望，想理解我以自己的微薄绵力通过不断的斗争所获得的少数几个观念，而这种愿望有很多人却未能实现。我完全明白，一个组织要实现它的目的，就必须有一个人去思考，去指挥，并且全面担负起责任来。但是被领导的人不应当受到强迫，他们必须有可能来选择自己的领袖。在我看来，强迫的专制制度很快就会腐化堕落。就是这个缘故，我总是强烈地反对今天我们在意大利所见到的那种制度。像欧洲今天所存在的情况，使得民主形势受到了怀疑，这不能归咎于民主原则本身，而是由于政府的不稳定和选举制度中与个人无关的特征。我相信美国在这方面已经找到了正确的道路。他们选出了一个任期足够长的总统，他有充分的权力来真正履行他的职责。另一方面，在德国的政治制度中，我所重视的是，它为救济患病或贫困的人作出了比较广泛的规定。在人生的丰富多彩的表演中，我觉得真正可贵的，不是政治上的国家，而是有创造性的、有感情的个人，是人格；只有个人才能创造出高尚的和卓越的东西。

在我看来，战争是多么卑鄙、下流！我宁愿被千刀万剐，也不愿参与这种可憎的勾当。尽管如此，我对人类的评价还是十分高的，我相信，要是人民的健康感情没有被那些通过学校和报纸而起作用的商业利益和政治利益蓄意进行败坏，那么战争这个妖魔早就该绝迹了。

我们所能有的最美好的经验是奥秘的经验。它是坚守在真正艺术和真正科学发源地上的基本感情。谁要是体验不到它，谁要是不再有好奇心，也不再有惊讶的感觉，他就无异于行尸走肉，他的眼睛是迷糊不清的。就是这样奥秘的经验——虽然掺杂着恐怖——产生了宗教。我们认识到有某种为我们所不能洞察的东西存在，感觉到那种只能以其最原始的形式为我们感受到的最深奥的理性和最灿烂的美——正是这种认识和这种情感构成了真正的宗教感情；在这个意义上，而且也只是在这个意义上，我才是一个具有深挚的宗教感情的人。我无法想象一个会对自己的创造物加以赏罚的上帝，也无法想象它会有像在我们自己身上所体验到的那样一种意志。我不能也不愿去想象一个人在肉体死亡以后还会继续活着。让那些脆弱的灵魂，由于恐惧或者由于可笑的唯我论，拿这种思想去当宝贝吧！我自己只求满足于生命永恒的奥秘，满足于洞察现存世界的神奇的结构，窥见它的一鳞半爪，并且以诚挚的努力去领悟在自然界中显示出来的那个理性的一部分，即使只是其极小的一部分，我也就心满意足了。

（许良英等　译）

【评析】

《我的信仰》是爱因斯坦发表于1930年的一篇著名文章。这是爱因斯坦在谈自己的世界观方面最有代表性的一篇文章，清纯朴实，深刻尖锐，坦诚自然，明白无疑地展示了爱因斯坦恢宏的胸襟和崇高的人格。他热爱真理、追求正义、深切关怀社会进步的精神给世人以巨大、深刻的影响。在这篇文章中，作者的个人认识有强烈的主观性，他的观点能够让我们深刻理解他的个性和行事原则。他的思想来源有前人的影响，也有自己思考所得；他的社会责任感形成了他参与社会的热情，也有对自己甘于走向孤独的解释；他赞美有创造性的个人，谴责强迫的专制制度；他对民主生活的选择和对战争的鄙弃在于他的切身感受，他对宗教感情的阐发说明了他自己对上帝的认识和理解，他对理性认识的追求强调了个人主义的努力。这些都表达了他对人本身的关怀，并且坚持认为科学的真理具有一种超乎人类的客观性。

第三节　我为什么生活[①]
罗　素

伯特兰·阿瑟·威廉·罗素（1872—1970），英国著名哲学家、数学家和逻辑学家，20 世纪最有影响力的思想家之一，著有《西方哲学史》《人类的知识——它的极限和范围》《我的心路历程》等。

三种单纯然而极其强烈的激情支配着我的一生。那就是对于爱的渴望，对于知识的寻求，以及对于人类苦难痛彻肺腑的怜悯。这些激情犹如狂风，把我在伸展到绝望边缘的深深的苦海上东抛西掷，使我的生活没有定向。

我追求爱情，首先因为它叫我销魂，爱情令人销毁的魅力使我常常乐意为了几小时这样的快乐而牺牲生活中的其他一切。我追求爱情，又因为它减轻孤独感——那种一个颤抖的灵魂望着世界边缘之外冰冷而无生命的无底深渊时所感到的可怕的孤独。我追求爱情，还因为爱的结合使我在一种神秘的缩影中提前看到了圣者和诗人曾经想象过的天堂。这就是我所追求的，尽管人的生活似乎还不配享有它，但它毕竟是我终于找到的东西。

我以同样的热情追求知识。我想理解人类的心灵。我想了解星辰为何灿烂。我还试图弄懂毕达哥拉斯学说的力量，是这种力量使我在无常之上高踞主宰地位。我在这方面略有成就，但不多。

爱情和知识只要存在，总是向上导往天堂。但是，怜悯又总是把我带回人间。痛苦的呼喊在我心中反响、回荡。孩子们受饥荒煎熬，无辜者被压迫折磨，孤弱无助的老人在自己的儿子眼中变成了可恶的累赘，以及世上触目皆是的孤独、贫困和痛苦——这些都是对人类应该过的生活的嘲弄。我渴望能减少罪恶，可我做不到，于是我也感到痛苦。

这就是我的一生。我觉得这一生是值得活的。如果真有可能再给我一次机会，我将欣然重活一次。

---

① 刘莉，左攀峰. 大学语文 [M]. 北京：航空工业出版社，2007：239 - 240.

【评析】

罗素是一个具有强烈社会关怀精神的人道主义者、和平主义者，他充满正义、良知、睿智、温情，其生活多姿多彩，思想博大精深。《我为什么生活》一文是他晚年为自传作的前言，以饱含情愫的如椽巨笔精要地概述了他一生中所追求的三件事情，即爱情、知识和对人类命运的关注。

文章开篇点明了支配作者一生的"三种单纯然而极其强烈的激情"。接下来，作者向我们展示了三种激情的内在联系："对人类苦难不可遏制的同情心"是追求爱情、知识的真正动力；追求爱情，是因为那里有人类所梦想的天堂的缩影；追求知识，是因为他愿意把自己所有的智慧、力量奉献给人类。这一切都源于他心中的一个辉煌的梦：关爱人类，救民众于水火之中。

【思考与训练】

1. 学习爱因斯坦的《我的信仰》后，请指出"我的信仰"的内涵。

2. 爱因斯坦在《我的信仰》一文中提出了两种不同的生活理想，即"猪栏理想"和作者自己所追求的真善美的理想。对于这两种理想，说说你的选择和理由。

3. 罗素的《我为什么生活》对我们有什么启发？

4. 请以"未来"为主题，在班上作演讲。

第四章 修 养

美德有如名香，经燃烧或压榨而其香愈烈，盖幸运最能显露恶德而厄运最能显露美德也。

——培根

夫君子之行，静以修身，俭以养德，非淡泊无以明志，非宁静无以致远。

——诸葛亮

"文学即人学"，大学阶段是每个大学生人生道路上一个崭新的阶段，是处于自我审评和自我对话的重要阶段。要正确认识自我，树立积极向上的乐观人生观，培养健康的心理素质和优秀的人格品质，就需要主动地进行自我心灵的对话。而从古人和今人的文章中得到启迪，是十分重要而有效的途径。

第一节 大 学 (节选)①

《大学》选自《礼记》。《礼记》为儒家经典之一。系秦汉以前各种礼仪论著的辑录。一般认为，书的编定者是西汉礼学家戴德和他的侄子戴圣。戴德选编的八十五篇本叫《大戴礼记》，在后来的流传过程中若断若续，到唐代只剩下了三十九篇。戴圣选编的四十九篇本叫《小戴礼记》，即我们今天见到的《礼记》。

《大学》原为《礼记》第四十二篇，相传为曾子作。宋朝时，程颢、程颐兄弟把它从《礼记》中抽出，编次章句。朱熹将《大学》《中庸》《论语》《孟子》合编注释，称为《四书》，从此，《大学》成为古代士人必读的书目之一。

大学之道[1]，在明明德[2]，在亲民[3]，在止于至善。知止[4]而后有定；定而后能静；静而后能安；安而后能虑；虑而后能得[5]。物有本

---

① 覃碧卿，王之方，王光华，等．国学经典导读［M］．武汉：武汉理工大学，2008：192－193.

末，事有终始。知所先后，则近道矣。

古之欲明明德于天下者，先治其国；欲治其国者，先齐其家[6]；欲齐其家者，先修其身[7]；欲修其身者，先正其心[8]；欲正其心者，先诚其意[9]；欲诚其意者，先致其知[10]；致知在格物[11]。物格而后知至，知至而后意诚，意诚而后心正，心正而后身修，身修而后家齐，家齐而后国治，国治而后天下平。自天子以至于庶人，壹是[12]皆以修身为本。其本乱而末治者否矣[13]；其所厚者薄，而其所薄者厚[14]，未之有也[15]。此谓知本，此谓知之至也。

【注释】

【1】大学之道：大学的宗旨。大，旧读"太"；大学，古代一种高级学校的名称。"大学"一词在古代有两种含义：一是"博学"的意思；二是相对于小学而言的"大人之学"。古人八岁入小学，学习"洒扫应对进退、礼乐射御书数"等文化基础知识和礼节；十五岁入大学，学习伦理、政治、哲学等"穷理正心，修己治人"的学问。所以，后一种含义其实也和前一种含义有相通的地方，同样有"博学"的意思。"道"的本义是道路，引申为规律、原则等，在中国古代哲学、政治学里，也指宇宙万物的本原、个体，或一定的政治观或思想体系等，在不同的上下文环境里有不同的意思。

【2】明明德：前一个"明"作动词，有使动的意味，即"使彰明"，也就是发扬、弘扬的意思。后一个"明"作形容词，明德也就是光明正大的品德。

【3】亲民：根据后面的"传"文，"亲"应为"新"，即革新、弃旧图新。亲民，也就是新民，使人弃旧图新、去恶从善。

【4】知止：知道应该达到的目标。

【5】得：收获。

【6】齐其家：管理好自己的家庭或家族，使家庭或家族和和美美、蒸蒸日上、兴旺发达。

【7】修其身：修养自身的品性。

【8】正其心：端正其心。

【9】诚其意：使其意念诚实。

【10】致其知：使自己获得知识。格：至；物，事物。"格物"一词，解说颇有分歧，依朱熹的解释，应理解为"穷究事物的道理"；但依陆王心学的解释，则是格除物欲的意思。关于"格物""致知""诚意""正心""修身""齐家""治国""平天下"，朱熹说："此八者，大学之条目也。"

【11】格物：穷究事物的道理。格：至。

【12】壹是：都是。

【13】本：根本，此处指修身。末：相对于本而言，指枝末、枝节，此处指身外的种种事物。否：意为"不可能"。

【14】厚：指"本"。薄：指"末"。厚者薄：该重视的不重视。薄者厚：不该重视的却加以重视。

【15】未之有也：即未有之也，没有这样的道理（事情、做法等）。

【评析】

朱熹把《大学》重新编排整理分为"经"一章、"传"十章，并认为："经一章盖孔子之言，而曾子述之；其传十章，则曾子之意而门人记之也。"也就是说，"经"是孔子的话，曾子记录下来；"传"是曾子解释"经"的话，由曾子的学生记录下来。

《大学》为"初学入德之门也"。"经"一章提出了"明明德""亲民""止于至善"三条纲领。"明明德"是指弘扬光明正大的品德，"亲民"是指让人们革旧图新，"止于至善"是指要达到最好的境界。此外，"经"一章还提出了"格物""致知""诚意""正心""修身""齐家""治国""平天下"八个条目。"格物""致知"是指穷究事物的原理来获得知识。"诚意"就是"勿自欺"，不要"掩其不善而著其善"。"正心"就是端正自己的心思。"修身"就是加强自身修养，提高自身素质。"齐家"就是管理好自己的家庭、家族。"治国""平天下"是谈治理国家的事。八个条目是实现三条纲领的途径。在八个条目中，"修身"是根本的一条，"自天子以至于庶人，壹是皆以修身为本"。十章分别解释了"明明德""亲民""止于至善""本末""格物""致知""诚意""正心""修身""齐家""治国""平天下"。

第二节　廉　耻①

顾炎武

顾炎武（1613—1682），明末清初著名的思想家、学者和诗人；初名绛，字忠清，明亡后改名炎武，字宁人，又曾名为圭年；江苏昆山亭林镇人，学者尊称为亭林先生；曾参加抗清斗争，后来致力于学术研究；晚年侧重于经学的考证，考订古音，分古韵为十部；著有《日知录》《音学五书》《亭林诗文集》等。

《五代史·冯道传》[1]论曰："礼、义、廉、耻，国之四维[2]；四维

---

① 郑文.历代爱国文选注释［M］.兰州：甘肃教育出版社，2004：442－443.

不张，国乃灭亡。善乎管生[3]之能言也！礼、义，治人之大法[4]；廉、耻，立人之大节[5]。盖不廉则无所不取，不耻则无所不为。人而如此，则祸败乱亡亦无所不至。况为大臣，而无所不取，无所不为，则天下其有不乱，国家其有不亡者乎？"然而四者之中，耻尤为要，故夫子之论士[6]曰："行己有耻[7]。"孟子曰："人不可以无耻[8]。无耻之耻，无耻矣！"又曰："耻之于人大矣[9]！为机变之巧者，无所用耻焉。"所以然者，人之不廉而至于悖礼犯义，其原皆生于无耻也。故士大夫之无耻，是谓国耻。

吾观三代[10]以下，世衰道微，弃礼义，捐廉耻，非一朝一夕之故。然而松柏后凋于岁寒[11]，鸡鸣不已[12]于风雨，彼昏之日，固未尝无独醒之人[13]也。顷读《颜氏家训》[14]，有云："齐朝一士夫，尝谓吾曰：'我有一儿，年已十七，颇晓书疏。教其鲜卑语，及弹琵琶，稍欲通解，以此伏事公卿，无不宠爱。'吾时俯而不答。异哉此人之教子也！若由此业，自致卿相，亦不愿汝曹为之！"嗟呼！之推不得已而仕于乱世，犹为此言，尚有《小宛》[15]诗人之意，彼阉然[16]媚于世者，能无愧哉！

【注释】
【1】《五代史》：指《新五代史》，欧阳修编撰。冯道（882—954）：字可道，自号长乐老，五代著名将相，景城（今河北景县）人。
【2】维：结物的大绳。
【3】管生：即管仲（？—前645），春秋时齐国著名的政治家。
【4】治人之大法：统治人民的主要方法。
【5】立人之大节：使人立足于社会的根本节操。
【6】夫子之论士：孔子在《论语》中关于"士"的论述。
【7】行己有耻：语出《论语·子路》："子曰：'行己有耻。使于四方，不辱君命，可谓士矣！'"此言士者能知耻而有所不为。
【8】人不可以无耻：语出《孟子·尽心上》。
【9】耻之于人大矣：语出《孟子·尽心上》。
【10】三代：指夏、商、周。
【11】松柏后凋于岁寒：语出《论语·子罕》："岁寒，然后知松柏之后凋也。"
【12】鸡鸣不已：语出《诗经·郑风·风雨》："风雨如晦，鸡鸣不已。"
【13】独醒之人：比喻不同流俗的人。《史记·屈原列传》："举世混浊而我独清，众人皆醉而我独醒。"
【14】《颜氏家训》：北朝文学家颜之推所作，共七卷二十篇，多讲立身治家

之法，兼及训诂和文论。颜之推（531—595），字介，琅邪临沂（今山东临沂县）人，历仕梁、北齐、北周、隋等朝。

【15】《小宛》：《诗经·小雅》篇名，朱熹认为它是大夫逢乱时，兄弟相诫以免祸之诗。

【16】阉然：昏暗闭塞貌。《孟子·尽心下》："阉然媚于世也者，乡原也。"

【评析】

本文节选自《日知录》卷十三《廉耻》中的两段。作者通过旁征博引，针对当时士大夫投降仕清、丧失廉耻、"阉然媚于世"的卑劣行为，进行了辛辣的讽刺和猛烈的抨击，把士大夫的无耻称为"国耻"，而重申"行己有耻"的口号，亦具有一定的现实意义。文章不事藻饰，质朴无华，但很有说服力；用典熨贴切当，毫无掇拾之病。不过，作者对"礼义廉耻"的要求基本上还没有脱离封建道德的范畴，这是其局限性的表现。

第三节　夜行孔雀睛[1]①

黑　塞

赫尔曼·黑塞（1877—1962），德裔瑞士小说家，1946年获诺贝尔文学奖，著有《荒原狼》《漂泊的灵魂》《知识与爱情》《东方之旅》《玻璃球游戏》等。

落日的余晖尚未消散，我的客人和朋友亨利希·摩尔外出散步已经归来。他和我一起坐在书房里。窗外，丘陵状的湖岸环拥着那片辽阔而淡白的湖水。我的小儿子刚刚过来向我们道了晚安。于是，我们就谈起了孩子们和童年的往事。

我说："自从有了孩子，我自己小时候的许多爱好也复活了。去年我甚至又开始收集蝴蝶标本，你要瞧瞧吗？"

他让我拿给他看看，我便走出书房，从那些轻巧的硬纸盒中取出两三盒。当我打开第一只纸盒时，我们才发觉天已经很黑了，我们几乎不能辨认出那些展开的蝴蝶标本的轮廓。

我抓过油灯，划亮一根火柴，窗外的景色立刻沉入夜幕中，浓重的夜色笼罩着窗户。

---

① 孙坤荣．诺贝尔文学奖金获奖作家小说选［M］．第2辑．吕一旭，译．贵阳：贵州人民出版社，1985：136－142.

在明亮的油灯下，我的蝴蝶在纸盒内闪着迷人的光泽。我们俯身端详着色彩斑斓的蝴蝶，一一叫出它的名字。

"这边这只叫黄绶带蝶，拉丁文叫 fulminea，我们这儿极少见。"

亨利希·摩尔小心翼翼地从别针上取下一只蝴蝶，把它拿出纸盒，仔细地端详它翅膀的背面。

"真是不可思议，"他说，"什么也不能像看见蝴蝶这样强烈地唤起我对童年的回忆。"他一边把蝴蝶别到原处，盖上盒盖，一边急促而生硬地说："我不想再看了！"他似乎很不喜欢这些回忆。我收走纸盒，回到书房。他那瘦削的棕色脸庞马上又现出微笑。他请我给他支烟抽。

"请你别介意，"他接着说，"我没有更仔细地欣赏你的珍藏。我小时候当然也收集过这些玩意儿。遗憾的是我一想起来就觉得倒胃口。原因我可以告诉你，尽管不太光彩。"

他在油灯上点燃香烟，罩上绿色灯罩，我们的面孔便隐没在幽暗的微光中了。他在那扇窗户洞开的窗台上坐下，颀长瘦削的身躯几乎完全融于黑暗之中。我抽着烟，远处，青蛙的歌声响彻夜空。我的朋友讲起了童年往事：

我是八岁或九岁时开始收集蝴蝶标本的。起初也并不显得比对其他游戏和爱好更加热心。但在第二个夏天，大概是十岁左右吧，这玩意儿就完全攫住了我的整个身心，变成一种不可遏制的狂热，以致人们认为有必要禁止我继续收集标本，因为除了捉蝴蝶我忘记和荒疏了其他所有事情。只要我在追逐一只蝴蝶，那我就根本听不见钟楼的钟声，什么上学啦、吃午饭啦，统统被我抛到了脑后。假期里，我时常到郊外捉蝴蝶，装标本的小罐里塞着一块面包，从黎明一直疯到夜晚，从不回家吃饭。

即使现在，当我看到异常美丽的蝴蝶时，有时仍然感觉到那种狂热，那种只有孩子才能感觉到的、无名而满怀渴慕的喜悦便又会在一刹那间充盈我的整个身心——小时候我正是怀着这种狂喜第一次蹑手蹑脚地接近了一只金凤蝶；在这种时候，童年时代的许多美妙时光就会一起涌上心头：阳光灿烂的下午在那干燥而散发着强烈芬芳的荒原上，凉爽宜人的早晨在花园中，或是黄昏时在那充满神秘气氛的森林边缘，我潜伏着，张开我的捕蝶网，就像一只美丽的蝴蝶——它不一定特别罕见——落在阳光下的花茎上，它那五彩双翼有规律地一张一合，狩猎的喜悦屏住了我的呼吸；我渐渐潜近它，已经能够清楚地看见它那光灿灿的每一个斑点、水晶般的翅膀和每一根优美纤细的棕色触须了，每当这种时候，我是多么紧张和快乐啊，这是温柔的喜悦和狂放的激情的混合。在以后的生活中，我很少再体验到这种情感。

我的父母很穷，他们无力给我买装标本的盒子，我只得把标本保存在一个普通的旧纸盒中。我把酒瓶上的软木塞削成片，粘在盒底，别针就可以插在这木片上。在这个纸盒折皱的四壁中，珍藏着我的宝贝。起初，我很喜欢，也常常把我的收藏拿给同学们看。但他们都有带玻璃盖的小木箱、用绿色窗纱做围罩的硬纸盒，还有种种高级玩意儿。我再也不敢以我那简陋的装置而自鸣得意了。但我并不特别需要那些高级装备。我开始沉默，并渐渐习以为常。即使捕到了罕见的令我兴奋不已的蝴蝶，我也缄口不语，只把它们拿给我的姐妹们看。一次，我捉到了一只在我们那儿十分罕见的蓝色虹蝶。我把它绷开晾干，心中洋溢着一种自豪感。最起码也该拿给邻居家的小孩瞧瞧呀，自豪感这样对我说。他是教师的儿子，住在我家院子的对面。这小子有个毛病，喜欢挑剔指责别人的错儿。这种习惯在小孩身上显得格外讨厌。他的收集少得可怜，实在不起眼，却由于其可爱及他的精心保护而成为不可多得的宝贝。他甚至还掌握了那门复杂的、绝无仅有的手艺——把扯坏弄断的蝴蝶翅膀重新黏合好。从各方面看，他都是个模范孩子。正因为如此，一半出于嫉妒，一半出于钦佩，我恨他。

我把蓝色虹蝶拿给这个模范孩子看。他以一种行家的眼光仔细观察这只蝴蝶，肯定它很罕见，并断定它值二十个芬尼。因为这个孩子——埃米尔，有本事按照金钱价值对一切收集物进行评判，尤其是对于蝴蝶和邮票。接着，他就开始了指责，什么我的蓝色虹蝶没有绷好呵，什么右边的触须是卷曲的，而左边的却是伸直的呵，等等。他还发现了一个真正的毛病：这只蝴蝶少两条腿。尽管我不认为这缺陷是什么大不了的问题，但这个惯于指责的家伙却也多少败坏了捕获这只蓝蝶带给我的喜悦。此后，我再也没有给他看过我捕到的任何蝴蝶。

两年后，我们都成了大孩子，但我收集蝴蝶标本的狂热却经久不衰。人们四处传言，说那个埃米尔捉到了一只夜行孔雀睛。那时，这消息带给我的兴奋远比今天听说某个朋友继承了百万遗产或发现了失传的利维乌斯[2]的著作所能带给我的兴奋强烈得多。我们这儿没人捉到过夜行孔雀睛。我只是在我那本介绍蝴蝶知识的旧书的插图上认识了它。这本旧书中那些手工着色的铜版画要比现代彩色画漂亮和精确得多。在我知道但尚未捕到的所有蝴蝶中，没有一种能像夜行孔雀睛那样激起我如此强烈的欲望。我常常打量书中那幅插图。我的一个朋友还告诉我说：当一只小鸟或其他敌人来袭击这种落在树干或岩石上的棕色蝴蝶时，它只是伸开紧收的深色前翅，露出美丽的后翅，后翅上那些大而明亮的眼睛显得那么奇特而不可思议，吓得鸟儿赶紧放过它，落荒而去。

那个无聊的埃米尔竟拥有这种神蝶！我刚听到这消息时，只感到十分高兴，因为我终于可以看到这种稀有的生物了。接着，那灼人的好奇心攫住了我，当然，嫉妒心也接踵而至：怎么偏偏是他这只无聊的哈巴狗捉到了这种神奇而珍贵的蝴蝶?! 我觉得这实在令人恶心。我克制住自己，不去向他要蝴蝶看，对，不赏他这个光。可这只蝴蝶却老在我的脑海里打转，不肯离去。第二天，当这个传说在学校里得到证实后，我立即作出了去他家的决定。

吃完饭，一俟我可以从家里跑开，我立即就溜过院子，朝他家跑去，他家住在四楼。他那作教师的爸爸居然允许他独自住在一个小房间里，这个小房间在女仆的房间和木板房旁边，对此我常常羡慕不已。路上我没有碰见任何人。我跑上楼，敲了敲他的房门，但没有回答——埃米尔不在里面。我试着转动门把手，发现门没有锁上，而平时，他在离屋时总是要锁门的。

为了至少能瞧一眼那蝴蝶，我走进屋去，迅速打开埃米尔的两个标本盒，但什么也没有发现。后来我突然想到，蝴蝶一定还在晒板上。果然不出所料，那只夜行孔雀睛正贴在晒板上，狭长的纸条覆盖着棕色的翅膀。我弯腰抵近它观赏起来：挺直硬翘的棕色触须，优雅而色彩柔和的翅翼，后翅内沿上的茸茸细毛。但我没看见眼睛，它们被纸条遮住了。

我的心怦怦乱跳，我按捺不住自己的欲望，伸出手去——我松开纸条，把别住纸条的针抽出来。于是，我看见了那只奇异的眼睛，它们远比那幅插图上的描摹要美丽神奇得多。刹那间，一种不可抗拒的要占有这只神蝶的欲望攫住了我。我不假思索，生平第一次做了贼。我从别针上轻轻取下已经吹干而不会再变形的蝴蝶，把它托在手里。当时我只感到一种极大的满足。

我把蝴蝶托在右手里朝楼下走去。突然，我听见有人朝我迎面走来。在这一瞬间，我的良心苏醒了。我猛然意识到：我偷了东西，是一个卑鄙的贼。与此同时，一种怕被当场捉住的巨大恐惧促使我下意识地把拿着赃物的右手藏进衣袋。我慢慢地、战战兢兢地从走上楼来的女仆身旁走过，内心充满冷峻的自责和羞耻。在楼下门口，我停住了脚步，心里咚咚直跳，额上早已冷汗涔涔。我手足无措，看见自己的身影都感到恐惧。

我马上清醒过来，意识到自己不能也不允许占有这只蝴蝶，我必须马上把它送回去，而且尽量不露痕迹地复归原样。尽管我十分害怕被人捉住，仍然转身朝楼上迅速冲去。一分钟后，我又站在埃米尔的房间里了。我小心翼翼地从衣袋中抽出手，把蝴蝶放到桌上。尚未抬眼，我已感到大事不妙，险些哭出声来：这只夜行孔雀睛已被揉坏，右边的前翅和触须不见了。我小心翼翼地把手伸进衣袋，试图摸出折断的触须，却发现它已被揉碎，无法再粘补了。

看着这只被我弄坏的美丽蝴蝶，望着粘在指尖上那轻柔的棕色翅膀上的粉末和折断的翅膀，我心里比偷了东西更痛苦。呵，只要能让这只蝴蝶复归原样，我愿意舍去我的全部财产和欢乐。

我痛苦地走回家去，整个下午一直呆在小花园里。黄昏时分，我找到母亲，鼓起勇气把一切都告诉了她。我觉察到，母亲是多么吃惊和伤心啊。但她可能也感到，这种坦白比忍受任何惩罚更需要勇气。

"你必须去找埃米尔，"母亲十分肯定地说，"这件事你得自己告诉他，你只能这么办。在此之前我不能原谅你。你可以请他在你的玩具中挑选一些作为抵偿，而且你必须请他原谅！"

我得按照母亲的吩咐向这个模范孩子赔不是！这令我十分难堪。若是其他同学，不管谁我都容易办到。我已有预感，埃米尔不可能理解我，他也决不会相信我。夜幕已经降临，我却没有去找埃米尔。夜色更浓重了，这时，母亲在楼下过道里找到了我，她轻声说："这件事你无论如何得在今天做完，现在就去。"

我穿过院子，在楼下打听埃米尔是否在家。他出来后马上告诉我，他的夜行孔雀睛被弄坏了。他还没弄清究竟是个坏蛋呢，还是鸟儿，或者是猫干的。我请他带我上楼去看看那只弄坏的蝴蝶。我们走上楼。他打开门，点亮一支蜡烛。我看见那只揉坏的蝴蝶正躺在晒板上。埃米尔刚才在修复它。他小心谨慎地展开那揉皱的翅膀，把它放在一张湿润的吸墨纸上。但它永远也修补不好了，而且触须也丢失了。

于是我告诉他，是我弄坏了蝴蝶。我尽力向他讲述事情的经过，向他做解释。

埃米尔既没有发怒，也没有骂我，只是从牙缝里逆出了轻轻的口哨声。他静静地凝视了我好一阵，然后说道："哦，是这样，你原来是这样一个人。"

我说我要把全部玩具都赔给他。他只是冷漠地站在那儿，一直用轻蔑的目光盯着我，我又加上全部蝴蝶标本，他却说："谢谢，你的收藏我见识过。不过，我可是今天才知道，你原来就是这样对待蝴蝶的呵。"

在那一瞬间，我真想扑过去扼死他。没什么可说的了，我是一个无赖，而且将永远是一个无赖。埃米尔站在我面前，他的表情冰冷，带着公正不阿的轻蔑,就像那严酷的世界秩序那样。

他没有骂我一句,他只是凝视着我,并且瞧不起我。

当时我第一次明白了,人们永远也不能修复损坏的东西。我离开埃米尔回到家里。母亲没有诘问我,只是吻吻我就不再管我了。我很高兴,她要我上床睡觉,我早该睡了。但在睡觉前我却偷偷地从餐室里取出那只棕色的大盒子,把它搁在床上。黑暗中我打开盒子,把我的蝴蝶一只只取出来,又用手指把它们捏成碎片,揉成粉末。

(1911 年)

吕一旭　译

【注释】

【1】夜行孔雀睛:一种比较名贵的蝴蝶,分布在南欧和东南欧,多在夜间飞行。

【2】利维乌斯(公元前 59—公元 17):古罗马历史学家。

【评析】

黑塞小说中的主人公往往忍受着生活的两极分裂带来的心灵上的痛苦,在道德与人性、理智与感情、社会与个人间徘徊,为寻找两者的和谐与统一而苦苦探求。摩尔未能被同伴谅解,是源于他们的收藏条件等诸多不平等的因素,是世俗对于纯粹兴趣爱好和美好情感的侵蚀。摩尔虽然很努力,却被邻居家的小孩轻视,直至犯下大错,诚恳道歉也未能被原谅。虽然有母亲的帮助和鼓励,但最后他还是留下了深深的心灵伤痛——是同伴的轻视,是同伴的不谅解,是对自己亲手毁坏珍贵物品的自责。

【思考与训练】

1. 《大学》中所说的"大学"与今天所说的大学有什么不同之处?

2. 学习《大学》后,谈谈你对"格物""致知""诚意""正心""修身""齐家""治国""平天下"八个方面之间关系的理解和看法。

3. 礼义廉耻是中华民族的传统美德,阅读顾炎武的《廉耻》篇后,谈谈在改革开放的今天,我们应该怎样弘扬这种传统美德。

4. 你如何看待黑塞所写的"夜行孔雀睛"事件?你是否与作者有相似的童年经历?请以怀旧的笔触,为自己写一篇童年"忏悔录"。

第五章 自然

自然之美是如此伟大，对它的凝视是如此惬意……无论谁品味它，都不得不把所有其他乐趣视为低等的。

——莱布尼兹

自然是孕育人类的母亲，也是人类赖以生存的环境。人们将自己的情感寄托于各种自然事物上，通过语言文字来阐释人与自然的关系，创作出大量托物言志、借景抒情的名篇佳作。

第一节 松风阁记①
刘 基

刘基（1311—1375），字伯温，晚号犁眉公，浙江青田人；元末明初文学家，元末进士，著有《诚意伯文集》。

松风阁在金鸡峰下，活水源上。予今春始至，留再宿，皆值雨，但闻波涛声彻昼夜，未尽阅其妙也。至是[1]，往来止阁上凡[2]十余日，因得备悉其变态[3]。

盖阁后之峰，独高于群峰，而松又在峰顶。仰视，如幢葆[4]临头上。当日正中时，有风拂其枝，如龙凤翔舞，离褷[5]蜿蜒，缪蟉[6]徘徊；影落檐瓦间，金碧相组绣[7]。观之者，目为之明。有声，如吹埙箎[8]，如过雨，又如水激崖石，或如铁马驰骤，剑槊[9]相磨戛[10]；忽又作草虫鸣切切[11]，乍大乍小，若远若近，莫可名状。听之者，耳为之聪。

予以问上人。上人曰："不知也。我佛以清净六尘[12]为明心之本。凡耳目之入，皆虚妄耳。"予曰："然则上人以是而名其阁，何也？"上

---

① 欧明俊. 明清名家小品精华［M］. 2 版. 合肥：安徽文艺出版社，2007：7.

人笑曰："偶然耳。"

留阁上又三日，乃归。至正十五年七月二十三日记。

【注释】

【1】是：这一次。

【2】凡：总共。

【3】变态：变化的状态。

【4】幢（chuáng）：古代原指支撑帐幕、伞盖、旌旗的木竿，后借指帐幕、伞盖、旌旗。葆（bǎo），车盖，此喻像伞的样子。

【5】离褷（shī）：羽毛初生的样子。

【6】樛轕（jiāogé）：纵横交错的样子。

【7】组绣：编织成彩色的花纹。

【8】埙（xūn）：古代的一种乐器，用陶土烧制而成。篪（chí）：古代的一种乐器，用竹管制成。

【9】槊（shuò）：长矛，古代的一种兵器。

【10】磨戛：撞击。

【11】切切：形容又细又急的声音。

【12】六尘：佛经上把色、声、香、味、触、法叫作六尘。尘是脏污的意思。佛经上认为，六尘能染污六根。六根，指眼、耳、鼻、舌、身、意。

【评析】

《松风阁记》由上下两篇组成，内容的重点各自不同。第一篇以议论为主，先从风和松谈起，接着谈到松声的特点，再归结到金鸡峰上三棵松，用四种比喻形象地表现了不同的风吹松的声音。本文是第二篇，是第一篇的补充。此篇着重描写了作者耳闻目睹的风吹松的情形，并继续用五种比喻形象地表现了风吹松的声音，笔墨简练，形象真切。

文章可分为三部分。第一部分简要交代了松风阁的地理位置及两次游览的情况。第二部分具体描写松姿、松声的种种变化。先写松姿，作者用一句话交代了松树所在的位置及仰视所见到的松树形状，点出观赏地点和角度；接着又点出观赏的具体时间（正午）和天气情况（风和日丽），并用两个形象的比喻"如龙凤翔舞"、如"金碧相组绣"分别描绘出松枝在风中舞动的柔美姿态及树影和檐瓦相映的美丽色彩，展现出一幅优美的图画。然后写松声，作者连用"如吹埙篪""如过雨""如水激崖石""如铁马驰骤"等六个比喻，描绘了变幻莫测的松声，从音质、节奏、力度和变化等方面把松声刻画得淋漓尽致。第三部分写松风阁得名的缘由并交代了写作该文的具体时间。松风阁得名的缘由，在作者的行文中早已暗示给了读者，但在文章的结尾，作者故意不作正面交代，而是以自己的观赏感觉请教上人，先让上人说出"耳目之入，皆虚妄耳"的佛家语，再迫使他承认"以是而名其阁"，使文章曲折有致，耐人寻味。第二部分作者刻意摹写的是松，而不是阁；文章处处写松，处处写风，写松姿、松风的快人耳目，其用意是指阁是观松的最佳位置，只有在此观松，才能产生文中所写的那种美感。全文生动地描绘了松在风中的姿态和音响之美，表现了作者追求心地纯净、不求奢华享受的情怀。

第二节 听 泉[①]

[日] 东山魁夷

东山魁夷（1908—1999），横滨人，日本风景画家、散文家，画作代表有《春晓》《京洛四季组画》《唐招提寺壁画》等，散文集有《听泉》《和风景的对话》《探求日本的美》等。

鸟儿飞过旷野。一批又一批，成群的鸟儿接连不断地飞了过去。

有时候四五只联翩飞翔，有时候排成一字长蛇阵。看，多么壮阔的鸟群啊！……

鸟儿鸣叫着，它们和睦相处，互相激励，有时又彼此憎恶，格斗，伤残。有的鸟儿因疾病、疲惫或衰老而失掉队伍。

今天，鸟群又飞过旷野。它们时而飞过碧绿的田原，看到小河在太阳照耀下流泻；时而飞过丛林，窥见鲜红的果实在树阴下闪烁。想从前，这样的地方有的是。可如今，到处都是望不到边的漠漠荒原。任凭大地改换了模样，鸟儿一刻也不停歇，昨天，今天，明天，它们继续打这里飞过。

不要认为鸟儿都是按照自己的意志飞翔的。它们为什么飞？它们飞向何方？谁都弄不清楚，就连那些领头的鸟儿也无从知晓。

为什么必须飞得这样快？为什么就不能慢一点儿呢？

鸟儿只觉得光阴在匆匆忙忙中逝去了。然而，它们不知道时间是无限的，永恒的，逝去的只是鸟儿自己。它们像着了迷似地那样剧烈、那样急速地振翅翱翔。它们没有想到，这会招来不幸，会使鸟儿更快地从

---

① ［日］东山魁夷．东山魁夷散文选［M］．陈德文，译．天津：百花文艺出版社，1989：125－127.

这块土地上消失。

鸟儿依然呼啦啦拍击着翅膀，更急速、更剧烈地飞过去……

森林中有一泓清澈的泉水，发出叮叮咚咚的响声，悄然流淌。这里有鸟群休息的地方，尽管是短暂的，但对于飞越荒原的鸟群说来，这小憩何等珍贵！地球上的一切生物，都是这样，一天过去了，又去迎接明天的新生。

鸟儿在清泉旁歇歇翅膀，养养精神，倾听泉水的絮语。鸣泉啊，你是否指点了鸟儿要去的方向？

泉水从地层深处涌出来，不间断地奔流着，从古到今，阅尽地面上一切生物的生死、荣枯。因此，泉水一定知道鸟儿应该飞去的方向。

鸟儿站在清澄的水边，让泉水映照着身影，它们想必看到了自己疲倦的模样。它们终于明白了鸟儿作为天之骄子的时代已经一去不复返了。

鸟儿想随处都能看到泉水，这是困难的。因为，它们只顾尽快飞翔。

鸟儿想错了，它们最大的不幸是以为只有尽快飞翔才是进步，它们以为地面上的一切都是为了鸟儿而存在着。

不过，它们似乎有所觉悟，这样连续飞翔下去，到头来，鸟群本身就会泯灭的。但愿鸟儿尽早懂得这个道理。

我也是群鸟中的一只，所有的人们都是在荒凉的不毛之地上飞翔不息的鸟儿。

人人心中都有一股泉水，日常的烦乱生活，遮蔽了它的声音。当你夜半突然醒来，你会从心灵的深处，听到幽然的鸣声，那正是潺潺的泉水啊！

回想走过的道路，多少次在这旷野上迷失了方向。每逢这个时候，当我听到心灵深处的鸣泉，我就重新找到了前进的标志。

泉水常常问我：你对别人、对自己，是诚实的吗？我总是深感内疚，答不出话来，只好默默低着头。

我从事绘画，是出自内心的祈望：我想诚实地生活。心灵的泉水告诫我：要谦虚，要朴素，要舍弃清高的偏执。

心灵的泉水教导我：只有舍弃自我，才能看见真实。

舍弃自我是困难的，甚至是不可能的，我想。然而，絮絮低语的泉水明明白白对我说：美，正在于此。

【评析】

文章以"听泉"为题，听泉，其实就是在倾听自然，在倾听自然的声音中探索生命的真谛。本文意蕴深远，巧妙运用象征手法，以"鸟群"象征"人类"，以"鸟群"方向的迷失象征"人类"奔忙的盲目；以鸟群在泉边"珍贵的小憩"来提醒现代人应该停下匆忙的脚步，倾听心泉，反思自己的生活，更好地走向未来。作者曾经这样说过："我所描绘的风景是人们心灵的象征。我是通过自然景物本身抒写人们的内心世界的。"作为风景画大师，作者具有高超的把握风景的能力。《听泉》中，鸟儿倾听泉水的流淌，营造的意境清新自然，展现出风景画般清明澄澈、宁静致远的风格和神韵。东山魁夷面对自然的沉思和感悟，并不仅仅是所谓的以物寓意，他与自然的关系也远不只是表现与被表现的关系。东山魁夷告诫我们，在自然和风景面前，"人应当更谦虚地看待自然和风景"。因此，《听泉》的沉思和感悟最终的走向是"我"的反观自身、反观自省。作者说："美，正在于此。"这是自然美景之美，更是人类聆听心灵深处泉水鸣声的自省之美。

第三节　远处的青山①

[英] 高尔斯华绥

高尔斯华绥（1867—1933），英国20世纪继承批判现实主义的代表作家，1932年获诺贝尔文学奖，著有长篇小说《福尔赛世家》《现代喜剧》等。

　　不仅仅是在这刚刚过去的三月里（但已恍如隔世），在一个充满着痛苦的日子——德国发动它最后一次总攻的那个星期天，我不还登上过那座青山吗？正是那个阳光和煦的美好天气，南坡上的野茴香浓郁扑鼻，远处的海面一片金黄。我俯身草上，暖着面颊，一边因为那新的恐怖而寻找安慰，这进攻发生在连续四年的战祸之后，益发显得酷烈出奇。

　　"但愿这一切快结束吧！"我自言自语道，"那时我就又能到这里来，到一切我熟悉的可爱的地方来，而不致这么神伤揪心，不致随着我的表针的每下滴答，就又有一批生灵惨遭涂炭。啊！但我又能——难道这事永无完结吗？"

　　现在总算有了完结，于是我又一次登上这座青山，头顶沐浴着十二月的阳光，远处的海面一片金黄。这时心头不再感到痉挛，身上也不再

---

①　宋兆霖. 诺贝尔文学奖获奖作家散文选 [M]. 杭州：浙江文艺出版社，2005：142 - 145.

有毒气侵袭。和平了！仍然有些难以相信。不过再不用过度紧张地去谛听那永无休止的隆隆炮声，或去观看那倒毙的人们、张裂的伤口与死亡。和平了，真是和平了！战争继续了这么长久，我们不少人似乎已经忘记了一九一四年八月战争全面爆发之初的那种盛怒与惊愕之感。但是我却没有，而且永远不会。

在我们和一些人中——我以为实际在相当多的人中，只不过他们表达不出罢了——这场战争主要会给他们留下了这种感觉："但愿我能找到这样一个国家，那里人们所关心的不再是我们一向所关心的那些，而是美，是自然，是彼此仁爱相待。但愿我们能找到那座远处的青山！"关于忒俄克里托斯的诗篇，关于圣弗兰西斯的高风，在当今的各个国家里，正如东风里草上的露珠那样，早已渺不可见。即或过去我们的想法不同，现在我们的幻想也已破灭。不过和平终归已经到来，那些新近被屠杀掉的人们的幽魂总不致于再随着我们的呼吸而充塞在我们胸间。

和平之感在我们思想上正一天天变得愈益真实和愈益与幸福相连。此刻我已能在这座青山之上为自己还能活在这样一个美好的世界而赞美造物。我能在这温暖阳光的覆盖之下安然睡去，而不会醒后又是过去的那种惶惶欲绝。我甚至能心情欢快地去做梦，不致醒后好梦打破，而且即使做了噩梦，睁开眼睛后也就一切消失。我可以抬头仰望那蔚蓝的晴空而不会突然瞥见那里拖曳着一长串狰狞可怖的幻想，或者人对人所干出的种种伤天害理的惨景。我终于能够一动不动地凝视着晴空，那么澄澈而蔚蓝，而不会时刻受着悲愁的拘牵，或者俯视那光艳的远海，而不致担心波面上再会浮起屠杀的血污。

天空中各种禽鸟的飞翔，海鸥、白嘴鸭以及那些往来徘徊于白垩坑边的棕色小东西对我都是欣慰，它们是那样的自由自在，不受拘束。一只画眉正鸣转在黑莓丛中，那里叶间还晨露未干。轻如蝉翼的新月依然隐浮在天际，远处不时传来熟悉的声籁，而阳光正暖着我的脸颊。这一切都是多么愉快。这里见不到凶猛可怕的苍鹰飞扑而下，把那快乐的小鸟攫去。这里不再有歉仄不安的良心把我从这逸乐之中唤走。到处都是无限欢欣，完美无瑕。这里张目四望，不管你看看眼前的蜗牛甲壳，雕镂刻画得那般精致，恍如童话里小精灵头上的细角，而且角端作蔷薇色；还是俯瞰从此处至海上的一带平芜，它浮游于午后阳光的微笑之下，几乎活了起来。这里没有树篱，一片空旷，但有许多炯炯有神的树木，还有那银白的海鸥，翱翔在色如蘑菇的耕地或青葱翠绿的田野之间。不管你凝视的是这株小小的粉约雏菊，而且慨叹它的生不适时，还是注目那棕红灰褐的满谷林木，上面乳白色的流云低低悬垂，暗影浮动——一切都是那么美好，这是只有大自然在一个风和日丽的天气，而且那观赏大自然的人的心情也分外悠闲的时候，才能见得到的。

在这座青山之上，我对战争与和平的区别也认识得比往常更加透彻。在我们的一般生活中，一切几乎没有发生多大改变——我们并没有领得更多的奶油或更多的汽油，战争的外衣与装备笼罩着我们，报刊杂志上还充溢着敌意和仇恨；但是在精神情绪上我们确已感到了巨大差别，那久病之后逐渐死去还是逐渐恢复的巨大差别。

据说，此次战争爆发之初，曾有一位艺术家闭门不出，把自己关在家中和花园里面，不订报纸，不会宾客，耳不闻杀伐之声，目不睹战争之形，每日惟以作画赏花自娱——只不知他这样继续了多久。难道他这样做便是聪明，还是他所感受到的痛苦比那些不知躲避的人更加厉害？难道一个人连自己头顶上的苍穹也能躲得开吗？连自己同类的普遍灾难也能无动于衷吗？

整个世界的逐渐恢复——生命这株伟大花朵的慢慢重放——在人的感觉与印象上的确是再美不过的事了。我把手掌狠狠地压在草叶上，然后把手拿开，再看看那草叶慢慢直了过来，脱去它的损伤。我们自己的情形也正是如此。战争的创伤已深深侵入我们身心，正如严霜侵入土地那样。在为了打人流血这桩事情而在战斗、护理、宣传、文字、工事，以及计数不清的各个方面竭尽努力的人们当中，很少人是出于对战争的真正热忱才去做的。但是，说来奇怪，这四年来写得最优美的一篇诗歌，亦即朱利安·克伦菲尔的《投入战争！》，竟是纵情讴歌战争之作！但是如果我们能把自那第一声战斗号角之后一切男女对战争所发出的深切诅咒全部聚集起来，那些哀歌之多恐怕连笼罩地面的高空也盛装不下。

然而那美与仁爱所在的"青山"离我们还很遥远。什么时候它会更近些？人们甚至在我所偃卧的这座青山也打过仗。根据在这里白垩与草地上的工事的痕迹，这里还曾宿过士兵。白昼与夜晚的美好，云雀的欢歌，香花与芳草，健美的欢畅，空气的澄鲜，星辰的庄严，阳光的和煦，还有那清歌与曼舞，淳朴的友情，这一切都是人们渴求不餍的。但是我们却偏偏要去追逐那浊流一般的命运。所以战争能永远停止吗？……

这是四年零四个月以来我再没有领略过的快乐，现在我躺在草上，听任思想自由飞翔，那安祥如海面上轻轻袭来的和风，那幸福如这座青山上的晴光。

【评析】

在这篇散文中，"青山"作为一个意象出现，它有两个层面的意义：一是现实中的青山，近在咫尺的青山，曾经被炮火轰炸、被鲜血浸染的青山；二是一个理想的青山，一个诗人歌颂的青山，一个爱好和平的人梦中的青山。

如同梭罗心中的瓦尔登湖一样，我们仰望星空，会由衷地向往宁静、平和的生活。而和平正是这样一种理想生活状态的保证。在经历了两次世界大战的炮火之后，无论胜负，在历史的长河中，在时间的绵延中，人类都是失败者。人性中邪恶的力量在人世的某个阶段掌控了人类的发展进程，给人类向往和平与宁静的理想带来了巨大的伤害。然而在这个世界上，邪恶终究是要被战胜的，所以，战争结束了，和平到来了。远处的青山演变成现实中的青山。

在整篇散文中，作者围绕着战争与和平这一主题回忆往事、描绘景物，对能够重返青山充满感激和期待，对远处的青山寄予了更美好的向往和由衷的赞叹。作者所要表达的是对生命的尊重，对青山的尊重，更是对美好未来的一种期待。

【思考与训练】

1. 阅读《松风阁记》，理解第三段"予"与"上人"的对话，分析其深层次的含义。

2. 体会东山魁夷在《听泉》一文中所说的"美，正在于此"包含哪些方面的内容。

3. 阅读《远处的青山》，说说作者明明身处青山之中，为什么把本文的题目定为"远处的青山"？你是怎样看待战争与和平的？

4. 试着对自然的某一方面进行观察、感悟，写一篇散文。

第六章　人世间

　　面对人生的悲欢离合、阴晴圆缺，万丈红尘扑面，我选择了拥抱与品味。

　　淡看别人的嬉笑怒骂，理解别人的喜怒哀乐；坐观新阳喷薄如霞，静赏星月熠熠生辉。

　　泰山的刻石、黄山的怪松、华山的冷峻、庐山的俊美，花有花的世界，草有草的世界，从容面对，从中领略人生的旷达和况味，从中汲取感悟与自励。

　　我采撷最美的片段，珍藏。

——轻柔的霞《诗意的栖居》

　　冬去春来，四季更交。世间万象，永远止息不了的是潺潺而逝的时间。浮浮沉沉，人的心思也随之变换，无尽的理想、成果，曲折回环。日子还是悠悠而逝，无声无息。

——普美如来《冬日漫思》

第一节　钱[①]

梁实秋

　　梁实秋（1903—1987），浙江杭州人，生于北京；原名治华，号均默，字实秋；中国著名的散文家、学者、文学批评家、翻译家，国内第一个研究莎士比亚的权威；著有《文艺批评论》《雅舍小品》《雅舍遗珠》等，译有莎士比亚的《威尼斯商人》《奥赛罗》《哈姆雷特》《暴风雨》等作品。

　　钱这个东西，不可说，不可说。一说起阿堵物[1]，就显着俗。其实钱本身是有用的东西，无所谓俗。或形如契刀[2]，或外圆而孔方[3]，样子都不难看。若是带有斑斑绿锈，就更古朴可爱。稍晚的"交子""钞引"以至于近代的纸币，也无不力求精美雅观，何俗之有？钱财的进出

---

　　① 梁实秋. 雅舍遗珠［M］. 最新修订典藏本. 武汉：武汉出版社，2013：6-8.

取舍之间诚然大有道理，不过贪者自贪，廉者自廉，关键在于人，与钱本身无涉。像和峤[4]那样的爱钱如命，只可说是钱癖，不能斥之曰俗；像石崇[5]那样的挥金似土，只可说是奢汰，不能算得上雅。俗也好，雅也好，事在人为，钱无雅俗可辨。

有人喜集邮，有人喜集火柴盒，也有人喜集戏报子，也有人喜集鼻烟壶；也有人喜集砚、集墨、集字画古董，甚至集眼镜、集围裙、集三角裤。各有所好，没有什么道理可讲。但是古今中外几乎人人都喜欢收集的却是通货。钱不嫌多，愈多愈好。庄子曰："钱财不积，则贪者忧。"岂止贪者忧？不贪的人也一样的想积财。

人在小的时候都玩过扑满，这玩意儿历史悠久，《西京杂记》："扑满者，以土为器，以蓄钱，有入窍而无出窍，满则扑[6]之。"北平叫卖小贩，有喊"小盆儿小罐儿"的，担子上就有大大小小的扑满，全是陶土烧成的，"形状不雅，一碰就碎"。虽然里面容不下多少钱，可是孩子们从小就明白储蓄的道理了。外国也有近似扑满的东西，不过通常不是颠扑得碎的，是用钥匙可以打开的，多半作猪形，名之为"猪银行"。不晓得为什么选择猪形，也许是取其大肚能容吧？

我们的平民大部分是穷苦的，靠天吃饭，就怕干旱水涝，所以养成一种饥荒心理，"常将有日思无日，莫待无时思有时。"储蓄的美德普遍存在于社会各阶层。我从前认识一位小学教员，别看她月薪只有三十余元，她省吃俭用，省俭到午餐常是一碗清汤挂面洒上几滴香油，二十年下来，她拥有两栋小房。（谁忍心说她是不劳而获的资产阶级？）我也知道一位人力车夫，劳其筋骨，为人作马牛，苦熬了半辈子，携带一笔小小的资财，回籍买田娶妻生子做了一个自耕的小地主。这些可敬的人，他们的钱是一文一文积攒起来的。而且他们常是量入为储，每有收入，不拘多寡，先扣一成两成作为储蓄，然后再安排支出。这样，他们爬上了社会的阶梯。

"人无横财不富，马非夜草不肥。"话虽如此，横财逼人而来，不是人人唾手可得，也不是全然可以泰然接受的。"腰缠十万贯，骑鹤上扬州"[7]，只是一厢情愿的想法，暴发之后，势难持久，君不见：显宦的孙子作了乞丐，巨商的儿子作了龟奴？及身而验的现世报，更是所在多有。钱财这个东西，真是难以捉摸，聚散无常。所以谚云："积财千万，不如薄技在身。"

钱多了就有麻烦，不知放在哪里好。枕头底下没有多少空间，破鞋窠里面也塞不进多少。眼看着财源滚滚，求田问舍怕招物议，多财善贾又怕风波，无可奈何只好送进银行。我在杂志上看到过一段趣谈：印第安人酋长某，平素聚敛不少，有一天背了一大口袋钞票存入银行，定期一年，期满之日他要求全部提出，行员把钞票一叠一叠的堆在柜台上，有如山积。酋长看了一下，徐曰："请再续存一年。"行员惊异，既要续存，何必提出？酋长说："不先提出，我怎么知道我的钱是否安然无恙的保存在这里？"这当然是笑话，不过我们从前也有金山银山之说，却是千真万确的。我们从前金融执牛耳的大部分是山西人，票庄掌柜的几乎一律是老西儿。据说他们家里就有金山银山。赚了金银运回老家，溶为液体，泼在内室地上，积年累月一勺一勺的泼上去，就成了一座座亮晶晶的金山银山。要用钱的时候凿下一块就行，不虞盗贼光顾。没亲眼见过金山银山的人，至少总见过冥衣铺用纸糊成的金童玉女金山银山吧？从前好像还没有近代恶性通货膨胀的怪事，然而如何维护既得的资财，也已经是颇费心机了。如今有些大户把钱弄到外国去，因为那里的银行有政府担保，没有倒闭之虞，而且还为存户保密，真是服务周到极了。

善居积的陶朱公[8]，人人美慕，但是看他变姓名游江湖，其心里恐怕有几分像是挟巨资逃往国外作寓公，离乡背井的，多少有一点不自在。所以一个人尽管贪财，不可无餍。无冻馁之忧，有安全之感，能罢手时且罢手，大可不必"人为财死"而后已，陶朱公还算是聪明的。

钱，要花出去，才发生作用。穷人手头不裕，为了住顾不得衣，为了衣顾不得食，为了食谈不到娱乐，有时候几个孩子同时需要买新鞋，会把父母急得冒冷汗！贫穷到了这个地步，一个钱也不能妄用，只有牛衣对泣[9]的分。小康之家用钱大有伸缩余地，最高明的是不求生活水准之全面提高，而在几点上稍稍突破，自得其乐。有人爱买书，有人爱买衣裳，有人爱度周末，各随所好。把钱集中用在一点上，便可以比较容易适度满足自己的欲望。至于豪富之家，挥金如土，未必是福，穷奢极欲，乐极生悲，如果我们举例说明，则近似幸灾乐祸，不提也罢。纪元前五世纪雅典的泰蒙[10]，享尽了人间的荣华富贵，也吃尽了世态炎凉的苦头，他最了解金钱的性质，他认识了金钱的本来面目，钱是人类的公娼！与其像泰蒙那样疯狂而死，不如早些疏散资财，做些有益之事，清清白白，赤裸裸来去无牵挂。

【注释】
【1】阿堵物：钱的别称，见《世说新语·规箴》。
【2】契刀：中国古代铜币，铸于春秋战国时期。
【3】外圆而孔方：旧时铜钱的形状，故钱又别称为"孔方兄"。

【4】和峤：西晋时人，富而吝啬，人称"钱癖"。

【5】石崇：西晋时人，家豪富，极奢靡。

【6】扑：打碎。

【7】"腰缠十万贯，骑鹤上扬州"：南朝梁代殷芸所著《小说》中语，形容贪婪或梦想。

【8】陶朱公：春秋时越国大夫范蠡。范蠡辅佐越王勾践灭吴后，弃官经商，致巨富，因居于陶，称朱公，故名陶朱公。

【9】牛衣对泣：西汉王章贫困时，卧牛衣中与妻子相对哀泣，见《汉书·王章传》。牛衣：给牛御寒的覆盖物，用草或麻编成。

【10】雅典的泰蒙：莎士比亚悲剧《雅典的泰蒙》，其主要情节是写富商泰蒙慷慨好客，后钱财耗尽，亲友纷纷离去。

【评析】

本文散淡地从民俗写起，写了平民和富商对钱财的基本态度，引经据典，给我们摆出了古往今来很多人的生财之道和守财之心，即便今天读起来也是惟妙惟肖，让人觉得很有味道。文章的主线就是"钱"，如果一定要说还有什么主题，那就是君子爱财，取之有道，再就是不能贪，要适可而止，并无大的深意。这类小品文的价值，其实主要也就是里面包含的各种知识，以及轻松幽默的语言。

第二节　活着的伤疤①

牛　汉

牛汉（1923—2013），山西人，当代著名作家；原名史承汉，曾用笔名谷风；著有《彩色生活》《海上蝴蝶》《沉默的悬崖》《童年牧歌》《萤火集》《滹沱河和我》《悼念一棵枫树》《鄂尔多斯的草原》等诗和文集。

从口外草地回来的人，身上多半带着大大小小深深浅浅的伤疤。如果伤在手上脸上，谁都看得见，而有些伤是很难看见的。首先，他就不愿让谁看见；而有些伤，即使让你看，你也看不见。这些伤，痛在骨头里，深深地藏在倔强而沉默的心灵里，只能从他们艰难的步态（并非由于衰老，他们大都不过三十几岁的人）和深重的哮喘声中，猜想到他们曾经遭受过难以想象的磨难和病痛，小灾小病难不倒他们。

---

① 牛汉. 空旷在远方 牛汉诗文精选 [M]. 长春：时代文艺出版社，2005：197 - 198.

秃手伯失去双手，一目了然，他无法瞒过谁，但是他那满胸脯的伤，却从来不让人看。

我也只见过一回。

有一年夏天，他一个人在河里洗身子，我悄悄地游到他身边，想帮他擦擦后背，才第一次窥见他胸脯的伤疤（只听说狼差点把他的胸脯子撕开），不见则已，一见真让我吓得目瞪口呆。这哪里是伤疤？我心想，他回来已有两三年，再重的伤也早该结疤，但现在看见的都是血淋淋的一个胸脯，我觉得血还不住地在流，映着夕阳的光辉，秃手伯的满胸脯伤疤，像多年之后我见到的红珊瑚，从形象到颜色，都十分相像。

我惊奇地对秃手伯说："伤口还在流血，可不能见水！"

秃手伯很平静地说："不碍事，早已不见血，这叫红疤，很不吉利。"

"为什么不吉利？"

秃手伯用手抚摩着自己多难的胸口，叹了口气，说："红疤，就是说这伤还没有死。"

"还没死？"伤还有不死的，我还是第一次听说。

"是的，没有死，伤还活着，阴天下雨时它不让我安生，整个心口还像那只狼在咬我撕我。"

我禁不住去摸摸秃手伯痛苦的血红的胸脯，他没有阻拦我，我不敢用手摸，生怕血冒了出来。

"愿意摸就摸摸，不碍事。"

"疼吗？"

"不疼。"

是的。伤疤显然没有死。我觉得它还在折磨他，哪有不疼的伤？尤其这红疤，还活着的伤疤，更不能轻信它。

几乎没有摸到一点光滑的好皮肤，蚯蚓似隆起的密密的伤疤，仿佛在蠕动着，它们比好皮肤还要硬得多。

一条条隆起的弯曲的伤疤里，似乎都生出了自己的筋骨，自己的血管，自己的神经，自己的记忆，难怪它不死！

几十年过后，我才知道伤疤也是一种生命。看得见的伤疤，有许多一直活着，看不见的伤疤，有的也一直不死。

记得过了好多天，我问秃手伯："你胸脯上的那些伤疤为什么不愿意让人看见？"

他皱着眉头说："伤疤千万不能露给别人看，不能让人为自己承担痛苦，更不愿让谁可怜。"

以后我再不向他提伤疤的事。我跟他常常一起吼唱西口调。

……

有关伤疤的道理，半个多世纪之前，秃手伯就对我讲过，当时我并不理解。直到我的身上心灵上，带上了许多伤疤，也很大，也很深，而且有的到我死后，可能仍然活着不死，我才真正地悟知了伤疤这个活东西。

【评析】

小说的情节比较简单，仅简单地交代了秃手伯是被狼咬伤的，却以人物间的对话突出了秃手伯的"坚强和倔强"性格，不被伤痛所击倒，不愿让人为自己承担痛苦，更不愿让谁可怜，塑造了一个个性鲜明、立体感强的硬汉形象。本文运用了细节描写和比喻的修辞手法，如细致地描绘了秃手伯胸脯上的伤疤，突出其色泽之红、形状之怪、面积之大、质地之硬，从而说明他所遭受的痛苦之深重。作者曾说："所有的伤疤下面，都有深深的根啊。"这篇小说似乎在昭示曾经的劫难，似乎在提醒拥有的幸福，似乎在展演一种坚忍的精神，似乎在告诫未来不再重蹈覆辙。

第三节　俞伯牙摔琴谢知音①

冯梦龙

冯梦龙（1574—1646），明代文学家、戏曲家；字犹龙，又字子犹，号龙子犹、墨憨斋主人、顾曲散人、吴下词奴、姑苏词奴、前周柱史等；南直隶苏州府长洲县（今江苏省苏州市）人；代表作品为《喻世明言》（又名《古今小说》）《警世通言》《醒世恒言》，合称"三言"。

浪说曾分鲍叔金，谁人辨得伯牙琴？
于今交道奸如鬼，湖海空悬一片心。
古来论交情至厚，莫如管鲍。管是管夷吾，鲍是鲍叔牙。他两个同为商贾，得利均分。时管夷吾多取其利，叔牙不以为贪，知其贫也。后来管夷吾被囚，叔牙脱之，荐为齐相。这样朋友，才是个真正相知。这相知有几样名色：恩德相结者，谓之知己；腹心相照者，谓之知心；声气相求者，谓之知音；总来叫做相知。今日听在下说一桩俞伯牙的故

---

① 冯梦龙. 警世通言［M］. 天津：天津古籍出版社，2004：1-8.

事。列位看官们，要听者，洗耳而听。不要听者，各随尊便。正是：

知音说与知音听，不是知音不与谈。

话说春秋战国时，有一名公，姓俞名瑞，字伯牙，楚国郢都人氏，即今湖广荆州府之地也。那俞伯牙身虽楚人，官星却落于晋国，仕至上大夫之位。因奉晋主之命，来楚国修聘。伯牙讨这个差使，一来，是个大才，不辱君命，二来，就便省视乡里，一举两得。当时从陆路至于郢都，朝见了楚王，致了晋主之命。楚王设宴款待，十分相敬。那郢都乃是桑梓之地，少不得去看一看坟墓，会一会亲友。然虽如此，各事其主，君命在身，不敢迟留。公事已毕，拜辞楚王。楚王赠以黄金采缎，高车驷马。伯牙离楚一十二年，思想故国江山之胜，欲得恣情观览，要打从水路大宽转[1]而回。乃假奏楚王道："臣不幸有犬马之疾，不胜车马驰骤。乞假臣舟楫，以便医药。"楚王准奏。命水师拨大船二只，一正一副。正船单坐晋国来使，副船安顿仆从行李，都是兰桡画桨，锦帐高帆，甚是齐整。群臣直送至江头而别。

只因览胜探奇，不顾山遥水远。

伯牙是个风流才子。那江山之胜，正投其怀。张一片风帆，凌千层碧浪，看不尽遥山叠翠，远水澄清。不一日，行至汉阳江口。时当八月十五日，中秋之夜。偶然风狂浪涌，大雨如注，舟楫不能前进，泊于山崖之下。不多时，风恬浪静，雨止云开，现出一轮明月。那雨后之月，其光倍常。伯牙在船舱中，独坐无聊。命童子焚香炉内，"待我抚琴一操，以遣情怀"。童子焚香罢，捧琴囊置于案间。伯牙开囊取琴，调弦转轸，弹出一曲。曲犹未终，指下"刮喇"的一声响，琴弦绝了一根。伯牙大惊，叫童子去问船头[2]："这住船所在是甚么去处？"船头答道："偶因风雨，停泊于山脚之下，虽然有些草树，并无人家。"伯牙惊讶，想道："是荒山了。若是城郭村庄，或有聪明好学之人，盗听吾琴，所以琴声忽变，有弦断之异。这荒山下，那得有听琴之人？哦，我知道了。想是有仇家差来刺客，不然，或是贼盗伺候更深，登舟劫我财物。"叫左右："与我上崖搜检一番。不在柳阴深处，定在芦苇丛中。"

左右领命，唤齐众人，正欲搭跳上崖，忽听岸上有人答应道："舟中大人，不必见疑，小子并非奸盗之流，乃樵夫也。因打柴归晚，值骤雨狂风，雨具不能遮蔽，潜身岩畔。闻君雅操，少住听琴。"伯牙大笑道："山中打柴之人，也敢称听琴二字！此言未知真伪，我也不计较了。左右的，叫他去罢。"那人不去，在崖上高声说道："大人出言谬矣！岂不闻'十室之邑，必有忠信'，'门内有君子，门外君子至'。大人若欺负山野中没有听琴之人，这夜静更深，荒崖下，也不该有抚琴之客了。"伯牙见他出言不俗，或者真是个听琴的，亦未可知。止住左右不要罗唣，走近舱门，回嗔作喜的问道："崖上那位君子，既是听琴，站立多时，可知道我适才所弹何曲？"那人道："小子若不知，却也不来听琴了。方才大人所弹，乃孔仲尼叹颜回，谱入琴声。其词云：'可惜颜回命蚤亡，教人思想鬓如霜。只因陋巷箪瓢乐，……'到这一句，就绝了琴弦，不曾抚出第四句来。小子也还记得：'留得贤名万古扬。'"

伯牙闻言，大喜道："先生果非俗士，隔崖窎远，难以问答。"命左右："掌跳，看扶手，请那位先生登舟细讲。"左右掌跳，此人上船，果然是个樵夫。头戴箬笠，身披草衣，手持尖担，腰插板斧，脚踏芒鞋[3]。手下人那知言谈好歹，见是樵夫，下眼相看。"咄，那樵夫！下舱去，见我老爷叩头。问你甚么言语，小心答应。官尊着哩。"樵夫却是个有意思的，道："列位不须粗鲁，待我解衣相见。"除了斗笠，头上是青布包巾；脱了蓑衣，身上是蓝布衫儿；搭膊[4]拴腰，露出布裈下截。那时不慌不忙，将蓑衣、斗笠、尖担、板斧，俱安放舱门之外。脱下芒鞋，躐[5]去泥水，重复穿上，步入舱来。官舱内公座上灯烛辉煌。樵夫长揖而不跪，道："大人，施礼了。"

俞伯牙是晋国大臣，眼界中那有两接[6]的布衣。下来还礼，恐失了官体，既请下船，又不好叱他回去。伯牙没奈何，微微举手道："贤友免礼罢。"叫童子看坐的。童子取一张杌坐儿置于下席。伯牙全无客礼，把嘴向樵夫一努道："你且坐了。"你我之称，怠慢可知。那樵夫亦不谦让，俨然坐下。伯牙见他不告而坐，微有嗔怪之意。因此不问姓名，亦不呼手下人看茶。默坐多时，怪而问之："适才崖上听琴的，就是你么？"樵夫答言："不敢。"伯牙道："我且问你，既来听琴，必知琴之出处。此琴何人所造？抚他有甚好处？"正问之时，船头来禀话，风色顺了，月明如昼，可以开船。伯牙分付："且慢些！"樵夫道："承大人下问。小子若讲话絮烦，恐担误顺风行舟。"伯牙笑道："惟恐你不知琴理。若讲得有理，就不做官，亦非大事，何况行路之迟速乎！"

樵夫道："既如此，小子方敢僭谈[7]。此琴乃伏羲氏所琢，见五星之精，飞坠梧桐，凤凰来仪。凤乃百鸟之王，非竹实不食，非梧桐不栖，非醴泉不饮。伏羲氏知梧桐乃树中之良材，夺造化之精气，堪为雅乐，令人伐之。其树高三丈三尺，按三十三天之数，截为三段，分天、地、人三才。取上一段叩之，其声太清，以其过轻而废之；取下一段叩之，其声太浊，以其过重而废之；取中一段叩之，其声清浊相济，轻重相兼。送长流水中，浸七十二日，按七十二候之数。取起阴干，选良时吉日，用高手匠人刘子奇断成乐器。此乃瑶池之乐，故名瑶琴。长三尺六寸一分，按周天三百六十一度。前阔八寸，按八节；后阔四寸，按四时；厚二寸，按两仪。有金童头，玉女腰，仙人背，龙池，凤沼，玉轸，金徽。那徽有十二，按十二月；又有一中徽，按闰月。先是五条弦在上，外按五行金木水火土，内按五音宫、商、角、徵、羽。尧舜时操五弦琴，歌'南风'诗，天下大治。后因周文王被囚于羑里，吊子伯邑考，添弦一根，清幽哀怨，谓之文弦。后武王伐纣，前歌后舞，添弦一根，激烈发扬，谓之武弦。先是宫、商、角、徵、羽五弦，后加二弦，称为文武七弦琴。此琴有六忌，七不弹，八绝。何为六忌？一忌大寒，二忌大暑，三忌大风，四忌大雨，五忌迅雷，六忌大雪。何为七不弹？闻丧者不弹，奏乐不弹，事冗不弹，不净身不弹，衣冠不整不弹，不焚香不弹，不遇知音者不弹。何为八绝？总之清奇幽雅，悲壮悠长。此琴抚到尽美尽善之处，啸虎闻而不吼，哀猿听而不啼。乃雅乐之好处也。"

伯牙听见他对答如流，犹恐是记问之学。又想道："就是记问之学，也亏他了。我再试他一试。"此时已不似在先你我之称了。又问道："足下既知乐理，当时孔仲尼鼓琴于室中，颜回自外入，闻琴中有幽沉之声，疑有贪杀之意，怪而问之。仲尼曰：'吾适鼓琴，见猫方捕鼠，欲其得之，又恐其失之。此贪杀之意，遂露于丝桐。'始知圣门音乐之理，入于微妙。假如下官抚琴，心中有所思念，足下能闻而知之否？"樵夫道："《毛诗》云：'他人有心，予忖度之。'大人试抚弄一过，小子任心猜度。若猜不着时，大人休得见罪。"伯牙将断弦重整，沉思半晌。其意在于高山，抚琴一弄。樵夫赞道：

"美哉洋洋乎，大人之意，在高山也。"

伯牙不答。又凝神一会，将琴再鼓。其意在于流水。

樵夫又赞道："美哉汤汤乎，志在流水！"

只两句，道着了伯牙的心事。伯牙大惊，推琴而起，与樵夫施宾主之礼。连呼："失敬失敬！石中有美玉之藏。若以衣貌取人，岂不误了天下贤士！先生高名雅姓？"樵夫欠身而答："小子姓钟，名徽，贱字子期。"伯牙拱手道："是钟子期先生。"子期转问："大人高姓，荣任何所？"伯牙道："下官俞瑞，仕于晋朝，因修聘上国而来。"子期道："原来是伯牙大人。"伯牙推子期坐于客位，自己主席相陪，命童子点茶。茶罢，又命童子取酒共酌。伯牙道："借此攀话，休嫌简亵[8]。"子期称："不敢。"童子取过瑶琴，二人入席饮酒。伯牙开言又问："先生声口是楚人了，但不知尊居何处？"子期道："离此不远，地名马安山集贤村，便是荒居。"伯牙点头道："好个集贤村。"又问："道艺何为？"子期道："也就是打柴为生。"伯牙微笑道："子期先生，下官也不该僭言，似先生这等抱负，何不求取功名，立身于廊庙，垂名于竹帛，却乃甘志林泉，混迹樵牧，与草木同朽，窃为先生不取也。"子期道："实不相瞒，舍间上有年迈二亲，下无手足相辅，采樵度日，以尽父母之余年。虽位为三公之尊，不忍易我一日之养也。"伯牙道："如此大孝，一发难得。"二人杯酒酬酢了一会。

子期宠辱无惊，伯牙愈加爱重。又问子期："青春多少？"子期道："虚度二十有七。"伯牙道："下官年长一旬。子期若不见弃，结为兄弟相称，不负知音契友。"子期笑道："大人差矣。大人乃上国名公，钟徽乃穷乡贱子，怎敢仰扳，有辱俯就！"伯牙道："相识满天下，知心能几人？下官碌碌风尘，得与高贤结契，实乃生平之万幸。若以富贵贫贱为嫌，觑俞瑞为何等人乎！"遂命童子重添炉火，再爇名香，就船舱中与子期顶礼八拜。伯牙年长为兄，子期为弟。今后兄弟相称，生死不负。拜罢，复命取暖酒再酌。子期让伯牙上坐，伯牙从其言。换了杯箸，子期下席，兄弟相称，彼此谈心叙话。正是：

合意客来心不厌，知音人听话偏长。

谈论正浓，不觉月淡星稀，东方发白。船上水手都起身收拾篷索，整备开船。子期起身告辞。伯牙捧一杯酒递与子期。把子期之手叹道："贤弟，我与你相见何太迟，相别何太早！"子期闻言，不觉泪珠滴于杯中。子期一饮而尽，斟酒回敬伯牙，二人各有眷恋不舍之意。伯牙道："愚兄余情不尽，意欲曲延贤弟同行数日，未知可否？"子期道："小弟非不欲相从。怎奈二亲年老，'父母在，不远游'。"伯牙道："既是二位尊人在堂，回去告过二亲，到晋阳来看愚兄一看，这就是'游必有方'了。"子期道："小弟不敢轻诺而寡信。许了贤兄，就当践约。万一禀命于二亲，二亲不允，使仁兄悬望于数千里之外，小弟之罪更大矣。"伯牙道："贤弟真所谓至诚君子。也罢，明年还是我来看贤弟。"子期道："仁兄明岁何时到此？小弟好伺候尊驾。"伯牙屈指道："昨夜是中秋节，今日天明，是八月十六日了。贤弟，我来仍在仲秋中五六日奉访。若过了中旬，迟到季秋月分，就是爽信，不为君子。"叫童子："分付记室[9]将钟贤弟所居地名及相会的日期，登写在日记簿上。"子期道："既如此，小弟来年仲秋中五六日准在江边侍立拱候，不敢有误。天色已明，小弟告辞了。"伯牙道："贤弟且住。"命童子取黄金二笏[10]不用封帖，双手捧定道："贤弟，些须薄礼，权为二位尊人甘旨之费。斯文骨肉，勿得嫌轻。"子期不敢谦让，即时收下。再拜告别，含泪出舱，取尖担挑了蓑衣斗笠，插板斧于腰间，掌跳搭扶手上崖。伯牙直送至船头，各各洒泪而别。

不题子期回家之事。再说俞伯牙点鼓开船，一路江山之胜，无心观览，心心念念，只想着知音之人。又行了几日，舍舟登岸。经过之地，知是晋国上大夫，不敢轻慢，安排车马相送。直至晋阳，回复了晋主，不在话下。

光阴迅速，过了秋冬，不觉春去夏来。伯牙心怀子期，无日忘之，想着中秋节近，奏过晋主，给假还乡。晋主依允。伯牙收拾行装，仍打大宽转，从水路而行。下船之后，分付水手，但是湾泊所在，就来通报地名。事有偶然，刚刚八月十五夜，水手禀复，此去马安山不远。伯牙依稀还认得去年泊船相会子期之处。分付水手，将船湾泊，水底抛锚，崖边钉橛。

其夜晴明，船舱内一线月光，射进朱帘。伯牙命童子将帘卷起，步出舱门，立于船头之上，仰观斗柄。水底天心，万顷茫然，照如白昼。思想去岁与知己相逢，雨止月明。今夜重来，又值良夜。他约定江边相候，如何全无踪影，莫非爽信！又等了一会，想道："我理会得了。江边来往船只颇多。我今日所驾的，不是去年之船了。吾弟急切如何认得。去岁我原为抚琴惊动知音，今夜仍将瑶琴抚弄一曲。吾弟闻之，必来相见。"命童子取琴桌安放船头，焚香设座。伯牙开囊，调弦转轸，才泛音律，商弦中有哀怨之声。伯牙停琴不操。"呀，商弦哀声凄切，吾弟必遭忧在家。去岁曾言父母年高，若非父丧，必是母亡。他为人至孝，事有轻重，宁失信于我，不肯失礼于亲，所以不来也。来日天明，我亲上崖探望。"叫童子收拾琴桌，下舱就寝。

伯牙一夜不睡。真个巴明不明，盼晓不晓。看看月移帘影，日出山头。伯牙起来梳洗整衣，命童子携琴相随，又取黄金十镒带去："傥吾弟居丧，可为赙礼。"踪跳登崖，行于樵径，约莫十数里，出一谷口，伯牙站住。童子禀道："老爷为何不行？"伯牙道："山分南北，路列东西。从山谷出来，两头都是大路，都去得。知道那一路往集贤村去？等个识路之人，问明了他，方才可行。"伯牙就石上少憩。童儿退立于后。

不多时，左手官路上有一老叟，鬓垂玉线，发挽银丝，箬冠野服，左手举藤杖，右手携竹篮，徐步而来。伯牙起身整衣，向前施礼。那老者不慌不忙，将右手竹篮轻轻放下，双手举藤杖还礼，道："先生有何见教？"伯牙道："请问两头路，那一条路，往集贤村去的？"老者道："那两头路，就是两个集贤村。左手是上集贤村，右手是下集贤村，通衢三十里官道。先生从谷出来，正当其半。东去十五里，西去也是十五里，不知先生要往那一个集贤村？"伯牙默默无言，暗想道："吾弟是个聪明人，怎么说话这等糊涂！相会之日，你知道此间有两个集贤村，或上或下，就该说个明白了。"伯牙却才沉吟。

那老者道："先生这等吟想，一定那说路的，不曾分上下，总说了个集贤村，教先生没处抓寻了。"伯牙道："便是。"老者道："两个集贤村中，有一二十家庄户，大抵都是隐遁避世之辈。老夫在这山里，多住了几年，正是'土居三十载，无有不亲人'。这些庄户，不是舍亲，就是敝友。先生到集贤村必是访友，只说先生所访之友，姓甚名谁，老夫就知他住处了。"伯牙道："学生要往钟家庄去。"

老者闻钟家庄三字，一双昏花眼内，扑籁籁掉下泪来，道："先生别家可去，若说钟家庄，不必去了。"伯牙惊问："却是为何？"老者道："先生到钟家庄，要访何人？"伯牙道："要访子期。"老者闻言，放声大哭道："子期钟徽，乃吾儿也。去年八月十五采樵归晚，遇晋国上大夫俞伯牙先生，讲论之间，意气相投，临行赠黄金二笏。吾儿买书攻读，老拙无才，不曾禁止。旦则采樵负重，暮则诵读辛勤，心力耗废，染成怯疾，数月之间，已亡故了。"

伯牙闻言，五内崩裂，泪如涌泉，大叫一声，傍山崖跌倒，昏绝于地。

钟公用手搀扶，回顾小童道："此位先生是谁？"小童低低附耳道："就是俞伯牙老爷。"钟公道："元来是吾儿好友。"扶起伯牙苏醒。伯牙坐于地下，口吐痰涎，双手捶胸，恸哭不已。道："贤弟呵，我昨夜泊舟，还说你爽信，岂知已为泉下之鬼！你有才无寿了！"钟公拭泪相劝。

伯牙哭罢起来，重与钟公施礼，不敢呼老丈，称为老伯，以见通家兄弟之意。伯牙道："老伯，令郎还是停枢在家，还是出瘗郊外了？"钟公道："一言难尽。亡儿临终，老夫与拙荆坐于卧榻之前，亡儿遗语嘱付道：'修短由天，儿生前不能尽人子事亲之道，死后乞葬于马安山江边。与晋大夫俞伯牙有约，欲践前言耳。'老夫不负亡儿临终之言。适才先生来的小路之右，一丘新土，即吾儿钟徽之冢。今日是百日之忌，老夫提一陌[11]纸钱，往坟前烧化，何期与先生相遇！"伯牙道："既如此，奉陪老伯，就坟前一拜。"命小童代太公提了竹篮。钟公策杖引路，伯牙随后，小童跟定。

复进谷口，果见一丘新土，在于路左。伯牙整衣下拜："贤弟，在世为人聪明，死后为神灵应。愚兄此一拜，诚永别矣！"拜罢，放声又哭。惊动山前山后，山左山右，黎民百姓，不问行的住的，远的近的，闻得朝中大臣来祭钟子期，回绕坟前，争先观看。

伯牙却不曾摆得祭礼，无以为情，命童子把瑶琴取出囊来，放于祭石台上，盘膝坐于坟前，挥泪两行，抚琴一操。那些看者，闻琴韵铿锵，鼓掌大笑而散。伯牙问："老伯，下官抚琴，吊令郎贤弟，悲不能已，众人为何而笑？"钟公道："乡野之人，不知音律，闻琴声以为取乐之具，故此长笑。"伯牙道："原来如此。老伯可知所奏何曲？"钟公道："老夫幼年也颇习，如今年迈，五官半废，模糊不懂久矣。"伯牙道："这就是下官随心应手一曲短歌，以吊令郎者。口诵于老伯听之。"钟公道："老夫愿闻。"伯牙诵云：

"忆昔去年春，江边曾会君。今日重来访，不见知音人！但见一抔土，惨然伤我心。伤心伤心复伤心，不忍泪珠纷！来欢去何苦，江畔起愁云。子期子期兮，你我千金义，历尽天涯无足语，此曲终兮不复弹，三尺瑶琴为君死！"

伯牙于衣夹间取出解手刀，割断琴弦，双手举琴，向祭石台上，用力一摔，摔得玉轸抛残，金徽零乱。钟公大惊问道："先生为何摔碎此琴？"

伯牙道："摔碎瑶琴凤尾寒，子期不在对谁弹！春风满面皆朋友，欲觅知音难上难。"

钟公道："原来如此，可怜可怜！"伯牙道："老伯高居，端的在上集贤村，还是下集贤村？"钟公道："荒居在上集贤村第八家就是。先生如今又问他怎的？"伯牙道："下官伤感在心，不敢随老伯登堂了。随身带得有黄金二镒，一半代令郎甘旨之奉，一半买几亩祭田，为令郎春秋扫墓之费。待下官回本朝时，上表告归林下，那时却到上集贤村，迎接老伯与老伯母同到寒家，以尽天年。吾即子期，子期即吾也，老伯勿以下官为外人相嫌。"说罢，命小僮取出黄金，亲手递与钟公，哭拜于地。钟公答拜。盘桓半晌而别。

这回书，题作《俞伯牙摔琴谢知音》。后人有诗赞云：

势利交怀势利心，斯文谁复念知音。

伯牙不作钟期逝，千古令人说破琴。

【注释】

【1】大宽转：绕路，迂回，兜个大圈子。

【2】船头：船上的头目。

【3】芒鞋：即草鞋。

【4】搭膊：即褡膊，又称褡连，布制的长带形的袋，口在当中，可以系在腰间，也可以手提或是肩负，里面放置钱物。

【5】躧：应作"灑"，音 xǐ，同洗（字义非"晒"）。《广韵》《集韵》：灑，所绮切，音躧，义同，又与洗通。

【6】两接：即两截，指穿的衫和裤，这是古时普通人民的服装。

【7】僭谈（jiàn tán）：谦词，越过自己的身份来谈论。

【8】简亵（jiǎn xiè）：怠慢不恭，轻慢。

【9】记室：从前掌管章表、书记的官，相当于现今秘书一类的人员。

【10】笏：笏是古代人朝见时执在手中的一种仪式用具，这里是指的黄金的样式。古代使用黄金的单位称为镒，一镒二十四两，因铸成笏形，故一镒又称一笏。

【11】一陌：陌的本意，在计算上是百的成数。一陌本是一百张，通俗指的一刀或者一垛。

【评析】

俞伯牙喜欢弹琴，钟子期有很高的音乐鉴赏能力。伯牙把感情融进乐曲中去，用琴声表达了他像高山一样巍然屹立于天地之间的情操，以及像大海一样奔腾于宇宙之间的智慧，琴技达到了炉火纯青的地步，而子期的情操、智慧正好与他产生了共鸣。不管伯牙如何弹奏，子期都能准确地道出伯牙的心意。伯牙因得知音而大喜，道："相识满天下，知音能几人！"子期死后，伯牙悲痛欲绝，觉得世上再没有人能如此真切地理解他，"乃破琴绝弦，终身不复鼓"。古人说："士为知己者死。"伯牙绝弦，所喻示的正是一种真知己的境界，这也正是这个故事千百年来广为流传的魅力所在。

【思考与训练】

1. 课外阅读《雅舍小品》，了解梁实秋散文的写作特点。

2. 阅读《钱》，作者认为人对金钱应该持怎样的态度？在当今市场经济条件下，我们对金钱应该持什么样的态度？

3. 阅读《活着的伤疤》，谈谈作者为什么说"看得见的伤疤，有许多一直活着，看不见的伤疤，有的也一直不死"。

4. 阅读《俞伯牙摔琴谢知音》，简要叙述故事情节，说说在现实生活中，我们应该怎样对待友情？

5. 以"我的金钱观"或"我的择友观"写一篇短文。

第四部分

应用写作

　　伴随人类进入知识经济时代,知识化、信息化、全球化已成为不可阻挡的洪大历史浪潮。应用文作为信息载体,使用越来越频繁,是人们工作中交流交际的工具,在人类信息传递、思想交流等方面发挥着重要的纽带作用。应用写作是提高个人职业与人文素质中不可或缺的内容。每个人都应掌握应用文写作基本技能,能够适应现实生活与未来岗位的需求,顺利融入社会、立足社会,成为合格的社会一员。

第一章　党政机关公文写作

党政机关公文是党政机关实施领导、履行职能、处理公务的具有特定效力和规范体式的公务文书。在强调要培养高素质、高技能型人才的现代社会，它已经不再是文秘人员的"专利"，而是成为衡量一个人是否具有较高综合素质的重要条件之一。

【案例导入】

下面是某学院的一则新闻。

管理学院举办第二期公文写作比赛①

为了更好地促进同学们对公文写作的重视，并能够学习到一些常用的文体写作知识，管理学院团委于5月14日上午9：30在教学楼A区103教室举办了管理学院第二期公文写作大赛。此次比赛是继第一期之后，应广大同学的强烈要求举行的，比赛规模较上次庞大，组织更严谨，同学们的参与热情非常高。此次公文比赛是以通告、通知、通报、请示、批复、会议纪要以及函等正式公文为内容，参赛的同学将在规定的时间内完成随机抽取的三个文体。

在比赛现场，监考人员严格按照考场规则进行监督，比赛体现了公正、公平和公开。参赛的同学积极认真完成考题，体现出他们在公文写作方面的能力。

通过这两期公文写作大赛，同学们加强了对公文写作的学习，逐步将一些实用文体的写作真正掌握，在将来就业中运用自如。此外，管理学院还将举行更多的有价值的实用性活动，来提高同学们的自身素质。

读过这则新闻，我们可以从中获得这样一些信息：大专院校的学生已经开始

---

① 兰州大学新闻网. 管理学院举办第二期公文写作比赛[EB/OL].（2005－05－16）[2015－05－30]. http://news. lzu. edu. cn/c/200505/lmc2166. html.

重视公文写作；通知、通报等公文文种是常用的实用文体，在今后的工作中经常要用到；掌握常用党政机关公文的写作，会给我们的工作、学习、生活提供便利，同时也有助于增强我们在就业中的竞争力。鉴于此，我们应该认真学习并掌握一些常用的党政机关公文的知识，做到熟练运用。

第一节　概述

国务院于 2012 年 4 月 16 日颁布的《党政机关公文处理工作条例》（2012 年 7 月 1 日起施行，以下简称《条例》）中明确规定国家党政机关公文有 15 种，它的制发有严格规定，并具有一定的法律效力。这里介绍几种常用的党政机关公文，以满足同学们工作、学习和生活所需。

【知识要点】

一、党政机关公文的概念

新《条例》第一章第三条明确规定"党政机关公文是党政机关实施领导、履行职能、处理公务的具有特定效力和规范体式的文书，是传达贯彻党和国家方针政策，公布法规和规章，指导、布置和商洽工作，请示和答复问题，报告、通报和交流情况等的重要工具。"[1]

据此，我们可以从以下四个方面理解公文的概念。

一是主体资格限定，即党政机关公文的行文主体必须是依法成立或经法定程序批准成立的，并能以自己的名义行使法定职权和承担相应义务的党政机关或组织，包括国家党政机关、社会组织、团体，而非个人。

二是客体内容特定，即党政机关公文是在"党政管理"这种公务活动中形成和使用的，其行文客体必须是本行文主体职责所系、职权所限的公共事务，而责权之外的公共事务或私人事务是不能制作本行文主体的公文的。

三是行文效力法定，即党政机关公文的行文效力是受国家法律保护的，它代党政机关依法立言，体现党政机关意志、意图和主张，以实现有效的党政管理目的；在党政机关职权范围内具有"法定效力"，有关部门和人员必须遵守执行，凡本身不具备党政机关法定效力的文书，不能称为党政机关公文。

四是体式符合规范。各级各类党政机关制作公文是一件极其重要、极其严肃

---

[1]　张保忠．党政机关公文格式国家标准应用指南与范例全书［M］．北京：研究出版社，2012：3．

的事情，为了规范制作、高效运行，就必须有规范的文体格式并严格执行，以保证整个公文处理工作的规范化、制度化和科学化。

二、党政机关公文的特点

（一）公文由法定作者制发

公文的法定作者指依法成立并能以自己的名义行使职权和担负义务的机关或组织。撰写和制发公文不是个人行为，所代表的是机关或组织。因此，它的内容受法律、工作需要和领导人指示的制约，其法定作者制发公文的权利和名义受法律的保护。《中华人民共和国刑法》第二百八十条规定：伪造、变造国家机关的公文，"处三年以下有期徒刑、拘役、管制或者剥夺政治权利；情节严重的，处三年以上十年以下有期徒刑"。这充分说明了法定作者的名义不容侵犯。

（二）公文的制发具有程序性

公文在撰写和制发过程中，要受公文处理程序的严格制约。比如，公文的制发必须经过起草、核稿、签发等程序；对收文的办理，一般应包括签收、登记、分办、批办、承办、催办等程序。这一系列过程不是无序的，《条例》中都有详细的规定。其目的是保证公文制发的质量，以维护公文的法定效力和机关的权威性。

（三）公文具有法定效力

公文的法定效力，指公文的权威性和约束性。公文是机关或组织在职能活动中形成的，是职能活动的直接产物。它代表制发机关颁布法律、命令、决定，下发通知或者报送请示、报告，传达制发机关的决策与意图，能对受文者的行为产生不同程度的强制性影响。公文在办理过程中所发挥的法定效力也是现行效用。当公文执行办理完毕，现行效用消失后，其将被转化为档案文献，成为历史凭证。

（四）公文具有规范的体式

公文的规范体式，一是指撰写公文所采用的语体，即现代汉语语体；二是指文件的格式，即公文结构与公文各组成部分的文字符号在载体排列上的规定形式。公文的拟制必须遵行规范化的体式，其目的是维护公文的法定效力和机关的权威性，也能实现公文工作标准化，提高工作效率。

三、党政机关公文的种类

党政机关公文从不同的角度来看，可以有多种分类的方法。不同的分类，从不同的方面揭示了公文的特征或属性。

（一）按适用范围分

《条例》规定，我国党政机关现行公文有 15 种，分别是：决议、决定、命令

（令）、公报、公告、通告、意见、通知、通报、报告、请示、批复、议案、函和纪要。

（二）按公文来源分

按公文来源分，有收文和发文、内部公文与外部公文之分。凡是由其他机关送来的公文，对于受文机关来说都叫收文；本机关发送出去的公文叫发文。发给本机关内部的公文，叫内部公文；发给外机关的公文，叫对外公文。

（三）按行文方向分

按行文方向分，有下行文、上行文和平行文之分。下行文是指具有隶属关系的上级机关发给下级机关的公文，如决议、命令、决定、指示、批复等。上行文是指具有隶属关系的下级机关呈报给上级机关的公文，如报告、请示等。平行文是指平级单位或不相隶属的单位之间往来的公文，如函，部分议案、通知等有时也可用作平行文。

行文方向是指发文和收文的传递方向；隶属关系是指上下级机关之间具有直接管辖和被管辖的关系、领导和被领导的关系。

（四）按内容特点和作用分

按公文的内容特点和作用分，有指挥性公文、知照性公文、报告批复性公文、商洽传达性公文之分。用来领导和指挥工作，并具有一定指示性、法规性和约束力的公文，叫指挥性公文；用来通知事项、通报情况、公布要求的公文，叫知照性公文；用来报告工作、请求批准、答复要求的公文，叫报告批复性公文；用来联系商洽工作、记录传达会议精神的公文，叫商洽传达性公文。

（五）按秘密等级分

按秘密等级分，可分为一般公文、秘密公文、机密公文和绝密公文四种。

（六）按紧急程度分

按紧急程度分，可分为平件公文、加急公文和特急公文三种。

四、党政机关公文的行文规则

党政机关公文的行文规则是指根据行文关系而制定的行文规定和要求。为了确保公文迅速而准确地传递，避免行文紊乱，《条例》对行文规则作了规定，具体如下。

（一）上行文规则

《条例》第十五条规定，向上级机关行文，应当遵循以下规则。

（1）原则上主送一个上级机关，根据需要同时抄送相关上级机关和同级机关，不抄送下级机关。

（2）党委、政府的部门向上级主管部门请示、报告重大事项，应当经本级党委、政府同意或者授权；属于部门职权范围内的事项应当直接报送上级主管部门。

（3）下级机关的请示事项，如需以本机关名义向上级机关请示，应当提出倾向性意见后上报，不得原文转报上级机关。

（4）请示应当一文一事。不得在报告等非请示性公文中夹带请示事项。

（5）除上级机关负责人直接交办事项外，不得以本机关名义向上级机关负责人报送公文，不得以本机关负责人名义向上级机关报送公文。

（6）受双重领导的机关向一个上级机关行文，必要时抄送另一个上级机关。

（二）下行文规则

《条例》第十六条规定，向下级机关行文，应当遵循以下规则：

（1）主送受理机关，根据需要抄送相关机关。重要行文应当同时抄送发文机关的直接上级机关。

（2）党委、政府的办公厅（室）根据本级党委、政府授权，可以向下级党委、政府行文，其他部门和单位不得向下级党委、政府发布指令性公文或者在公文中向下级党委、政府提出指令性要求。需经政府审批的具体事项，经政府同意后可以由政府职能部门行文，文中须注明已经政府同意。

（3）党委、政府的部门在各自职权范围内可以向下级党委、政府的相关部门行文。

（4）涉及多个部门职权范围内的事务，部门之间未协商一致的，不得向下行文；擅自行文的，上级机关应当责令其纠正或者撤销。

（5）上级机关向受双重领导的下级机关行文，必要时抄送该下级机关的另一个上级机关。

（三）联合行文规则

《条例》第十七条第一款规定：同级党政机关、党政机关与其他同级机关必要时可以联合行文。属于党委、政府各自职权范围内的工作，不得联合行文。

（四）其他行文规则

《条例》第十七条第二款至第三款规定：党委、政府的部门依据职权可以相互行文。部门内设机构除办公厅（室）外不得对外正式行文。

五、党政机关公文的格式

（一）党政机关公文格式概述

党政机关公文的格式，又叫公文文面格式，是公文的外在表现形式。公文格式由正文组成部分和文面格式构成，主要包括党政机关公文的构成要素及其位置安排与制作要求等。

目前，党政机关公文的格式一是依据 2012 年 4 月 16 日发布的《条例》，它规定了公文的构成要素及其表达原则；二是依据国家质量监督检验检疫总局、国家标准化管理委员会 2012 年 6 月 29 日发布的《党政机关公文格式》国家标准（GB/T 9704—2012），它规定了公文各个要素在图文区内的排列位置、字体字号等。根据这些规定，可以把版心内的公文格式各要素划分为版头、主体、版记三部分。页码位于版心外。

版头是指公文首页红色分隔线以上的部分。版头由份号（用 6 位三号阿拉伯数字，顶格编排在版心左上角第一行）、密级和保密期限、紧急程度、发文机关标志、发文字号、签发人、版头中的分隔线组成。版头位于公文首页上端，约占 A4 型公文纸的 1/3 或 2/5 面积。版头的特点是有相对固定的位置，掌握版头各要素对于设计规范的公文"文头"部分十分重要。

主体是指公文首页红色分隔线（不含）以下、公文末页首条分隔线（不含）以上的部分。主体部分由标题、主送机关、正文、附件说明、发文机关署名、成文日期和印章、附注、附件组成。

版记是指公文末页首条分隔线以下、末条分隔线以上的部分。版记由版记中的分隔线、抄送机关、印发机关和印发日期组成。

（二）党政机关公文组成要素及标识规则

1. 版头

（1）份号。份号，是指将同一文稿印制若干份时每份公文的顺序编号。有密级的文件要求标识公文份号。如需标注份号，一般用 6 位三号阿拉伯数字，顶格编排在版心左上角第一行。

（2）密级和保密期限。密级是指公文内容涉及秘密程度的等级。保密期限是对公文密级时效加以规定的说明。依据《条例》规定，涉及国家秘密的公文应当按照国家秘密及其密级具体范围的规定，分别标注密级和保密期限，密级分为"绝密""机密""秘密"。如需标注密级和保密期限，一般用三号黑体字，顶格编排在版心左上角第二行；保密期限中的数字用阿拉伯数字标注。密级与保密期限之间用"★"隔开，如：机密★1 年。

（3）紧急程度。紧急程度是指送达和办理公文的时限要求。紧急公文应当根据紧急程度分别标明"特急""加急"。如需标注紧急程度，一般用三号黑体字，顶格编排在版心左上角；如需同时标注份号、密级和保密期限、紧急程度，按照份号、密级和保密期限、紧急程度的顺序自上而下分行排列。

（4）发文机关标识。发文机关标识又称"红头"，由发文机关全称或规范化简称加"文件"两字组成。如"××省人民政府文件""××公司文件"。发文机关标志居中排布，上边缘至版心上边缘为 35mm，推荐使用小标宋体字，颜色为红色，以醒目、美观、庄重为原则。

联合行文时，如需同时标注联署发文机关名称，一般应当将主办机关名称排列在前；如有"文件"二字，应当置于发文机关名称右侧，以联署发文机关名称为准上下居中排布。如联合行文机关过多，必须保证公文首页显示正文。

（5）发文字号。发文字号是指某一公文在发文机关一个年度内发文总号中的实际顺序号。

发文字号由发文机关代字、年份、序号三部分组成。其位置在发文机关标识下空2行，用三号仿宋体字，居中排布。上行文的发文字号居左空一字编排，与最后一个签发人姓名处在同一行。

发文字号中三个部分的书写顺序是：先写发文机关代字，接着是年份，最后是序号。如"粤科院〔2013〕13号"，表示是广东省科学院在2013年发的第13个文件。

机关代字一般由两个层次组成：第一层是发文机关代字，第二层是该发文机关主办此文件的部门的代字。如财政部文件，机关代字有"财预""财人"等，"财"代"财政部"，"预""人"代主办这份财政部文件的财政部预算司、人事教育司。

年份，要用阿拉伯数字完整书写，用六角括号括起来。如，不能把"2012"简化为"12"，括号须用六角括号"〔〕"，不能用圆括号"（）"。

序号是发文的流水号。序号不编虚位（即1不编为001），不加"第"字。如把"教高〔2009〕5号"编成"教高〔2009〕第5号"则是错误的。

联合行文的发文字号，只标主办机关的发文字号。发文字号的位置应标在"发文机关标志"下空2行，发文字号之下4mm处即有一条与版心同宽的红色分隔线。

发文字号的作用主要有三个：一是便于登记；二是便于分类、归档；三是便于查找、引用。

（6）签发人。签发人是指审批、签发公文文稿的主要负责人。上报的公文需标识签发人姓名，平行排列于发文字号右侧。发文字号居左空1字，签发人姓名居右空1字；签发人用三号仿宋体字，签发人后标全角冒号，冒号后用三号楷体字标识签发人姓名。如有多个签发人，签发人姓名按照发文机关的排列顺序从左到右、自上而下依次均匀编排，一般每行排两个姓名，回行时与上一行第一个签发人姓名对齐，最后一个签发人姓名应与发文字号处在同一行并使红色分隔线与之的距离为4mm。

（7）版头中的分隔线。公文的版头与主体之间用一条宽为1mm的红色横线分开，该线就是红色分隔线。红色分隔线印在发文字号之下4mm处，长度为156mm，与版心同宽。

2. 主体

公文的主体包括标题、主送机关、正文、附件说明、发文机关署名、成文日期和印章、附注、附件。

（1）标题。一般用二号小标宋体字，编排于红色分隔线下空两行位置，分一行或多行居中排布；回行时，要做到词意完整、排列对称、长短适宜、间距恰当，标题排列应当使用梯形或菱形。

标题由发文机关名称、发文事由（或公文主题）、文种三部分组成。发文机关之后用介词"关于"引出发文事由，用助词"的"与文种相连。如《国务院办公厅关于2014年部分节假日安排的通知》，发文机关是"国务院办公厅"，发文事由是用介词"关于"引出的"关于2014年部分节假日安排"，文种是"通知"。公文标题中除法规、规章名称加书名号外，一般不用标点符号。

（2）主送机关。主送机关，又叫"抬头""受文机关"，是指公文的主要受理机关。它位于标题下空一行，左侧顶格书写，回行时仍顶格，最后一个主送机关后用全角冒号。如主送单位名称过多而使公文首页不能显示正文时，应将主送机关名称移至版记，这时，除将"抄送"二字改为"主送"外，编排方法同抄送机关。既有主送机关又有抄送机关时，应当将主送机关置于抄送机关之上一行，之间不加分隔线。标识主送单位时应标明主送单位的全称、规范化简称或同类型单位的统称（同类型单位如各院、部、处、中心、所等）。

（3）正文。正文表述公文的具体内容，是公文的核心部分。公文首页必须显示正文。正文一般用三号仿宋体字，编排于主送机关名称下一行，每个自然段左空两字，回行顶格。文中结构层次序数依次可以用"一、""（一）""1."" （1）"标注；一般第一层用黑体字、第二层用楷体字、第三层和第四层用仿宋体字标注。数字、年份不能回行。

正文内容一般分缘由（又称引言或引据）、主体、结尾三部分。缘由部分用来表明制发公文的依据、目的、原因、意义或重要性等。主体是公文的核心部分，其结构安排要有逻辑性、条理性。因各文种的发文目的等方面不同，其写作要求也不同。结尾，各种公文一般有与文种相适应的习惯结束语。

（4）附件说明。附件说明是公文正文附属材料的顺序号和名称。附件主要有随文发送的文件、报表、材料等。不是所有公文都需附件，根据需要而定。公文如有附件，在正文下空一行，左空两字，用三号仿宋体字标识"附件"，后标全角冒号和名称。附件如有序号，使用阿拉伯数码，如"附件：1. ××××"。附件名称后不加标点符号。附件名称较长需回行时，应当与上一行附件名称的首字对齐。

附件应与公文正文一起装订，并在附件左上角第一行顶格标识"附件"，有序号时标识序号；附件的序号和名称前后标识应一致。如附件与公文正文不能一起装订，应在附件左上角第一行顶格标识公文的发文字号并在其后标识附件（或带序号）。对于被批转、转发的文件来说，不必再标识为"附件"，因为作为按语的正文已写清附上这些文件、材料的名称。

（5）发文机关署名、成文日期和印章。

①发文机关署名：署规范化全称或者简称。

单一机关行文时，一般在成文日期之上、以成文日期为准居中编排发文机关署名。

联合行文时，一般将各发文机关署名按照发文机关顺序整齐排列在相应位置（主办机关在前，每排最多排 3 个）。

②成文日期：它是公文生效的时间，是党政机关公文生效的重要标志。成文日期署会议通过或者发文机关负责人签发的日期。联合行文时，署最后签发机关负责人签发的日期。成文日期编排在正文之下空两行右空四个字，用阿拉伯数字将年、月、日标全，年份应标全称，月、日不编虚位（即 1 不编为 01）。如"2013 年 12 月 8 日"。

成文日期确定的原则和标注位置有两种：一是会议通过的决议、决定等以会议正式通过的日期为准，成文日期编排在公文标题之下，写全年、月、日，用括号"（）"括起来；二是经机关负责人签发的公文，以签发日期为准（联合行文以最后签发的机关负责人签发的日期为准）。

③印章。印章是公文生效的标志，是鉴定公文真伪最重要的依据之一。上行文，一定要加盖印章。公文中有发文机关署名的，应当加盖发文机关印章，并与署名机关相符。有特定发文机关标志的普发性公文和电报可以不加盖印章。

单一机关行文时，一般在成文日期之上、以成文日期为准居中编排发文机关署名，印章端正、居中下压发文机关署名和成文日期，使发文机关署名和成文日期居印章中心偏下位置，印章顶端应当上距正文（或附件说明）一行之内。

联合行文时，一般将各发文机关署名按照发文机关顺序整齐排列在相应位置，并将印章一一对应、端正、居中下压发文机关署名，最后一个印章端正、居中下压发文机关署名和成文日期，印章之间排列整齐、互不相交或相切，每排印章两端不得超出版心，首排印章顶端应当上距正文（或附件说明）一行之内。

（6）附注。附注是指公文印发传达范围、政府信息公开方式、联系人和联系电话等需要说明的事项，如"此件发至县团级""此件可见报"等，不是对公文的内容作出解释或注释。

公文如有附注，用三号仿宋体字，居左空两字加圆括号标识在成文日期下一行。

"请示"应在附注处注明联系人和联系电话。

（7）附件。附件是指公文正文的说明、补充或者参考资料。附件应当另面编排，并在版记之前，与公文正文一起装订。"附件"二字及附件顺序号用三号黑体字顶格编排在版心左上角第一行。附件标题居中编排在版心第三行。附件顺序号和附件标题应当与附件说明的表述一致。附件格式要求同正文。

如附件与正文不能一起装订，应当在附件左上角第一行顶格编排公文的发文字号，并在其后标注"附件"二字及附件顺序号。

3. 版记

版记位于公文正件末页下端，由版记中的分隔线、抄送机关、印发机关、印发日期等要素组成。

（1）版记中的分隔线。版记中的分隔线与版心等宽，首条分隔线和末条分隔线用粗线，中间的分隔线用细线。

首条分隔线位于版记中第一个要素之上，末条分隔线与公文最后一面的版心下边缘重合。

（2）抄送机关。抄送机关指除主送机关外需要执行或知晓公文内容的其他机关，应当使用全称或规范化简称、统称。公文如有抄送机关，一般用四号仿宋体字，在印发机关和印发日期之上一行、左右各空一字编排。"抄送"二字后加全角冒号和抄送机关名称，回行时与冒号后的首字对齐，最后一个抄送机关名称后标句号。

（3）印发机关和印发日期。印发机关，即印发公文的机关，要写全称。印发机关和印发日期一般用四号仿宋体字，编排在末条分隔线之上，印发机关左空一字，印发日期右空一字，用阿拉伯数字将年、月、日标全，年份应标全称，月、日不编虚位（即1不编为01），后加"印发"二字。

版记中如有其他要素，应当将其与印发机关和印发日期用一条细分隔线隔开。

4. 页码

一般用四号半角宋体阿拉伯数字，编排在公文版心下边缘之下，数字左右各放一条一字线；一字线上距版心下边缘7mm。单页码居右空一字，双页码居左空一字。公文的版记页前有空白页的，空白页和版记页均不编排页码。公文的附件与正文一起装订时，页码应当连续编排。

六、党政公文的特定格式

（一）信函式格式

公文的信函格式是被广泛采用的一种公文特殊格式，主要用于发布、传达要求下级机关执行和有关单位周知或执行的事项，报送方案，商洽、询问、答复或者说明某件具体事项。信函格式相对简单，易操作，在各级行政机关的公文中广泛应用，常用于通知、批复、函等文种的公文中。

1. 发文机关标识

发文机关标识使用发文机关全称或规范化简称，如国务院这种"信函式"

公文，机关名称标识为"中华人民共和国国务院"。同理，四川省教育厅标识为
"四川省教育厅"。

发文机关标识上边缘至上页边为 30mm，推荐用红色小标宋字体，字号大小
由发文机关酌定，以版心为准居中排布。联合行文时，使用主办机关标志。

2. 红色分隔线

发文机关标识下 4mm 处为一条红色双线（上粗下细），距下页边 20mm 处为
一条红色双线（上细下粗），线长均为 170mm，均以版心为准居中。

3. 份号、密级和保密期限、紧急程度

如需标注份号、密级和保密期限、紧急程度，应当顶格居版心左边缘编排在
第一条红色双线下，按照份号、密级和保密期限、紧急程度的顺序自上而下分行
排列，第一个要素与该线的距离为三号汉字高度的 7/8。

4. 发文字号

发文字号顶格居版心右边缘编排在第一条红色双线下。发文字号与红色双线
的距离为三号汉字高度的 7/8。

5. 标题

标题居中编排，与其上最后一个要素相距两行。

6. 页码

信函格式公文首页不显示页码，从第二页开始标注。只有两页的信函式公
文，第二页可以不显示页码。

7. 版记

信函格式公文的版记中不加印发机关、印发日期及分隔线，位于公文最后一
面版心内最下方。

（二）命令（令）格式

用命令形式发的公文要用命令格式行文。

发文机关标识由发文机关全称加"命令"或"令"字组成，居中排布，上
边缘距版心上边缘 20mm，推荐使用红色小标宋体字。

发文机关标志下空两行居中编排令号，令号下空两行编排正文。

正文下空两行右空四字标志签发人签名章，签名章左空两字标志签发人职
务，以签名章为准上下居中排布。在签发人签名章下空一行右空四字编排成文
日期。

联合行文时，应当先编排主办机关签发人职务、签名章，其余机关签发人职
务、签名章依次向下编排，与主办机关签发人职务、签名章上下对齐；每行只编
排一个机关的签发人职务、签名章；签发人职务应当标注全称。

签名章一般用红色。

（三）纪要格式

纪要标识由"××××纪要"组成，居中排布，上边缘至版心上边缘为35 mm，推荐使用红色小标宋体字。

标注出席人员名单，一般用三号黑体字，在正文或附件说明下空一行左空两字编排"出席"二字，后标全角冒号，冒号后用三号仿宋体字标注出席人单位、姓名，回行时与冒号后的首字对齐。

标注请假和列席人员名单，除依次另起一行并将"出席"二字改为"请假"或"列席"外，编排方法同出席人员名单。

纪要格式可以根据实际制定。

【思考与训练】

1. 怎样正确理解党政机关公文的概念？
2. 简述党政机关公文的特点。
3. 党政机关公文分为哪几类？
4. 党政机关公文有哪些行文规则？
5. 某单位生产科是否可以向财务科写请示？
6. 为什么请示的主送机关只能有一个？
7. 想一想："川教〔2003〕06号"、"×办发〔2007〕第11号"、"国办发（2006）5号"、"〔09〕第41号川财"这些发文字号有没有错误？说说理由。

附：式样①

公文首页版式见图1；
联合行文公文首页版式见图2；
公文末页版式见图3；
联合行文公文末页版式见图4；
附件说明页版式见图5。

---

① 百度文库.2012党政机关公文格式(含样式)〔EB/OL〕.(2012-07-25)〔2015-05-30〕.http://wenku.baidu.com/view/7f6c107e1711cc7931b71684.html.

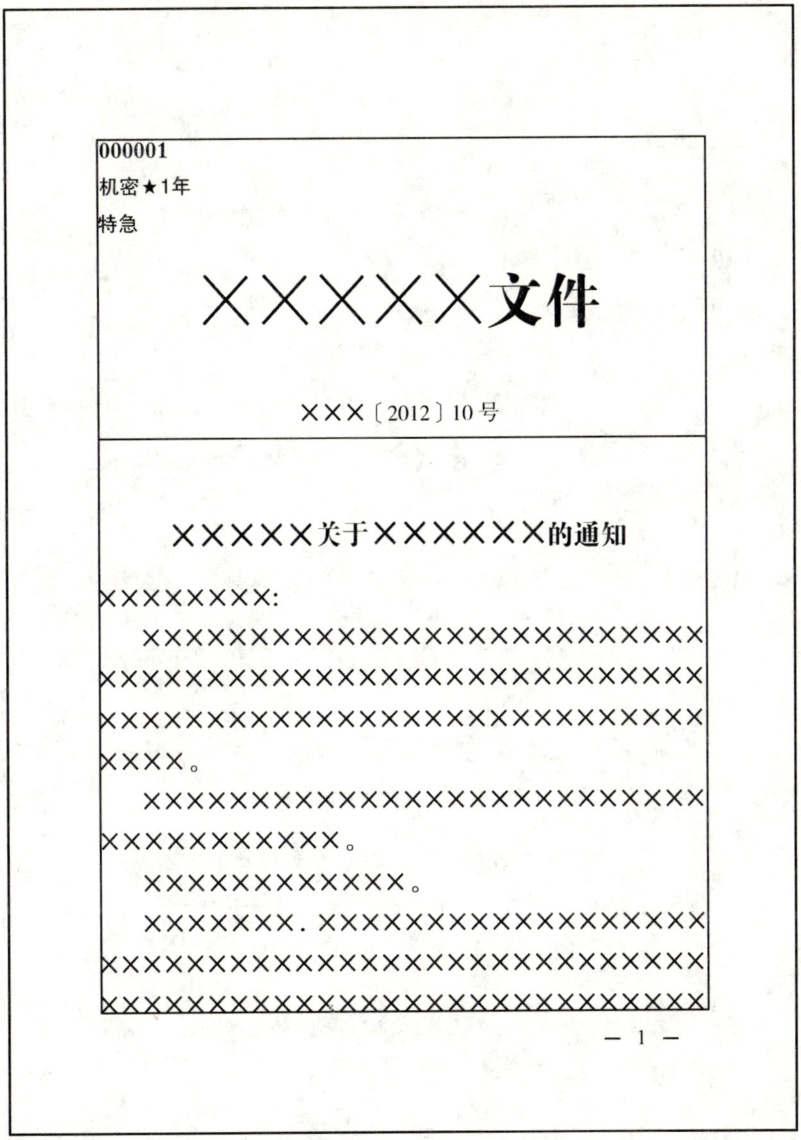

```
000001
机密★1年
特急

            ╳╳╳╳╳文件

          ╳╳╳〔2012〕10 号

        ╳╳╳╳╳关于╳╳╳╳╳╳的通知

╳╳╳╳╳╳╳╳:
    ╳╳╳╳╳╳╳╳╳╳╳╳╳╳╳╳╳╳╳╳╳╳
╳╳╳╳╳╳╳╳╳╳╳╳╳╳╳╳╳╳╳╳╳╳╳╳
╳╳╳。
    ╳╳╳╳╳╳╳╳╳╳╳╳╳╳╳╳╳╳╳╳╳╳
╳╳╳╳╳╳╳╳╳╳。
    ╳╳╳╳╳╳╳╳╳╳。
    ╳╳╳╳╳╳╳.╳╳╳╳╳╳╳╳╳╳╳╳╳╳╳
╳╳╳╳╳╳╳╳╳╳╳╳╳╳╳╳╳╳╳╳╳╳╳╳
╳╳╳╳╳╳╳╳╳╳╳╳╳╳╳╳╳╳╳╳╳╳╳╳

                            — 1 —
```

图 1　公文首页版式

注：版心实线框仅为示意，在印刷公文时并不印出。

000001

机　密

特　急

××××××

×　　×　　×

××××××

签发人：×××　×××

×××〔2012〕10号　　　　　　　×××

××××××关于×××××××的请示

××××××××：

　　×××××××××××××××××××××

××××××××××××××××××××××××

×××××××××××××××××××××××××

××××。

　　×××××××××××××××××××××××

— 1 —

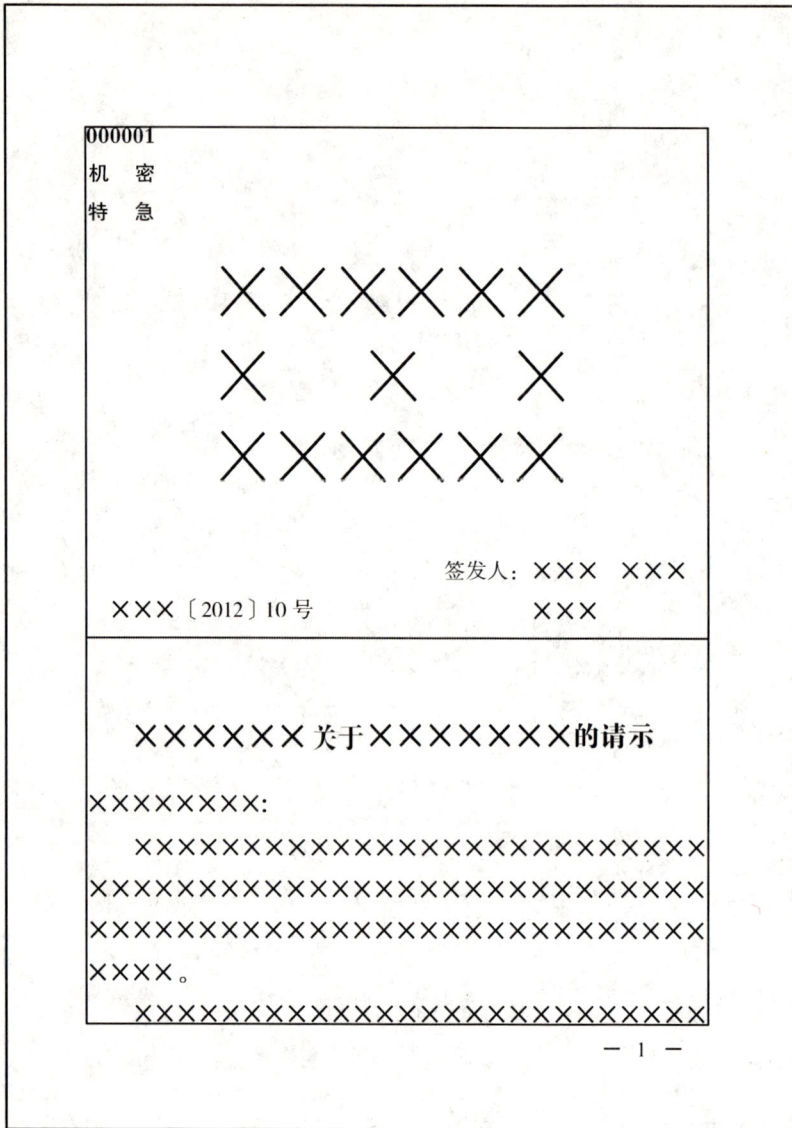

图2　联合行文公文首页版式

注：版心实线框仅为示意，在印刷公文时并不印出。

××××××××××××××。
　×××××××××××××××××××××
×××××××××××××××××××××××
×××××××××。

2012 年 7 月 1 日

（×××××）

抄送：×××××××、××××××、×××××、×××××、
　　×××××。

××××××××　　　　　　　　　2012 年 7 月 1 日印发

— 2 —

图 3　公文末页版式

注：版心实线框仅为示意，在印刷公文时并不印出。

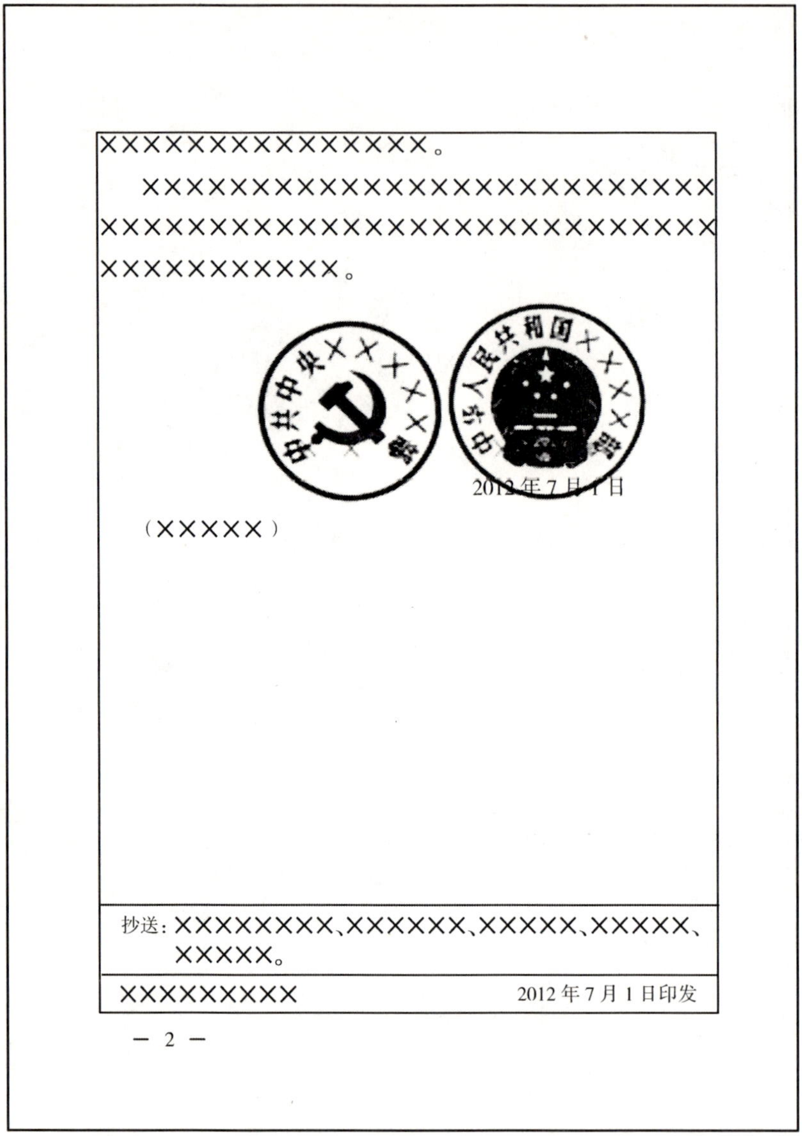

图4　联合行文公文末页版式

注：版心实线框仅为示意，在印刷公文时并不印出。

×××××××××××××××××。
　　×××××××××××××××××××××
×××××××××××××××××××××××
×××××××××××。
　　附件：1. ×××××××××××××××××××
　　　　　　×××××
　　　　2. ×××××××××××

　　　　　　　　　　×××××××
　　　　　　　　　　×　×　×　×
　　　　　　　　　　2012 年 7 月 1 日
（×××××）

－ 2 －

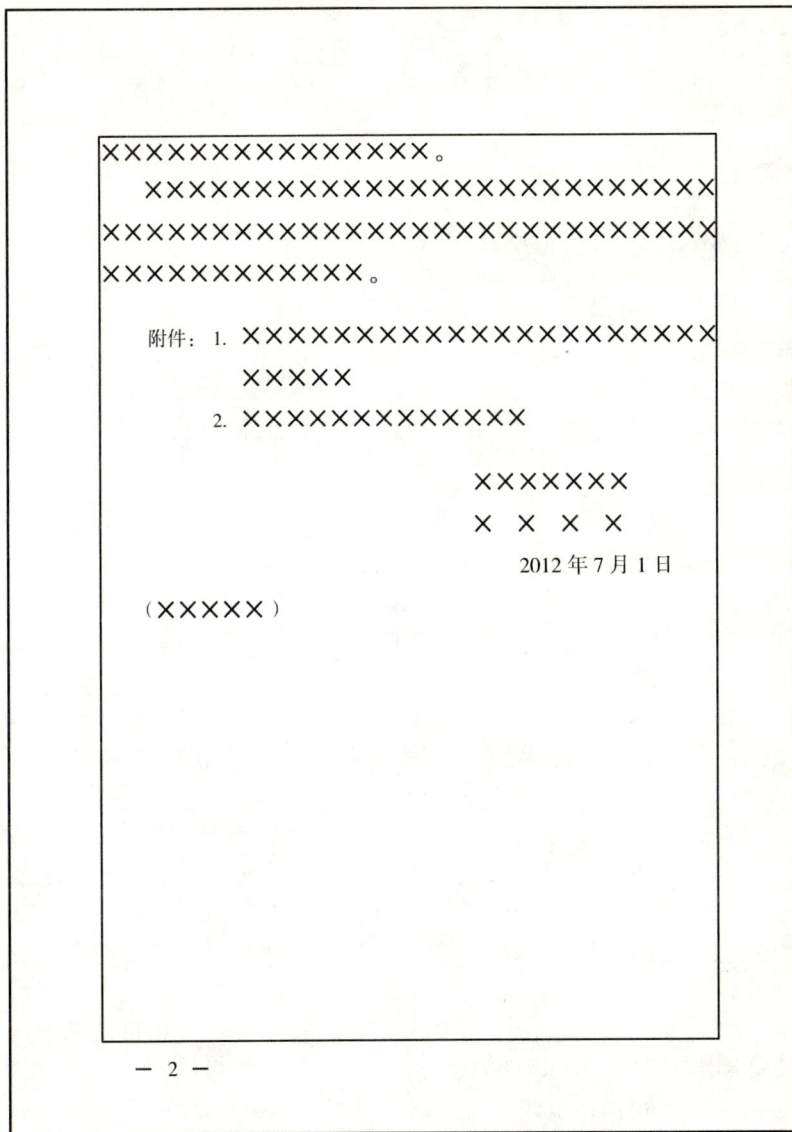

图 5　附件说明页版式

注：版心实线框仅为示意，在印刷公文时并不印出。

第二节　通知

【知识要点】

一、通知的概念和种类

（一）通知的概念

通知是"适用于发布、传达要求下级机关执行和有关单位周知或者执行的事项，批转、转发公文"的公文。它要求受文单位了解、协助执行和办理，使用频率高，使用范围广，兼有指令性和周知性。从行文方向来看，通知一般为下行文或平行文。

（二）通知的种类

根据其适用范围，通知可分为以下类别。

（1）指示性通知：是用于布置下级机关工作事项及指示工作方法、步骤的通知。如《国务院办公厅关于禁止发放使用各种代币购物券的通知》（国办发〔1991〕28 号）。

（2）任免人员的通知：是用于任免和聘用干部的通知。如《国务院办公厅关于调整国务院三峡工程移民试点工作领导小组组成人员的通知》（国办发〔1992〕5 号）。

（3）颁布、转发性通知：是用于颁布（颁发）与转发公文时使用的通知。①颁布（颁发）本机关制定的行政法规与规章、决定等公文时使用。如《国务院办公厅关于发布〈国家行政机关公文处理办法〉的通知》（国办发〔2000〕23 号）。②转发公文时使用。如《国务院办公厅转发水利部关于加强嫩江松花江近期防洪建设若干意见的通知》（国办发〔2000〕31 号）。

（4）会议通知：是组织会议的单位制发的通知。如《北京市林业局关于召开会计决算编审工作会议的通知》（林字〔1992〕××号）。

（5）事务性通知：是上级机关要求下属机关办理、执行或需要了解周知的事项时使用的通知。如《文化部关于协助中国历史博物馆修改历史陈列调用文物的通知》《关于严格遵守公路收费项目审批程序的通知》。

（三）通知的写作方法

1. 标题

通知的标题一般由制发机关、事由、文种三部分组成。制发机关要写全称或规范化简称。事由由应用介词"关于"引出，用助词"的"与文种连接，以文种为中心词构成偏正词组，如《××县人民政府办公室关于做好防暴雪抗雪灾工作的紧急通知》。公文标题中除法规、规章名称加书名号外，一般不用标点符号。另外，需要注意的还有：批转、转发通知的事由部分是由一个被批转、转发的公文的标题构成的，即大标题里包含一个小标题，若这个被批转、转发的公文是法规性文件，则需在法规性文件名称上加上书名号，其标题格式是："发文机关＋发布（批转或转发）＋被发布（转发或批转）的文件标题＋文种"。其中，标题中的第一个"发文机关"是最后一个发布（批转或转发）文件的机关，在"发布（批转或转发）"两字后面出现的发文机关为始发文件的机关。如《国务院批转城乡建设环境保护部〈关于扩大城市公有住宅补贴出售试点的报告〉的通知》。

通知的标题还有省略形式。（1）省略发文机关。如果标题太长，可省略发文机关。如《关于举办首都高校大学生创业方案竞赛的通知》。如果是两个单位以上联合发文，则不能省略发文机关。（2）省略发文机关和事由。如果通知发文范围很小，内容简单，甚至张贴都可以，这样的通知标题可以省略发文机关和事由，只写文种"通知"二字。这类通知主要用于事务性通知。

2. 主送机关

主送机关就是承办、执行和应当知晓此通知的主要受文机关。其应当使用全称或者规范化简称、统称，位于标题之下、正文之上，要求左起顶格书写。这类通知的主送机关一般为直属下级机关，或需要了解通知内容的不相隶属的单位。通知可以有多个主送机关。

3. 正文

除颁布、转发性通知外，其余通知一般由三部分组成。

（1）缘由。要写明制发通知的理由、目的、依据或情况等，然后用过渡句开启下文。常用的过渡句如"特作如下通知""现将有关事宜通知如下"等。

（2）事项。要求写清主要受文机关承办、执行和应予知晓的事项。通知事项多数采用分条列项的方法写出。

（3）结尾。通知的结尾有三种常用写法：①事项结束，全文自然收尾，不单独写结束语。②以习惯用语"特此通知"收尾，但缘由和事项之间如用了"特作如下通知"等作过渡语，则不宜在收尾处再用习惯用语。③用简要的文字再次明确主题或作必要的说明（大多是提出希望和要求），以引起受文单位对该通知的重视。如，《××区关于加强治安联防工作的通知》结尾如下：

希望各居民住户大力支持配合，共同把我区的社会治安综合治理工作做好。

4. 落款

在正文右下方写明发文机关名称，如果发文机关已在标题中标明，落款时可以省略。

5. 成文日期

写在落款之下，要将年、月、日标全。

（四）通知的写作要求

1. 指示性通知

须写明提出指示的根据与指示事项，内容要求明确具体、条理清楚。

2. 任免人员的通知

要求写明批准的机关、日期与被任免人员的职务、姓名。

3. 颁布或转发性通知

要求在正文中简短地说明所颁布或转发的公文的制发机关、制发（批准、生效）日期与公文标题，以及颁发或转发的目的、意义与要求等。被颁布或转发的公文均为通知的附件，须注明附件的序号与标题、件数。

4. 会议通知

要求写明召开会议的名称、目的、议题、时间、会址、对参加会议人员的要求（如准备发言、文件、论文、生活用品等）、注意事项，以及筹办会议单位名称、联系人、联系地址、电话号码、电报挂号、会议食宿安排、去会址路线、接洽标志等。有的通知后面还要附上入场凭证或请柬等。总之，要写得清楚、具体，对必须写明的项目无一错漏，以保证会议按预期要求顺利召开。

5. 事务性通知

写事务性通知，要开门见山，忌转弯抹角。在叙述事项时，要突出重点，把主要的、重要的写在前面。根据需要，主要的内容可详写，讲清道理，讲明措施，次要的内容则尽量简略，扼要交代即可。

（五）写作通知应注意的问题

（1）要有针对性，即针对或切合受文机关的实际情况，讲究实效，不得任意扩大它的职能，该用"指示""声明"的，不用通知。

（2）受文机关应明确。通知均应标注主送机关，以利有关事项的及时办理。

（3）正文要明确、具体、条理化，受文机关一看就能具体了解、办理或执行。

（4）行文要及时，主旨要鲜明，结构要严谨，用语要准确，以便于解决实际问题或贯彻执行。

例文一

深圳市人民政府关于宝安龙岗两个市辖区有关税收政策问题的通知①
深府〔××××〕1号

各区人民政府，市府直属各单位：

为了贯彻统一税法、公平税负、平等纳税的原则，以利于建立市场经济体制，促进经济的发展，现就宝安县撤县后的有关税收政策问题通知如下。

一、设在宝安、龙岗两区的所有企事业单位（含个体工商业户，下同），对其生产、经营的收入，统一征收产品税、增值税和营业税，具体政策按深圳经济特区现行有关规定执行。

二、设在宝安、龙岗两区的所有企事业单位，按照深圳经济特区的规定，一律按15%的税率征收企业所得税，免征地方所得税和地方附加税；统一执行《深圳经济特区企业所得税计税标准的暂行规定》。设在宝安、龙岗两区的所有内资企业，一律实行税利分流、税后还贷、税后承包、税后分成。

三、设在宝安、龙岗两区的所有企事业单位和个人，按照深圳经济特区的规定，统一征收房产税、车船使用税、城市维护建设税、印花税、特别消费税。

四、宝安、龙岗两区按照深圳经济特区的有关规定，征收个人所得税和个人收入调节税。

五、宝安、龙岗两区的各项税收优惠政策，除对地产地销产品减免税的规定不能执行外，其余均按照深圳经济特区的有关优惠政策执行。

六、深圳经济特区没有开征的税种，宝安、龙岗两区同样不予开征。

七、上述通知，从××××年×月×日起执行，过去的规定与本通知有抵触的，以本通知为准。

深圳市人民政府（印）

××××年1月21日

[简析]

这是一篇指示性通知，正文第一段写通知缘由，其后七段写通知事项，写得具体明确，语气肯定，条理清晰。

---

① 豆丁网. 通知通报的写法与解析[EB/OL]. (2012 – 02 – 26)[2015 – 05 – 30]. http://www.docin.com/p – 349096900.html.

例文二

关于召开全省社会主义精神文明建设工作会议的通知①

各市、县（区）党委和人民政府，省直有关单位：

省委、省政府决定召开的广东省社会主义精神文明建设工作会议，现定于11月24日至26日在广州召开。现将有关事项通知如下。

一、会议的议题。

总结交流在深化改革、扩大开放、发展社会主义市场经济条件下，加强精神文明建设，促进两个文明建设协调发展的新经验；表彰一批在精神文明建设中取得显著成绩的文明单位和文明户标兵；研究在发展社会主义市场经济的新形势下，进一步加强社会主义精神文明建设的任务、对策和措施。

二、参加会议的人员。

1. 各地级市来4人，其中：市委或市政府主管精神文明建设工作的负责同志1人，市文明办或市委宣传部主管精神文明建设工作的负责同志1人，文明单位和文明户标兵代表各1人。

2. 各县（市、区）党委或政府主管精神文明建设工作的负责同志1人。

3. 省精神文明建设委员会成员。

4. 省直有关单位负责同志，省直文明单位代表和新闻记者（名单附后）。

三、请各市以地级市为单位，省直机关以省委机关工委、省府机关工委、省委高校工委、省军区、省农垦总局、民航中南管理局、广州铁路（集团）公司为单位，将参加会议同志的姓名、职务、性别于×月×日前用书面或电传送省委办公厅第二秘书处。参加会议的同志请于11月23日到××宾馆××号楼报到。

四、各市可来一辆工作用车。其余自带车辆司机食宿自理，大会不予安排。

五、需接车接机和需要购买回程车、机票的同志，请于×月×日在报名单时一并告知，亦可电话告知省委办公厅行政处。

中共广东省委办公厅
广东省人民政府办公厅
××××年×月×日

---

① 豆丁网．公务员考试范文［EB/OL］．（2013-07-12）［2015-05-30］．http://www.docin.com/p-676936734.html.

[简析]

这是一篇会议通知。正文先写依据、开会时间、地点。文种承启语后的事项部分，具体、周到地写了会议的议题、与会人员及有关问题。为与会人员赴会考虑得比较周到是本会议通知的一大特点，值得借鉴。

例文三

关于筹建××省××系统文学艺术联合会及五个协会有关事宜的通知①

各××管理局、××企事业单位：

为进一步推动××系统企业文化建设的发展，繁荣林区文艺创作活动，总局决定成立××系统文联及文学、书法美术、摄影、音乐舞蹈、剧作五个协会。现将有关事宜通知如下：

一、各××管理局按文学、书法美术、摄影、音乐舞蹈、剧作五个门类，分别推荐五名理事会候选人。总局直属企事业单位推荐一名。候选人要求思想品质好，有一定的组织能力，在地市级以上报刊发表过文艺作品。

二、各××局按上述五个门类，各组织推荐五名首届文代会代表候选人，事业单位推荐两名。

三、要求各××管理局、××局成立上述相应协会。

以上三项事宜，请于×月×日前上报总局宣传部。

××省××总局（印章）

××××年3月12日

[简析]

这是一篇事务性通知。正文部分先写发文的缘由、目的和依据，承启语后写具体的事项和要求，直截了当，具体明确。

【思考与训练】

1. 通知的主要特点是什么？
2. 通知有哪些种类？写作事务性通知时应注意什么问题？
3. 判断题：判断下列说法是否正确，正确的画"√"，错误的画"×"。

---

① 豆丁网. 通知通报的写法与解析[EB/OL]. (2012–02–26)[2015–05–30]. http://www.docin.com/p–349096900.html.

（1）某单位要将意见告诉上级，可以用"报告"，不能用"通知"。（　　）

（2）内容单一、篇幅简短的通知，标题可省略发文机关和事由，只写文种"通知"。（　　）

（3）有些普发性、周知性的通知，也可以不写主送机关。（　　）

（4）上级转发下级文件用"批转"；下级转发上级文件，平级之间，不相隶属机关、单位之间转发文件，一律用"转发"。（　　）

（5）标题《××县人民政府转发省人民政府关于切实做好下岗职工再就业工作的通知》使用"通知"这一文种是正确的。（　　）

（6）标题《××省人民政府批转省计生委关于抓紧做好春节期间农村计划生育工作的报告》使用"报告"这一文种是正确的。（　　）

4. 讨论一下下面这份通知存在什么毛病，并进行修改。

召开全省民政工作会议的通知

各市人民政府、行政公署，省直各单位：

为了贯彻全国民政工作会议精神，省政府决定召开全省工作会议。会议的主要议题是：传达学习全国民政会议的主要文件和领导讲话，讨论研究贯彻的意见和措施，请你们提前做好准备。

参加会议人员：各市人民政府、行政公署分管民政工作的领导同志和各市、行署的民政局局长，省直各单位的负责同志。

会议拟开五天，地点××宾馆，于八月十五日前来报到。

××省人民政府办公厅

××××年×月×日

第三节　通报

通报是机关、团体、企事业单位内部使用较为频繁的一种知照性公文，在表彰先进、批评错误、传达重要精神或情况方面，它起着其他行政公文不能替代的重要作用。

【知识要点】

一、通报的概念及特点

（一）通报的概念

通报是"适用于表彰先进，批评错误，传达重要精神和告知重要情况"的公文。从行文方向上看，它属下行文。

（二）通报的特点

通报有三个特点：知照性、典型性和真实性。

1. 知照性

无论是表彰先进、批评错误，还是通报情况，都是为了将相关情况告诉有关单位和人员，达到能及时了解事实，交流信息，上情下达，促进上下级之间、有关部门和人员之间相互了解的目的，并以此来鼓励先进、总结经验、吸取教训。

2. 典型性

通报是针对当前工作中的典型情况或问题而制发的，所通报的对象应具有典型的特征和鲜明的代表性，能够反映和揭示事物的本质，起到指导、警戒、启发、教育或沟通作用。

3. 真实性

真实是通报的生命。通报的任何情况、事实都必须是真实的，不能有差错，更不能编造假情况。因此，写通报，对正反两方面的事实都要认真核实，做到准确无误，没有水分。例如，对先进事迹的通报表扬，要实事求是地反映，不要拔高，更不能借贬低群众来提高先进人物。

二、通报的种类

根据通报的适用范围和作用，可将之分为如下三类。

（一）表扬通报

用于表扬先进个人和先进集体，总结集体或个人的成功经验、做法，树立榜样，宣传典型，以学习先进，改进与推动工作。如《上海市人民政府关于对上海市公安局给予表扬的通报》。

（二）批评通报

用于批评错误，通报事故或反面典型，打击歪风；吸取教训，提出解决办法或处理意见。如《××市卫生局关于医生张××滥用麻醉药品造成医疗事故的通报》。

（三）情况通报

用于向有关方面传达重要精神、情况或信息，用以指导工作，规范下级人员的工作行为，以便更好地开展工作。如《广东省人民政府关于 2002 年人口与计划生育目标管理责任制考评情况的通报》。

另外，根据通报表述方式的不同，还可以分为直述式通报、转述式通报两类。直述式通报指被通报对象的有关事实由发文机关直接介绍的通报。转述式通报是指发文机关以转发的方式将所属单位或外单位送来的典型材料作为附件，予以通报。

三、通报的写作方法

（一）标题

通报的标题一般由发文机关名称、事由、文种三部分组成，如《自治区人民政府关于柳州市壶东特大桥特大交通事故的通报》；有时可省略发文机关，只保留事由和文种两个要素，如《关于水利专项资金审计情况的通报》。

（二）主送机关

除普发性通报外，其他通报应该标明主送机关。主送机关一般为直属下级机关，或需要了解该内容的不相隶属的单位。

（三）正文

正文一般由导语、事项、结尾三部分组成。

（1）导语。它是正文的引言，主要写通报的目的或缘由。导语结束后，有的用"现将有关情况（事宜）通报如下"等语句承启下文。

（2）事项，即通报的具体内容。它是通报的主体部分，具体要求如下：

1）将事实发生的时间、地点、单位或人物、经过、结果概括性地交代清楚；应写得准确、具体、完整，简明扼要，抓住主要内容。

2）评析：要对通报的事实进行恰如其分地评价、分析，指出事实的性质，分析产生的原因，阐明通报的意图。要注意实事求是，具体情况具体分析，态度鲜明。

3）决定：对有关单位和个人的表彰或处理意见要具体写明，文字要简洁、准确、概括，针对性强。

4）希望和要求：要具有指导、教育意义和启示作用，要切合实际，把握好分寸。

（3）结尾。习惯上用"特此通报"作为结束语，但也可以不加结尾。

这几部分内容写作时可以变化，即把表彰或处理决定放在开头，然后再写事实依据；也可以先写事实，再写决定，把两者放在一起，然后进行评价，最后提出希望要求。

下面具体介绍表彰性通报、批评性通报和情况性通报的写法。

表彰性通报正文的一般写法：

1）叙述先进事迹，包括时间、地点、人物、事迹、怎么做、结果；

2）对上述事件进行分析、评议，指出其典型意义，或概括其主要经验，语言要简明概括；

3）提出表彰或发出号召。

如果是转发式的表彰通报，正文部分先对下级机关所发的这个材料进行评价，加上批语，即对被表彰者进行评议等，再发出号召或提出要求。

批评通报正文的一般写法：

1）通报缘由，即将事故或错误事实的经过情况、时间、地点、事故、后果等交代清楚；

2）对事故进行分析评议，重点分析事故发生的原因，指出事故的性质及其危害，并提出处分决定；

3）写明防止此类事故的措施，要对症下药，提出告诫，或重申某一方面的纪律。

情况通报的一般写法：

情况通报的正文，关键在于对情况的掌握要确实、全面、充分。它的正文包括：

1）叙述情况；

2）分析情况，阐明意义；

3）提出指导性意见。

（四）落款

在正文后右下方标注发文机关，如在标题中已出现发文机关，也可不署发文机关。

（五）发文日期

可只注发文日期。日期也可以标注在标题之下。

四、通报的写作要求

（一）及时、快速

通报的内容都是当前新发生的事件和情况，与推动当前中心工作密切相关。因此，必须及时制发；否则，时过境迁，就失去了通报的价值。

（二）材料必须新颖、典型、具有代表性

只有选择新颖、典型、具有代表性的人与事，选择与中心任务有关的重大情况和事项制发成通报，使人周知，才能引起警惕或重视，从而对各机关的工作有所启示与推动。

（三）通报的材料必须经过调查核实

通报应力求事实准确，用词有分寸，以理服人，不乱扣帽子，这样才能有说服力，才能起到教育作用。

五、通报与通知的区别

（一）行文目的、作用不同

通报在于教育、引导与警戒，通知在于让受文单位知晓并按要求执行办理。

（二）行文时间不同

通报是事后行文，通知是事前行文。

（三）内容范围不同

通知可以发布行政法规和规章，批转和转发公文，传达需办理和周知的事项等；通报则是表扬先进，批评错误，传达、交流重要的情况、信息。两者虽然都有告知的作用，但通知告知的主要是工作的情况，以及共同遵守执行的事项；通报则是告知正反面典型，或有关重要的精神和情况。

（四）表述方式不同

通知的表述方法主要是用概述性语言叙述，告知人们做什么、怎样做，叙述具体，语言平实；通报的表述方法则常兼用叙述、说明、分析和议论，有较强的感情色彩。

例文一

梅州市商业局文件

梅商〔1988〕4 号

关于表彰五华县商业局一九八七年商业工作成绩显著的通报[①]

各县商业局、局直属各公司：

　　一九八七年五华县商业局认真落实经营责任制，强化企业管理，在市场竞争激烈、商业工作难度较大的情况下，团结广大干部职工，鼓足干劲，扎扎实实做好各项工作，取得了显著的成绩。

　　一、购销利税全面增长。去年，五华县商业系统商品总购销实绩×××万元，比上年增长 27.6%。其中，总购进×××万元，比上年增长 111.7%；总销售实绩×××万元，比上年增长 36.74%，其中纯销售×××万元，比上

[①] 豆丁网．通知通报的写法与解析［EB/OL］．(2012 - 02 - 26)［2015 - 05 - 30］．http://www.docin.com/p - 349096900.html.

年增长 50%；实现利润×××万元（不包括批发税），比上年增长 16.6%；上交国家税收×××万元，比上年增长 1.8 倍，实现了购、销、利润、税收同步增长。

二、亏损大户食品行业扭亏为盈。五华县商业系统按省政府规定，加强生猪购销管理，端正业务指导思想，落实生猪经营和扭亏责任制。全年收购生猪××万担，比上年增长 3.14 倍，占全县生猪总上市量的 70%，完成商品总销售×××万元，比上年增长 2.08 倍，实现利润××万元，比上年亏损××万元，增盈××万元，35 个食品核算单位中，有 30 个盈利，亏损单位从上年的 32 个减为 5 个。

三、加强网点建设，更好地发挥国营商业主导作用。近几年来，五华县以少花钱多办事的精神，加强商业网点建设，去年扩建了 34 间门店，到目前为止，营业面积 6437 平方米，比改造前的 3871 平方米增加 2566 平方米，改造后的门店美观大方，既增加了服务项目，扩大了经营范围，方便了群众购买，又占领了市场阵地，在市场竞争中发挥了国营商业的主导作用。

鉴于五华县一九八七年商业工作成绩显著，市商业局决定予以通报表扬，希望我市各级产业部门在新的一年中，学习五华县商业局的先进经验，坚持四项基本原则，深入改革，开拓经营，繁荣市场，把商业工作提高到一个新的水平，为发展我市的经济建设做出应有的贡献。

1988 年 1 月 22 日（公章）

抄报：省商业厅、市财办、市府办
抄送：五华县财办、五华县府办

[简析]

这是一则表彰性通报。正文分三个层次：一是概括介绍五华县商业局的先进事迹，简洁清楚地交代了时间、人物（单位）、事件（事迹）；二是介绍具体的先进事迹材料，即购、销、利全面增长，亏损大户食品行业扭亏为盈，加强了网点建设，更好地发挥了国营商业的主导作用；三是写表彰决定，并发出号召。文章使用绝对数、百分数、对比数等各种不同的数字，便于精确地说明成绩显著的程度，给人以深刻印象。

例文二

×××工业部文件

××〔1991〕××号

关于撤销×××厂国家二级企业称号的通报①

各省、自治区、直辖市×××厅（局）：

一九八四年以来，各有关部委和我部多次发文，强调加强企业管理，充分发挥计量控制作用，保证国民经济统计数字的有效性，要求各企业上报产品质量一定要以表记值为准，指出有表但不以表记为准的企业，不得申请节能、计量和企业升级；已升级的企业，在限定时间前一律以表记值为准，否则撤销其已获得的称号。同时，明确了定期抽查的时间。

在今年的抽查中发现，×××厂自×××年获得国家二级企业称号以来，放松基础工作，企业管理水平明显下降。抽查组到该厂检查时仍未按照规定如实报告表记统计数字，这种做法是错误的，情节是严重的。为认真执行国家有关部门和本部的规定，决定自即日起撤销×××厂国家二级企业称号。

希望×××厂认真吸取教训，采取措施，认真整改，扎扎实实地做好工作。各有关企业要结合×××厂的教训，按照国家有关规定做好产品计量工作。

请×××省×××厅将×××厂国家二级企业证书收回，并报告省经委。

×××工业部

1991 年×月×日

[简析]

这是一则批评性通报。通报的内容主要是批评不良的人和事，写明错误事实，概括问题性质，分析错误原因，指出教训，防止类似事件发生。本通报的正文由四个部分组成：第一部分强调了有关部门对企业计量工作的要求和依据；第

---

① 豆丁网．通知通报的写法与解析［EB/OL］．（2012 – 02 – 26）［2015 – 05 – 30］．http://www. docin. com/p – 349096900. html.

二部分叙述了通报批评的事例及决定；第三部分对被通报批评的企业提出希望，同时对相关企业提出要求，引以为戒；最后一部分即收回证书的事宜。文章行文较好。

【思考与训练】

1. 判断下列说法是否正确，正确的画"√"，错误的画"×"。

（1）通报是在一定范围内表彰先进、批评错误、传达重要情况，以推动面上工作的一种下行公文。它具有嘉奖作用、告诫作用或交流作用。（　　）

（2）通报分为表彰性通报、批评性通报、情况通报、直述式通报、转述式通报五类。（　　）

（3）××县人民政府印发了《关于表彰科技扶贫先进集体的通报》，将《××研究所、××学校科技扶贫取得丰硕成果》的经验材料作为通报的附件是直述式表彰通报。（　　）

（4）标题《××机关关于几起重大火灾的通报》使用"通报"这一文种是错误的。（　　）

（5）通报只能报喜，不能报忧。（　　）

（6）×县纪委拟批评×局×××等干部玩忽职守、造成国家经济损失的错误，可以用通报行文。（　　）

2. 写作通报应注意哪些问题？

3. 表彰性通报正文一般写什么内容？

4. 批评性通报正文一般写什么内容？

5. 情况性通报正文一般写什么内容？

6. 请根据自己学校的某一先进人物的事迹拟写一份通报。

第四节　报告

【知识要点】

一、报告的概念和特点

（一）报告的概念

报告是"适用于向上级机关汇报工作，反映情况，回复上级机关的询问"的公文。报告是下级机关主动或应上级机关要求，向上级机关汇报工作、反映情况、提出意见或建议、回复上级机关询问的陈述性公文。从行文方向上看，报告是上行文。按时间来划分，其撰制可在事前、事中或事后行文。

（二）报告的特点

报告具有陈述性、汇报性的特点，在公务活动中发挥汇报工作、提供信息、辅助决策、反馈结果、凭证备查等多方面作用。

1. 陈述性

无论是汇报工作，还是反映情况、提出意见或建议，报告主要采用叙述、说明的表达方式，用以陈述情况和事实，陈述性特点十分明显。

2. 汇报性

对下级机关来说，报告是"下情上达"的主要媒介，以此获得上级领导的理解、支持、指导，使本单位工作少出差错、不走弯路；对上级机关来说，它是获取信息、了解下情的重要途径。报告已成为上级机关决策、指导和协调工作的重要依据。

二、报告的种类

根据报告的内容，可将其分为工作报告、情况报告、回复报告、报送报告。

（一）工作报告

即下级机关定期向上级机关汇报本单位工作的基本情况、进程、成绩、经验、存在的问题和解决的办法、意见、措施的报告。如《××省农业银行关于信贷扶贫工作的报告》。

（二）情况报告

即用于汇报工作中的某一问题的处理或上级交办工作的办理情况的报告。如《中国人民银行××市××区分行关于发现变相货币的报告》。

（三）回复报告

即用于回复上级询问的报告。如《关于治理××河水质污染问题的报告》。

（四）报送报告

即在向上级机关报送文件、物件时，随文件或物件一起报送的报告。如《关于报送我市 2007 年事业单位财务检查整顿工作总结的报告》。

按报告的作用，可分为上复性报告、知照性报告和调查报告。

按性质分，可分为呈报性报告和呈转性报告。

按范围分，可分为综合报告和专题报告。

三、报告的写作方法

报告一般由标题、主送机关、正文、发文机关、成文日期五部分组成。

（一）标题

报告一般有完全结构标题（含制发机关、事由、文种三个要素）和省略发文机关的标题两种。

（二）主送机关

主送机关为直属的上级机关。

（三）正文

正文是报告的核心部分，一般由导语、事项和结尾组成。

1. 导语

导语即基本情况概述，一般应交代写报告的背景、目的或缘由等，说明为什么写报告和报告的主要内容。写完后，多用"现将有关情况报告如下"的过渡语过渡到下文。

2. 事项

事项即报告的具体内容。对于不同类型的报告，这部分的写法各有不同。

（1）工作报告：要写明做了什么工作，做得怎样，取得了什么效果和成绩，存在什么问题或不足。即：一是要概述工作的基本情况；二是要谈主要做法、采取的办法和措施；三是要谈取得的成绩、达到的效果；四是写目前存在的不足和今后的打算或努力的方向。

写作时要详略得当，成绩、经验、体会要写得深透，重点突出；应详写主要做法、采取的措施和办法，其他内容则略写。

（2）情况报告：要写明事件发生的背景、缘由、经过、性质、评价和处理意见等。即：一要先概述基本情况，这部分可略写；二是要写清存在什么问题或取得了怎样的成绩，这部分内容应详写；三是分析产生问题或取得成绩的主客观原因，这部分内容也应详写；四是写解决问题的办法、处理意见或建议，以及今后的打算、努力的方向，这部分应略写。

（3）回复报告：写作时，要围绕上级机关的询问，有针对性地作出明确回复。即：首先要简明地叙述上级询问的事项、交办的任务；其次陈述所做的工作，以及遇到的情况和问题；再次要说明处理结果；最后是征求上级意见或请求指导。

（4）报送报告：写作内容简单，将报送的材料（文件、物件）的名称、数量写清楚就可以了。

3. 结尾

一般用惯用语作结，如"特此报告""专此报告""以上意见如无不妥，请批转各地区、各部门执行"或"以上报告，如有不妥，请指正"等。报送报告结尾常用"请收阅""请查收"等惯用语。

4. 落款

在正文右下方标注发文机关，如在标题中已出现发文机关，则落款可省略。

5. 成文日期

写于落款之下，年月日要齐全，如"2014 年 7 月 14 日"。

四、报告的写作要求

（一）重点突出

专题报告要始终围绕一项工作、一个问题陈述，中心明确；综合性报告反映的是全面工作情况，也要求主次分明、繁简适度、重点突出。

（二）点面结合

一份报告既要有"点"上的典型材料、先进事迹，又要有"面"上的概括材料、总体情况，使详略得当。

（三）分析周延

写作中要将情况和问题归纳起来，用科学观点结合实际情况进行分析，从中找出带规律性的东西，不能只罗列材料而无分析，使人看后不得要领。

（四）不能夹带请示事项

报告属陈述性公文，上报后不需答复，所以报告中不能夹带请示事项，以免贻误事情。

例文一

广东省石油公司英德供应站
关于解决油库长期遗留的山地及树木的归属问题的报告[①]

省石油公司：

我站于××××年五月新建油罐两个，扩建了油库，占用当地东方村部分山坡地及该地树木。扩建后几年来，库界未定，东方村多次提出，要求补偿被占用的山地及树木，但几经协商，均未有结果，以致发生纠纷，库区围墙被推倒十多米。最近，双方本着对国家财产和群众利益负责的精神进行协商，彼此谅解，终于达成协议，由我站给予东方村山坡地及树木一次性补偿费×万元，并经双方划定界线，新建围墙为界，界内土地及树木永久归我站所有。我站应付的补偿费×万元拟在"保管费"中列支。现随文上报所订协议及库区界图，请核备。

---

① 豆丁网．请示与报告的写法［EB/OL］．（2012 – 04 – 01）［2015 – 05 – 30］．http://www. docin. com/p – 374061225. html.

附件：

　1.《××山地及树木归属协议》

　2.《英德石油站界区图示》

××××年 7 月 21 日

[简析]

这是一则汇报工作的工作报告。正文分三个层次：开头，总述开展工作的主要背景，即由于新建了两个油罐，遗留下山地及树木的归属问题；主体，叙述报告的具体内容，经过协商达成协议，并写出具体的处理方法；结尾，用随文上报协议及界区图和"请核备"作结。全文行文简洁，条理清晰。

例文二

××区人民政府关于报送 2013 年

社区办企业 财务检查整顿工作总结的报告

××市人民政府：

现将我区××××年在全区范围内开展社区办企业财务检查整顿工作的总结报上，请审阅。

　附：××区 2004 年社区办企业财务检查整顿工作总结

××区人民政府

2013 年 1 月 5 日

[简析]

这是一份向上级机关报送工作总结的报告。此报告采用篇段合一式结构，写明了报送对象，即"××市人民政府"，报送内容即"工作总结"，报送目的是请求上级审阅。文章直截了当，叙事简要，结构完整。

【思考与训练】

1. 判断下列说法是否正确，正确的画"√"，错误的画"×"。

（1）某地发生了一起突发性重大事故，向上级反映情况，用报告行文。（　　）

（2）报告有时可以同时报几个上级机关。（　　）

（3）报告不能用"专此报告""以上报告，如有不妥，请指正"等作结尾语。（　　）

（4）××职业技术学院拟开设一个新专业，应写一份请示报告。（　　）

（5）《关于加强发布公众天气预报归口的报告》。（　　）

2. 下列报告中存在不少毛病，请一一找出来。

××县执法局关于要求修建宿舍的报告

××县政府、财政局：

由于近日我县连降暴雨，山洪暴发，造成我局办公楼房屋严重倒塌、损坏，影响了正常的工作。为了尽快修复被毁坏的房舍，恢复正常工作，特请拨维修款20万元。

此外，我局今年新招进员工10名，亟待解决宿舍问题，计划新盖宿舍10间，故另请拨基建资金150万元，以解决新员工的住宿问题。

特此报告，请批复。

××县执法局（公章）

二〇一三年9月20日

3. 请根据下列材料，代××市商业局向省商业厅拟一份报告。

（1）20××年2月20日上午9点20分，××市百货大楼发生重大火灾事故。

（2）事故后果：未造成人员伤亡，但烧毁三层楼房一幢及大部分商品，直接经济损失792万余元。

（3）施救情况：事故发生后，市消防队出动15辆消防车，经4小时扑救，大火才被扑灭。

（4）善后处理：市商业局副局长带领有关人员赶到现场调查处理；市人民政府召开紧急会议；市委、市政府对有关人员视情节轻重，做了相应处理。

（5）事故直接原因：电焊工×××违章作业，在一楼铁窗架作业时将电火花溅到易燃货品上引起火灾。

（6）事故间接原因：××百货公司管理层及员工安全意识模糊，公司安全制度不落实，许多安全隐患长期得不到解决。

第五节　请示

【知识要点】

一、请示的概念和特点

（一）请示的概念

请示是"适用于向上级机关请求指示、批准"的公文。

请示为上行文，具有呈批性和强制回复的性质。

具体而言，请示的适用范围主要有如下几个方面：

（1）属超出本机关的工作职权范围须经请示批准才能办理的；

（2）对国家的有关方针政策或上级机关的有关规定、决定等不甚了解或有不同理解，须请上级机关解释或重新审定的；

（3）工作中出现了新情况、新问题，必须处理却又无章可循、无法可依，有待上级机关指示的；

（4）遇到本机关职权范围内很难克服或无力克服的困难，须请上级机关支持、帮助的；

（5）属涉及全局性或普遍性的而本机关无法独立解决的工作困难和问题，必须请示上级机关，以求得到上级机关的协调和帮助。

（二）请示的特点

1. 事前行文性

请示必须事前行文，在得到上级机关批准后才能付诸实施，不可"先斩后奏"或"边斩边奏"。

2. 请求批复性

请示行文的目的非常明确，即要求上级机关针对自己无权、无能、无力解决或自己要解决但没有把握的事项做出明确的批复，这就决定了请示具有请求批复性的特点。

3. 一文一事性

一份请示只能请求指示、批准一件事或解决一个问题。只有这样，才便于上级机关及时批复，提高办事效率。

二、请示的种类

请示按内容和行文目的的不同，一般分为三类。

（一）请求指示的请示

这类请示是请求上级机关对有关的方针、政策、规定中的难以理解或不明之处，以及在执行过程中需要作变通处理的问题或涉及其他机构职权范围的问题予以回复。

（二）请求批准的指示

这类请示所涉及的，是下级机关限于自己的职权，无权自己办理或决定的事项。如请求上级机关批准编制、机构设置、领导班子组成、干部任免以及经费、工作任务等问题。

（三）请求支持、帮助的请示

这类请示所涉及的，是下级机关遇到了仅靠自己的力量难以克服或无法克服的困难，只能寻求上级机关的支持、帮助。

三、请示的写作方法

请示与其他行政公文一样，其主体部分也是由标题、主送机关、正文、落款和成文日期五部分构成的。

（一）标题

（1）完全结构标题：由发文机关、事由和文种组成。如《北京市××区国有资产投资公司关于将××区××房产及土地抵押的请示》。

（2）省略结构标题：由事由、文种构成。如《关于进一步加强期货市场监管工作的请示》。

请示标题中的事由要明确，语言要简明。由于"请示"本身含有"希望""请求""申请"之意，因而标题中应尽量不再写"申请""请求"等类词语，以免语义重复。如"关于希望补助基本建设经费的请示""关于请求批准购买大型消防设备的请示"这两个标题，其中的"希望""请求批准"属多余，应删去。

还要注意标题中文种的准确使用，不能生造文种，把"请示"写成"请示报告"。如，"××省地方税务局关于开设税务高等教育函授站的请示报告"就属于生造文种。

（二）主送机关

主送机关为直属上级机关，一般只报送一个主管领导机关，其余机关可抄送。

（三）正文

正文一般由请示的缘由、事项和结尾三部分组成。

（1）缘由即请示的理由或根据。

这部分内容要求：实事求是，有理有据，说明充分，条理清楚，开门见山。

比较复杂的缘由必须写明必要的事实和数据，不能追求简要而作简单化处理，要让领导知晓批准或不批准这个请示将会分别出现什么结果。

（2）事项即请求上级机关给予或批示或批准或支持和帮助的具体内容。

这部分内容要求：事项要具体，有可行性，有可操作性；如果内容比较复杂，则分条列项写；用语要明确，不能含糊其辞；语气要得体，常用"拟如何如何"。

（3）结尾常以简短的文字概括请示的具体要求，再次点明主题。常用的请示结尾的惯用语有"以上意见，请予批示""以上请求，请予审批""妥否（可否、当否），请批复（批示）"或"如无不当，请批转……"等。

注意：结尾不能用"可否，请批准"等不合逻辑的语言，也不能写成"即请从速批复""请尽快拨款，以解决燃眉之急"等。

（四）落款

在正文之后空一行的右下方写，标注发文机关名称。

（五）成文日期

写在落款之下，右空四格，要写全年、月、日。

四、写作请示应注意的问题

写请示必须遵循下列原则：

（1）一文一事，一般只主送一个主管的领导机关，不多处主送，不送领导者个人；按隶属关系逐级请示，一般情况下不越级请示；请示上报的同时，不抄送下级与同级机关。请示与报告不能混用，不能将请示写成报告，即不能写"请示报告"。

（2）两个以上单位联合向上级机关请示时，要在事前确定主办单位，经过认真磋商，取得统一认识，而后会签、印发。

（3）提出请示事项时，应同时根据本地区、本机关的实际情况，对所请示的问题提出解决的初步意见与方案，供领导批复时参考。因此，事先要经过周密的调查研究，使提出的意见与方案准确切实。

（4）请求批准行政规章的请示，要在正文中说明制定此项规章的必要性及其主要内容，而后将拟制发的规章作为请示的附件，一并报送。

五、请示与报告的区别

请示和报告均属上行文，它们有很多不同之处，具体表现为以下六个方面。

（一）行文时间不同

请示须在事前行文；而报告在事前、事后及事中皆可行文。

（二）行文的目的、作用不同

请示旨在请求上级批准、指示、支持和帮助，需要上级批复，报告旨在向上级汇报工作、反映情况、提出建议、答复上级询问。

（三）主送机关数量可以不同

请示一般只写一个主送机关，而报告可写多个主送机关。

（四）写法不同

报告侧重于概括陈述情况，总结经验教训，表述灵活，体现报告性；请示则内容单一，一文一事，侧重于讲原因、陈理由、述事项，体现请求性。

（五）结尾用语不同

报告的结束语一般写"特此报告"，或者省略结束惯用语；请示不能缺少"以上请示，请批复"等一类惯用语。

（六）受文机关处理方式不同

请示属办件，收文机关必须及时批复；报告多数是阅件，除需要批转建议报告外，上级机关不必行文回复。

例文一

关于交通肇事是否给予被害者家属抚恤问题的请示[①]

最高人民法院：

据我省××县人民法院报告，他们对交通肇事致被害人死亡，是否给予被害者家属抚恤的问题，有不同意见。一种意见认为，被害者若是有劳动能力的人，并遗有家属要抚养的，给予抚恤。另一种意见认为，只要不是由被害者自己的过失所引起的死亡事故，不管被害者有无劳动能力，都应酌情给予抚恤。我们同意后一种意见。几年来的实践经验证明，这样做有利于安抚死者家属。

是否妥当，请批复。

××省高级人民法院

××××年×月×日

［简析］

这是一篇请求指示的请示。正文内容简洁明了，请示事项单一明确。全文以"据……报告"作为行文依据、背景，然后对交通肇事致被害人死亡是否给予其

---

① 百度文库．应用文书——工作范文［EB/OL］．（2013－01－15）［2015－05－30］. http://wenku.baidu.com/view/49bd25a8284ac850ad024286.html.

家属抚恤的问题提出两种不同意见，同时表明行文单位的倾向意见，最后请求上级单位给予指示。

例文二

关于丹霞山风景名胜区列为国家重点风景名胜区的请示 ①

国务院：

丹霞山风景名胜区位于我省韶关市仁化、曲江两县境内，面积 180 平方公里，分丹霞山、韶石山、大石山三个景区，距韶关市区最近处 10 公里，最远处 50 公里，柏油公路直达主峰区，观光旅游的交通十分方便。

据地质考证，6500 年前，丹霞山所在地是一个大湖泊，由于造山运动，形成红岩峭壁和嶙峋洞穴，构成奇异的自然风景。在全世界同类地形中，以丹霞山为最典型，"丹霞地貌"已成为国际地质学名词。现丹霞山景区已开发接待游人的范围为 12 平方公里，主要景点有 87 处，山、江、湖兼备，绿化良好，兼之摩崖石刻、寺庵、亭台楼阁点缀其间，自然及人文景观丰富。靠丹霞山南侧的韶石山景区，滂于浈水，是历史上舜帝南巡奏乐之处，内有"三十六石"的奇景；丹霞山西侧的大石山景区，类似丹霞山的奇山异峰，有丹寨幽洞、岩柱等自然景观。

在丹霞山风景名胜区附近，有"金鸡岭"、"九龙十八滩"、"古佛岩"、"南华寺"、"马坝人遗址"等风景区及名胜古迹，总面积约 400 平方公里。目前，粤北地区以丹霞山风景名胜区为中心形成了我省一条重要的旅游线。

根据国务院《风景名胜区管理暂行条例》，我们对丹霞山风景名胜区进行了资源调查、评价，编制了总体规划。现申请把丹霞山风景名胜区列为国家重点风景名胜区，请审批。

广东省人民政府

××××年 2 月 11 日

[简析]

这是一则请求批准的请示。正文第一段写了丹霞山的地理位置和有关情况，第二段、第三段写了丹霞山的风景名胜价值和旅游价值。第一段至第三段实际上写的

---

① 豆丁网．请示与报告的写法［EB/OL］．（2012－04－01）［2015－05－30］．http://www.docin.com/p－374061225.html.

是行文的背景、缘由和依据。第四段写了两句话：第一句话说明作者为申报丹霞山为国家重点风景名胜区已经做了较充分的准备工作；第二句话为请示结语。

这篇请示的借鉴价值：一是写申报理由注重摆事实、说价值，引人入胜；二是文章语言不但明晰简洁，而且颇具与丹霞山这一风景名胜相吻合的文学色彩。

【思考与训练】

1. 判断下列说法是否正确，正确的画"√"，错误的画"×"。

（1）缘由是否有理有据是请示事项能否得到上级机关批准的关键。（　　　）

（2）凡必须得到上级机关批准和指示后才能办理的公务，都可用"请示"行文。（　　）

（3）请示一般只写一个主送机关和领导人。（　　　）

（4）请示如需有关上级单位知道，可用抄送形式。（　　　）

（5）受双重领导的机关向上级机关请示，应当写明两个主送机关。（　　　）

（6）请示不得下发给下级机关。（　　　）

（7）为提高办事效率，同一份请示可请求指示或批准若干事项。（　　　）

（8）情况紧急可以越级请示。（　　　）

（9）报告和请示都是陈述性公文。（　　　）

2. 请示的正文由哪些部分组成？

3. 说说请示和报告的区别。

4. 请阅读下文，指出其毛病，并写出修改稿。

××公司关于××制衣厂翻建房屋的请示报告

总公司：

我公司下属××制衣厂于 2013 年 10 月开始翻建汽车库，且已经拆除了司机、装卸工宿舍、武装部办公室、基建科办公室等共计 510 平方米。因为以上办公用房的拆除，以致汽车无处停放，有关职工无处办公，严重影响正常工作。为缓和厂区占地紧张状况及结合全厂长远规划，故决定一层为汽车库，二层为办公用房。

为解决当前办公用房之急需，决定把已拆除的 510 平方米面积加在汽车库顶层，资金由本公司自行解决。

妥否，请批示。

盛达公司（公章）

2013 年 10 月 30 日

第六节　批复

【知识要点】

一、批复的概念和特点

（一）批复的概念

批复是"适用于答复下级机关请示事项"的公文。

它是对下级机关来文中请求指示、批准的事项给予明确答复的下行文。它与请示是党政机关公文中唯一一对相互对应的文种。

（二）批复的特点

1. 行文的单一性

批复是针对下级请示的行文，它的直接受文对象就是发出请示的单位，由于请示是一文一事，批复自然也是一文一事。

2. 内容的针对性

这体现在两个方面：一是批复的内容必须针对下级来文的请示事项作出答复，而不能答非所问、复非所求、节外生枝；二是谁请示就给谁批复。

3. 效用的权威性

批复表示的是上级机关的结论性意见，下级机关对上级机关的答复必须认真贯彻执行，不得违背。批复的效用在这方面类似于命令、决定，带有很强的权威性。

4. 态度的明确性

批复对请示事项的答复态度要明确，同意的要明确表态，不同意的要说明理由，不能有模棱两可的语言，使得请示单位不知道如何处理。

二、批复的种类

根据批复的内容不同，可以分为请求指示的批复、请求批准的批复两种。

（一）请求指示的批复

它是针对下级机关遇到的疑难问题、新情况和没有明文规定的问题，作出具体的解释或答复，表明意见和态度，如《国家税务局关于外商投资企业新建房屋适用城市房地产税政策的批复》（国税函〔2001〕×号）。

（二）请求批准的批复

它主要是针对下级机关请求批准的事项进行答复和审批，带有表态性和政策性，如《国务院关于组建中国南方电网有限责任公司有关问题的批复》（国函〔2003〕114 号）。

三、批复的写作方法

批复一般由标题、主送机关、正文、落款、成文日期构成。

（一）标题

批复的标题比较复杂，有的批复标题还比较长，其通常有下列几种写法。

（1）由发文机关、事由和文种构成。在事由中，一般将下级机关及请示的事由和问题写进去，如《国家税务总局关于使用计算机开具单联式发票有关问题的批复》《四川省教育厅关于四川广播电视大学 2001 年开放教育试点方案的批复》。

（2）由发文机关、表态词、请示事项、文种构成。如《××省教育厅关于不同意××大学要求增加人员编制请示的批复》。

（3）有的批复的标题只写事由和文种。如《关于〈中国公民自费出境游管理暂行办法〉的批复》。

（4）由发文机关、批复事项、行文对象和文种构成。如《××总公司关于扩建业务大楼给第三分公司的批复》。

（二）主送机关

主送机关一般只有一个，是报送请示的下级机关。其位置同一般党政公文，写于标题之下、正文之前，左起顶格。批复不能越级行文，当所请示的机关不能答复下级机关的问题而需要向更上一级机关转报"请示"时，更上一级机关所作批复的主送机关不应是原请示机关，而是"转报机关"。如果批复的内容同时涉及其他机关和单位，则要采用抄送的形式送达。

（三）正文

正文一般由批复引语、批复意见、批复要求和结尾组成。

1. 批复引语

批复引语主要涉及两个方面：一是对方的请示，二是与请求事项有关的方针政策和上级规定。

引述对方的请示，一般称收到某文，或某文收悉，要写明是对于何时、何号、关于何事的请示的收悉，写法多样。如：

"你们关于×××问题的请示已收悉"，这是简要引叙来文的请示事项；

"××××年×月×日×号文已收悉"，这是引叙来文时间和文号；

"收到你们×月×日《关于×××同志任职的请示》"，这是引叙来文日期和来文名称；

"××××年×月×日来文收悉"，这是只引叙来文日期。

上级有关的文件和规定是答复请示的政策和理论依据，有时也是批复引语引叙的内容。可表述为："根据××关于××的规定，现作如下答复。"如果下级请示的事项在上级文件和规定中找不到依据，则这段文字可以略去不写。

批复的引语后面一般写过渡句，承上启下。如"经研究（决定），现批复（答复）如下……"，有的也可以不写，直接写批复内容，"同意……"。

2. 批复意见

批复意见是针对请示中提出的问题所作的答复和指示，意思要明确，语气要适当，什么同意，什么不同意，为什么某些条款不同意以及注意事项等都要写清楚。具体写法有以下三种：

（1）予以同意或批准，不必写理由，可给具体指示。

（2）不同意或不批准，要说明理由或根据。

（3）"基本同意"或"原则同意"，则要写明修正意见或补充处理办法。

3. 批复要求

批复要求是从上级机关的角度提出的一些补充性意见，或是表明希望、提出号召。如果同意，可写要求；若不同意，亦可提供其他解决办法。如《国务院关于同意陕西省撤销榆林地区设立地级榆林市的批复》的结尾："榆林市的各级机构均应按照'精简、效能'的原则设置，所需人员编制和经费由你省自行解决。"如果只是批准事项，无须提出要求，则此段可免 。

4. 结尾

结尾要用规范性语言，一般写"此复""特此批复"。简短的批复结尾可以省略。

（四）落款

落款就是批复的发文机关。这部分写在批复正文右下方，如在标题中已出现发文机关，则落款也可省略。

（五）成文日期

成文日期在落款之下，用阿拉伯数字书写，要标全年、月、日。

四、写作批复应注意的问题

（一）批复要及时

批复既是上级机关指示性、政策性较强的公文，又是对下级单位请求指示、批准的答复性公文，因此，撰写批复要慎重及时，根据现行政策法令及办事准则，及时给予答复，以免贻误下级机关的工作。

（二）态度要清楚明确

撰写时，不管同意与否，批复意见必须十分清楚明白、态度明朗，不能含糊其辞、模棱两可，以免下级无所适从；切忌使用"似属可行""酌情办理""最好去做"等句。

（三）一文一批

批复必须有针对性，坚持一文一批的原则，请示要求解决什么问题，批复就答复什么问题，不得将若干请示合在一起用列条的方式分别给以答复。

（四）用词严谨，言简意赅

批复代表上级机关的意见、态度，所以措辞要庄重、周密、准确，不能用"关于违反××规定的惩罚办法，最好不执行，因为它违反了上级有关文件精神"等口语化的语言。

例文一

××县人民政府关于××乡人民政府兴建砖瓦厂问题的批复①

××乡人民政府：

你乡××××年4月16日《关于兴建砖瓦厂的请示》（××发〔××××〕×号）收悉。经研究，现答复如下：

改革开放以来，农村盖房使用砖瓦量确实明显增加，因此各乡纷纷兴建了砖瓦厂。据调查，我县已经有40%的农户盖了新房；约30%的农户近年内不拟盖新房，砖瓦需求量相对趋于缓和。其余拟盖房户所需砖瓦的数量，我县现有砖瓦厂完全可以满足。因此，凡申报新建砖瓦厂的请求一律不予同意，以免供过于求，出现新的问题。

特此批复。

××县人民政府（印）

××××年4月20日

[简析]

这是一则不批准请求事项的批复。正文首先引叙了请示标题及文号，以"经研究，现答复如下"引出否定新建砖瓦厂的理由。全文以"特此批复"作结前，

---

① 广东科学技术职业学院. 应用写作国家精品课程电子教材［EB/OL］. (2013 – 09 – 12)［2015 – 05 – 30］. http://jpkc. gdit. edu. cn/e/DZJC1/5 – 8. html.

还附带对同类请示作了表态，具有很强的工作导向性。

这份批复由于不同意请求事项，因而重点放在表述不同意的理由和根据上。其以调查了解的数据作为理由和根据，针对性强，令人信服。

例文二

**××省教育厅关于对××××学院引进社会资金
创办应用技术学院××校区的批复**①

××××学院：

你校《关于引进社会资金创办应用技术学院××校区的请示》（××院〔2005〕6号）收悉，经研究同意你校请示，并提出如下具体要求：

1. 同意你校应用技术学院（民办二级学院）和高等职业技术学院合并为应用技术学院，兼办国有民营教育和高等职业教育，以举办多层次、多类型的职业技术教育为主，充分发挥学院专业特色和办学优势，为××地区培养装备制造业人才。

2. 你校应用技术学院规模暂定为××××人，200×年达到规模。

3. 鉴于你校办学条件紧张，而且目前办学资金紧张，同意你校与××××有限公司合作，在××市开发区创办新型教学区。从200×年起招生，试办三年，规模暂定为××××人。

4. 望你校加强教学管理工作。我厅将对你校的办学情况进行监督和检查，由此评估合作办学的情况和教学质量。

以上意见，请遵照执行。

××省教育厅
2005年×月×日

［简析］

这是一份在同意下级单位请示事项的前提下重在提出工作要求的批复，体现了上级机关的领导意图和领导权威。文章思路清晰，主次分明，语言得体。值得指出的是，应将段前的阿拉伯数字序号"1."、"2."、"3."、"4."改为汉字"一、"、"二、"、"三、"、"四、"。

---

① 广东科学技术职业学院. 应用写作国家精品课程电子教材［EB/OL］. (2013 – 09 – 12)［2015 – 05 – 30］. http://jpkc. gdit. edu. cn/e/DZJC1/5 – 8. html.

例文三

关于雁北煤校、晋东南煤校办学经费问题的批复①

省煤炭厅：

晋煤财字〔××××〕74 号文收悉。现就雁北煤校、晋东南煤校办学经费问题批复如下：

一、原定雁北煤校、晋东南煤校办学经费来源渠道不变，仍由你厅收取的乡镇企业管理费中列支。请会同有关部门尽快完善乡镇煤矿企业管理费的收取办法，保证两所煤校办学经费的正常来源。

二、雁北煤校、晋东南煤校可结合教育体制改革逐步扩大定向分配和有偿培训学生的比例，设法自筹部分办学经费。

三、从今年起，省财政厅每年共补助两校办学经费一百万元，由省财政厅按雁北煤校、晋东南煤校在校学生比例拨付两校使用。

山西省人民政府办公厅

××××年1月25日

[简析]

这是一则就办学经费问题作出的批复。标题由发文机关名称、事由、文种组成。正文分两部分：批复引据和批复意见。开头引据来文字号，明确了发文针对性。文种承启语后的主体部分是批复事项，分列三项，从原定办学经费、自筹办学经费、补助办学经费方面给予了明确批复。

值得注意的是，本文的批复引语写作不规范，应先引请示标题，再引发文字号，发文字号应加圆括号。

【思考与训练】

1. 什么是批复？
2. 批复的种类有哪些？
3. 写作批复应注意哪些问题？
4. 判断下列说法是否正确，正确的画"√"，错误的画"×"。
（1）一份批复的开头写道："贵局×农〔2004〕28 号请示收悉"（   ）

---

① 道客巴巴. 批复[EB/OL]. [2014 – 05 – 02]. http://www.doc88.com/p – 6502011875245.html.

（2）没有下级机关的请示，如果必要，上级机关也可以批复。（　　）

（3）批复和请示一样，应该一文一事。（　　）

（4）《××县教育局关于××学校设备购置费的批复》。（　　）

（5）专门针对某下级机关请示而发的下行公文批复，只能是一个主送机关。（　　）

（6）对于下级机关呈送的报告，上级机关应及时答复，不得拖延。（　　）

（7）上级机关对下级机关的请示事项不同意，可以不作答复。（　　）

（8）批复的作用之一是批转公文。（　　）

（9）批复内容若涉及其他部门，为了体现上级机关的权威性，起草批复时不必与有关部门协商。（　　）

5. 认真阅读下列病文，指出它的各种毛病，然后按照规范公文的要求进行修改。

批复

人文学院党委：

二〇一三年×月×日你院的请示中所提出的增补人文学院党委委员的事项我们已经收到。经校党委七名常委在×月×日的常委会上反复讨论决定，并举手表决，最终一致通过。现将决定告之你们，我们原则上同意你们上报的两名同志为你院党委委员。

此决定。

中共××大学委员会
2013 年×月×日

第七节　函

【知识要点】

一、函的概念和用途

（一）函的概念

函，就是信，它有公私之分。这里的函即指公函，就是公务信件。《条例》中说，函是"适用于不相隶属机关之间商洽工作、询问和答复问题、请求批准和答复审批事项"的公文。

（二）函的用途

从行文方向上看，函是平行文，使用范围十分广泛，使用频率极高。在现代社会交往和公务活动中，函已成为联系工作，交流信息，沟通思想，赢得理解、支持与信任的重要手段和工具。

函的用途主要包括四个方面：

（1）平级机关或不相隶属机关单位之间的公务联系、往来；

（2）向无隶属关系的业务主管部门请求批准有关事项；

（3）业务主管部门答复审批无上下级隶属关系的机关请求批准的事项；

（4）机关单位对个人的事务联系，如回复群众来信等。

二、函的特点

（一）沟通性

函对于不相隶属机关之间相互商洽工作、询问和答复问题起着沟通作用，充分显示了平行文种的功能，这是其他公文所不具备的特点。

（二）行文方向灵活

函是平行公文，但是除了平行行文外，还可以向上行文或向下行文，没有其他文种那样严格的特殊行文关系的限制。

（三）单一性

函的主体内容具备单一性的特点，一份函只宜写一件事项。

（四）用语谦敬、简约

函在遣词用语方面很注重礼貌，称对方时多用敬辞，而称己方时则多用谦辞，显得谦恭有礼，尊重对方。

函主要用于解决具体事务，内容实在，相对单一，所以一般比较简短；加之较多使用诸如"均""系""暨""特此函复""收悉"等文言词和公文专用语，更使语言简明，文约意丰。

三、函的种类

依据不同的标准，可以将之划分为不同的类别。

（一）按文面格式分

函可分为公函和便函两类。

1. 公函

公函具有较完整的公文格式，用于商洽、询问、答复工作中比较重要的问题和请求主管部门批准某些事宜。它属于正式公文，要用带有文头的正式公文用纸并编排文号。

2. 便函

便函用于询问、答复、联系、介绍某些一般性的公务。它不属正式公文，不编文号，不需存档，不列标题，用机关信笺直接书写并盖上公章即可发出。

（二）按行文方向分

函可分为发函与复函两类。

（1）发函：又叫去函，是主动给其他机关去的函，用以交流信息、协商工作。

（2）复函：也叫回函，是被动地答复相应商请的函件。复函既回复对方的询问，也回复对方来函所商洽的事项，还回复对方请批函中所提出的回复请求。

（三）按适用范围分

函可分为商洽函、询答函、批请函三类。

1. 商洽函

商洽函用于互不隶属或平级机关之间商洽工作。

2. 询答函

询答函即不相隶属机关之间相互询问和答复有关具体问题的函。如《关于同意缓交失业保险金的函》。询答函实际上又可细分为询问函、答复函、告知函三种。

（1）询问函：向有关机关询问情况、提出问题时用询问函。

（2）答复函：对机关和部门所询问的问题做出解释、答复时用答复函。

（3）告知函：即告知不相隶属机关有关事项的函。告知函一般不要求对方回复，如《关于施行药品管理法有关药品标准延期执行问题的复函》。

3. 请批函

请批函即用于不相隶属机关之间请求批准和答复审批事项的函。批请函实际上也可以细分为请批函、审批函两种。

（1）请批函：用于向不相隶属的主管部门请求审批事项，如《关于请求增加高级专业技术职务指标的函》。

（2）审批函：用于主管部门答复不相隶属机关单位的请批事项，如《辽宁省财政厅辽宁省物价局关于调整普通高校毕业生就业收费项目的复函》。

四、函的写作方法

（一）标题

函的标题通常有两种结构形式。

（1）由事由和文种构成。表现形式为"关于×××的函"，如《关于使用×体育场馆的函》；回复函可在文种前加"复"字，如《关于广场小学扩建的复函》。

（2）由发文机关、事由和文种构成，如《长春市园林处关于增加绿地面积的函》。

（二）主送机关

主送机关是指需要商洽工作、询问情况或答复问题的有关单位，一般应写全称，最后一个单位名称之后应加上冒号。

（三）正文

函的正文主要由缘由和事项两部分构成，有的附加结尾。

（1）缘由：发函的原因、依据。缘由的写法，除问答函（指复函）有一定模式可循，商洽函、请批函均无模式可循。不同内容有不同写法。复函缘由的常见写法是"××日来函收悉"或"（关于……的函）收悉"等，再写"经研究，答复如下""经×单位（领导）同意，现函复如下"等作为承上启下的过渡语。商洽函、请批函的缘由写明商洽、请批某事的原因理由即可。

（2）事项：即函的核心，应写明商洽、请批、答复的具体内容。常见写法有两种：第一种写法是一段到底，把事项跟事由融合起来；第二种写法即内容较多时，将事项与缘由分开，事项部分依据内容分条来写，使受文者一目了然。复函要针对发函提出的问题明确写明同意、批准或不同意、不批准的有关政策、法规依据，使受文者信服。

（四）结尾

根据所写函的内容不同，可选择适当的结语。但是，结尾忌用"此致"、"敬礼"。

（1）商洽函："请予考虑""望予支持"。

（2）询问函："请予函复""盼复""敬请函复"。

（3）答复函："此复""特此复函"。

（4）告知函："特此函告""专此函达""特此函达"。

（5）请批函："请予批准""望予审批""请批复""请大力协助为盼""望能同意""望准予××是荷"等惯用语。

（五）落款

在正文之后的右下方标注发文机关的名称。

（六）成文日期

写在落款之下，用阿拉伯数字书写，年、月、日要标全。

五、写作函应注意的问题

（一）目的明确，表述专一

在写作过程中，要把想要询问的情况、请批的事项、答复的问题、商洽的工作等写得具体清楚。一事一函，不要旁及其他无关内容，以免表现出多个主题而造成混淆。

（二）态度谦和，用语得当，措辞得体

行文时应注意以礼待人，要体现平等坦诚精神，切勿居高临下、盛气凌人。文字恳切得体、简洁朴实，切勿使用私人信件中的寒暄客套话，使表达符合公务活动严肃性的要求。

例文一

关于给××超市总公司商租商场一事的复函[①]

上海××超市总公司：

贵公司《关于商租××商厦五楼的函》（沪×超函〔×××〕20 号）收悉，经研究，现答复如下：

贵公司欲租我商厦五楼闲置的楼面开设超市，这是方便顾客的购买需求，有利于盘活我商厦的闲置资源、扩大我商厦的经营规模与商品种类的好事，本商厦欢迎贵公司来我商厦五楼开设超市。具体租金请贵公司来人面洽。

特此复函。

上海××商厦

××××年 4 月 1 日

［简析］

这是答复对方商洽事项的函。正文开头引述对方来函标题及发文字号，以作为复函缘由，继而用"经研究，现答复如下"一语过渡到主体部分。

主体部分先概括了对方来函所商洽的事项及意义，这既是对来函的回应，又表明了自己的态度。紧承这句，做出"欢迎"合作的表态，并提出面谈要求。

文章针对性强，态度诚恳，表述严谨，行文规范。

---

① 豆丁网. 关于给超市总公司商租商场一事的复函［EB/OL］.（2012 - 04 - 01）［2015 - 05 - 30］. http://www.docin.com/p - 374496963. html.

例文二

关于商请派车运送民工的函①

×××省交通厅：

　　为做好今年的春运工作，及时运送在我省工作的外省民工回家过年，我们组织了民工运送专门车队，但由于我们运力不足、车辆不够，估计不能满足民工的要求，特请贵省派出大型客车20辆，与我省组成运送民工车队，负责运送贵省在我省工作的民工。

　　妥否？请尽快函复，以便办理有关手续。

×× 省交通厅

××××年×月×日

[简析]

　　这是一则商洽函。正文的缘由部分开门见山，直陈要旨，继而提出要求。全文字数不多，但内容交代得清楚明白，用语较为规范得体。

例文三

关于拟录用××××届大中专毕业生的函②

×××省人事厅：

　　根据中共××省委组织部、××省人事厅《关于××××年省级机关录用应届高校、中专学校优秀毕业生的通知》规定，我们对拟录用到我厅机关工作的大中专毕业生按规定程序进行了统一考试、面试、体检、政审。经厅党组研究，拟录用大中专毕业生24名。现将有关录用审批材料报上，请审批。

---

　　①　中国秘书网. 关于商请派车运送民工的函[EB/OL]. (2008 - 08 - 22)[2015 - 05 - 30]. http://www. chinamishu. net/Article/h/gwfl/200808/85258. html.

　　②　豆丁网. 行政公文写作函定稿[EB/OL]. (2012 - 12 - 21)[2015 - 05 - 30]. http://www. docin. com/p - 560117673. html.

附件：录用审批材料 24 份

××省安全厅（印）

××××年 3 月 25 日

［简析］

这是一份请批函。正文语态得体，文字简洁，先写发函的背景、依据，继而写做法、态度，最后结语提出请求。附件 24 份，能够节约正文篇幅，处理得巧妙。

例文四

关于批准录用×××等 ××名同志为国家公务员的函[①]

省安全厅：

你厅《关于拟录用××××届大中专毕业生的函》（国安政〔××××〕18 号）收悉。

根据中共××省委组织部、××省人事厅《关于部分省级机关从××××年应届高校、中专毕业生中考试录用国家公务员和机关工作人员的通知》的规定，经考试、考核合格，批准录用×××等××名同志为国家公务员。

特此函复。

附件：录用人员名单

××省人事厅

××××年三月二十九日

［简析］

这是一份审批函。正文先引叙来函，作为复函背景、依据。审批函作为复函重点，依据明确，态度鲜明。文章以"特此函复"作结。行文简练准确，文字语气合乎批准机关身份。"附"字后应加"件"字构成"附件"，则更为规范。

【思考与训练】

1. 判断下列说法是否正确，正确的画"√"，错误的画"×"。

（1）部门的内设机构可以用行政公文中的函对外行文。（　　　）

---

① 豆丁网．行政公文写作函定稿［EB/OL］．（2012 - 12 - 21）［2015 - 05 - 30］．http://www.docin.com/p - 560117673.html.

·239·

（2）请示是上行文，请批函是下行文。（　　）

（3）发函的常用结尾是"盼复""即请回复""专此函达"和"此致，敬礼！"。（　　）

（4）商洽函一般由商洽事项、答复事项和文种组成。（　　）

（5）复函的事项部分要针对商洽函、询问或请批事项一一作答。（　　）

（6）函的写作要开门见山，直叙其事，恳切谦和，表述得体，符合实际。（　　）

（7）向无隶属关系的有关主管部门请求批准，应当用函。（　　）

（8）文件（公文）不可以随时发，但函只要有工作需要，随时都可以发。（　　）

2. 函有哪些分类？写作时应注意什么问题？

3. 某大学想让相关专业的学生参观某计算机管理的大型电力中心项目，目的是想增强学生对现代电力工程的感性认识。请以该大学名义写一封联系参观事宜的公函。

4. 下面是一则病文，试指出其毛病，并写出修改稿。

××市第七变压器厂
抓紧归还劳动服务公司借款的函

市第七变压器厂：

你厂于二〇〇五年一月，从我厂借去资金三万元，作为你厂劳动服务公司开办费，当时双方讲好年内一定偿还。目前已经是二〇〇六年一月了，我厂正在编制去年的财务决算，为使我们能及时搞好各类款项的清理结算，要求你厂务必将所借之款于二十日前归还我厂，切不要一拖再拖，给我厂财务工作的顺利进行带来不应有的困难。

　　此致
敬礼！

××市第一变压器厂

2006 年 1 月 10 日

第二章　日常应用文写作

【案例导入】

计划不当的污染①

　　治理脏乱差的工作进行得如火如荼，几个正在清仓大甩卖的小摊心有不平：当初计划在这条街上搞服装一条街的是街道办事处，收钱批照的也是办事处，这会儿来拆摊点的，还是办事处。

　　我们那个小区原有几块绿地，树虽说长得不太整齐，但灌木和野草好歹还能见点绿，常常有老头和老太跑跑步，打打太极拳。忽然一下开进来十几个民工，又是刨又是挖，好好的黄杨、冬青给拔得一干二净。老头老太们颇为不满地责怪民工，回答是：办事处计划在这里修停车场和花坛。现在停车场和花坛都修起来了，倒是春风起分尘飞扬，老头老太们只得门窗紧闭看电视，电视上告诉他们，今日的主要污染物是悬浮颗粒。

　　……

　　很早以前，我们就有这样一个观点：我们的计划经济是有计划的，而计划是为人民造福的，所以就不会有污染。现在我们自己也承认，计划也会出错。比如，几年前发展各种各样的"一条街"，出发点是好的——带动地方经济，方便市民生活。然而这么美好的计划都没有考虑会不会影响市容、阻塞交通、制造噪声、污染空气、垃圾成堆等。所以，不周到的计划显然不是好计划。修花坛是好事，修停车场还能创收。然而我们那个小区十几年前初建成时曾被誉为全国的样板，经验之一就是绿化搞得好。计划是好的，实施得也不错，现在为何只剩下灌木和野草了呢？

　　严格来说，在我们这个曾经高度计划，现在是计划与市场结合的样

---

　　①　计划不当的污染［N］．中国环境报，1999 – 12 – 8．（有改动）

板中，不少污染同计划有关。现在各地大兴土木，计划中显然没有考虑到悬浮颗粒。我们安慰自己：多风的春季已经到了，无风的夏季还会远吗！然而各地又在大干快上汽车工业，计划中显然没有过多考虑悬浮物。我们只好安慰自己说：秋高气爽嘛。然而谁也说不准，我们还会出台什么计划。冬天，我们似乎说不出多少好话来，只能盼望着：哪怕是多下一场雪！

凡事豫则立，不豫则废。无论做什么事情，都一定要有计划，计划是工作的方向、行动的纲领。如果没有计划，就如同脚踩西瓜皮——滑到哪里是哪里，后果将不堪设想。

在日常生活、学习、工作中，计划、总结等应用文书的写作已成为必须，我们不能不高度重视，从而切实提高日常应用文的写作能力。

第一节 概 述

【知识要点】

一、日常应用文的含义

日常应用文是人们在日常工作、学习和生活中，办理公务、处理私事时所使用的一种实用性文体。这类应用文是人们在日常交往中常用的，一般不具备专业性、官方性等特点。

二、日常应用文的作用

（一）凭证作用

日常应用文中有很大一部分具有凭证性的功能。如证明信、条据、聘书等涉及有关钱财、物品和人事聘用等，事后都要有可靠的凭据才便于开展好相关工作。

（二）沟通交流作用

随着个人与个人之间、单位与个人之间交流的日益频繁，日常应用文自然起着沟通情感、互通信息的重要作用。家书、情书自不待言，那些表示祝贺、感谢、慰问等的书信也同样具有这一作用。

（三）档案作用

日常应用文记载着单位和个人的种种活动，反映着各个时期各个方面的情况。因此，日常应用文可以保存和积累大量的历史资料，为今后的查阅、研究提供较大的方便。

三、日常应用文的特点

（一）对象的针对性

与文学作品的对象模糊不清、宽泛不定相比较，日常应用文的对象十分明确，为谁写，撰写者一清二楚。且日常应用文写些什么、达到怎样的效果，事先就已经知道。

（二）格式的固定性

日常应用文大多有固定的写作格式。它是历史留传、人们习以为常、约定俗成的，任何人不可随意违反它的固定格式，否则就是不伦不类，就达不到应用文的写作目的。当然随着社会的发展和进步，一些陈旧的约束人们的精神甚至是反映封建尊卑压迫关系的繁文缛节的格式，我们要敢于突破、敢于创新。

（三）较强的时效性

日常应用文常常是针对摆在眼前或即将发生的具体事情而写的，要想方设法进行处理或解决上述事情时才使用的。如请假前要先写请假条，就业应聘前要写自荐书等。

【思考与训练】

1. 日常应用文的特点是什么？
2. 除上述列举的日常应用文外，你还知道哪些？

第二节　计　划

【知识要点】

一、计划的概念及种类

计划是机关、团体、企事业单位或个人根据党和国家的有关方针、政策以及上级的指示要求，依据本部门和个人的实际情况，对未来一定时期内的工作、生产、科研和学习等拟定目标、内容、步骤、措施和完成期限的一种事务文书。

计划是计划类文书的统称。常见的"规划""安排""方案""设想""打算""要点"等都属于计划这个范畴。但是，每一种叫法的时间和要求都有其自身的规定性。其中，规划是具有全局性的、较长时期的计划，安排是对短期内工作进行具体布置的计划，方案是从目的、要求、工作方式方法到工作步骤对专项工作做出全面部署与安排的计划，设想是初步的草案性的计划，打算是短期内工作的要点式计划，要点是列出工作主要目标的计划。

计划的种类很多，常见的有以下几种。

（1）按计划的性质划分，有综合性计划和专题性计划。

综合性计划又称总体计划，是对某一单位或部门在一定时期内的所有工作作出的全面安排和计划。专题性计划又称单项计划，是对某一方面的工作作出安排和计划。

（2）按计划范围划分，有国家计划、地区计划、系统计划、单位计划、个人计划等。

（3）按计划涉及的时间划分，有长期计划、中期计划、短期计划等。

（4）按计划的形式划分，有条文式计划、表格式计划、条文加表格式计划等。

1）条文式：即把计划分为若干条款或部分，通过文字加以阐述，涉及的数字指标也都穿插在有关部分的文字叙述之中。这种写作形式，条理分明，层次清楚，说理性强，容易把计划的内容准确地表达出来。这是目前比较常见的一种写作形式。

2）表格式：即用表格来表达计划内容。表内栏目通常包括任务项目、执行部门、完成时间、执行措施等。这种样式的计划比较醒目、简洁，容易使人理解把握，也便于对照和检查。定期的、以数据为指标的计划，适宜用这种方式。如企业的产销计划、国家经济管理部门下达经济任务的计划等常常是定期制订、以数据为指标的，用表格式较为合适。

3）条文加表格式：即指计划的内容既有条文的表述，又有表格的形式。条文和表格相配合，能把比较复杂的内容用简洁的方式表达出来。

此外，计划还可以采用其他一些方法进行分类，这里就不一一列举了。

二、计划的特点

（1）预见性：凡事豫则立，不豫则废，计划的拟定在于能够预见今后可能出现的问题和困难，从而提出相应的对策。

（2）指导性：计划的拟定必须做到"三结合"，即与国家方针政策的结合，与上级指示精神的结合，与单位工作实际的结合；要符合国家方针政策和上级指示精神，要密切切合自身工作实际，既不拔高，也不降低，因工作置宜，实事求是。

（3）约束性：计划一旦制订实施，就要对照计划进行督促检查，严格奖惩，从而充分调动工作的积极性。

三、计划写作的一般格式

计划没有固定不变的格式，可以写成一篇叙述的文字，也可以分条分项列出，还可以采用表格的形式写出，或者把几种方法"综合运用"，既有表格，又有文字的叙述和说明。总之，应根据实际情况而定。

一般来说，计划应包括如下三个部分。

（一）标题

计划的标题一般包括制订计划的单位（个人计划的姓名不写在标题内）、计划的期限、事由、文种四部分。如《×××公司2004年新产品开发计划》的标题各要素俱全，专题性计划的标题常采用这种写法。也有些计划的标题有所省略，如《××市税务局2003年第三季度工作要点》的标题没有涉及计划的内容，这是综合性计划标题的一般写法。如果所订的计划还不够成熟，需试行一段时间，待征求意见后再进行修改、定稿，或者还未经过法定的会议讨论通过，可在标题后或下加上"初稿""草案"等字样，并加上括号。

（二）正文

正文是计划的主体部分。这部分通常包括前言、任务和目标、步骤及措施、结语等几个部分。

1. 前言

前言不宜写长，应简明扼要写清楚：制订计划的指导思想，包括有关的方针政策和上级的指示；分析现时形势的要求、本单位的基本情况（完成任务的主观和客观条件的分析）；计划的总任务、计划的目的要求等。前言通常以"为此，××××年（或第×季度）要做以下几项工作"来领起下文。上述几项内容，并不是每份计划都必不可少，要根据计划任务的对象、范围情况的不同酌情取舍。有的计划前言部分可不写，而直接写计划的具体事项。

2. 目标和任务

这一部分同下面的步骤和措施部分是计划的核心部分。计划就是为完成一定的任务而制订的，如果没有明确的任务，没有具体的要求和目标，也就没有必要制订计划。计划要明确地写清一定期限内必须完成哪些任务、实现什么目标、做哪些事、数量和质量上有什么要求等，使计划执行者一看便知道准备做什么、做多少、什么时间完成、由什么部门负责执行等，从而心中有数。

3. 步骤和措施

在明确了工作任务之后，计划还要根据主客观条件，设计必要的步骤和措施，以保证任务的完成。步骤是指工作的程序和时间安排。每项目标和任务，在完成过程中都有其阶段性，先做什么，后做什么；主干什么，次干什么；每一步在什么时间，达到何种程度；人财物力如何调配、布局；各阶段如何配合、衔接等，都必须写得合情合理，环环紧扣，步步落实。措施主要是指达到既定目标需要采取什么方法、动员哪些力量、创造哪些条件、排除哪些困难等。

总之，计划的正文要按照"做什么——怎么做——做到怎样"的顺序来安排结构内容，只有这样才能简明、全面、清楚地制订好计划。

4. 结语

这一部分是总结全文，在正文的末尾提出希望和号召。也有的计划不写结语，计划事项写完后自然结束。是否写结语，要根据计划的具体情况而定。

（三）署名和日期

计划的结尾要写上制订单位的名称与制订日期两项内容。如果标题中已标明单位名称，结尾可省去单位署名，写明制订日期即可。

四、计划的写作要求

1. 调查研究，实事求是

制订计划前，必须深入实际，认真调查研究，既要"吃透"上级的精神，又要虚心听取群众的意见，"摸清"本单位的实际情况，分析主客观条件，尽可能预测到计划执行过程中的困难和问题，以便在计划中写明预防和解决问题的方法。制订计划时还要从本单位、本部门的实际出发，任务和指标应是经过各方面的努力可以达到的理想指标，既不要过高，也不能过低。计划切忌说假、大、空话，写得不实用。

2. 内容具体明确，语言简明扼要

计划是针对所要进行的工作做出的安排和打算，为收到良好的效果，计划的整体设想要明晰，并将实现目标的途径和办法一条一条地列出来。计划切忌语言含糊、职责不清，使之无法落实和检查。计划的内容一般要分条、分项来写，叙述要平直，说明要简洁，如内容复杂，每个问题可设小标题，以示醒目。

3. 针对性和灵活性

计划的内容既要全面，又要有针对性，重点要突出。一个单位、一个部门在一定的时期内有许多工作需要做，如果全部并列起来，平均使用力量，就会影响重要工作的完成。因此，我们在制订计划时，要针对本单位、本部门的工作重点，保证计划中能够反映出当前要解决的主要问题。计划是根据客观情况制订的，客观情况在不断地变化，所以计划还要有灵活性，应留有一定的余地，当某种未预见的因素发生时，计划应及时调整、完善和补充。

例文

关于召开区委班子民主生活会的安排①

根据×××〔××××〕×号文件和×××〔××××〕×号文件"关于召开××××年上半年各级党委班子民主生活会的通知"精神,结合我区的具体情况,决定于×月×日召开区委班子民主生活会。为开好这次民主生活会,特作如下安排:

一、这次民主生活会的主要任务

以强化党员意识、提高班子整体功能为中心,认真查找领导班子及成员思想作风上存在的主要问题,进一步端正工作的指导思想,转变工作作风,狠抓落实,按党的十三届八中全会精神和上级的要求,把全区工作搞得更好。

二、这次民主生活会的内容

主要是两个文件规定的内容,现综合如下:

1. 结合班子成员所分管的工作和战线工作任务,检查工作中存在的主要问题。侧重解决工作的指导思想是否端正的问题;作风是否扎实,即是否"说实话,想真招,办实事,真抓实干"的问题;是否有强烈的事业心和责任感,即是否敢于碰硬的问题。

2. 检查班子成员在党务、行政、经济及其他各项工作中的整体意识方面存在的问题。重点查找执行集体决议、处理集体领导和个人分工负责二者的关系中存在的问题,看是否做到了胸怀全局、步调一致,是否存在不团结、不协调的问题。

3. 检查班子廉洁自律的情况。主要看为人民服务宗旨的树立是否牢固,有无以权谋私等问题,在密切联系群众方面还有哪些差距;从思想上解决班子成员的公仆意识问题。

4. 检查班子成员在开展"三基本知识"学习活动和"树形象,做贡献"活动中的表率作用。解决党员意识不强和先锋模范作用不突出的问题。

三、这次民主生活会的具体要求

1. 会前要认真做好准备工作。一是班子成员要主动找下级及有关群众开展谈心活动,然后根据党员干部的要求,结合群众意见,提前写好发言提纲。二是各总支、支部要组织各方面群众,通过各种方式,广泛征求基层干部和群众的意

---

① 范文家. 调研提纲范文［EB/OL］.（2013－08－16）［2015－05－30］. http://www.kidsv.com/fanwen/94031. html.

见，提前上报区委组织部。

2. 会上要进行积极的思想斗争。一是班子成员自己要认真发言，进行严肃的总结和自我批评，不走过场。二是广泛开展坦率、真诚的批评，每人都要发言，而且不能避重就轻。三是在批评与自我批评的基础上，认真从思想作风上找原因，查根源，总结经验教训，达到清理思想、提高认识的目的。

3. 会后要做好整改工作。一是班子和班子成员要制定出具体、实在、切实可行的整改措施，交基层组织讨论通过。二是各级纪检部门和组织部门要定期检查并通报整改措施落实的情况。

中共××区委员会
××××年×月×日

[简析]

这是一个对短期内工作进行具体布置的计划，以"安排"的文种形式拟定。安排开头部分依据明确，并密切结合全区的实际，具有很强的针对性。在具体安排的事项方面，突出了这次民主生活会的主要任务、内容和具体要求，任务和内容实在，要求具体，具有较强的指导性和可操作性。在落款上，有发文单位和发文日期。全文总体上具备了计划写作的一般要求。

【思考与训练】

1. 下例是一份单项训练计划，全文采取条款与表格结合式，从结构到内容基本符合计划的写作要求，但文中尚有几处欠妥，请指出。

××××年度新兵训练计划①

根据总队司令部《关于××××年度新兵训练计划》的指示精神，结合我支队实际情况，现制订"××××年度新兵训练计划"如下：

一、指导思想

为使新兵尽快提高思想觉悟，端正入学动机，学习和掌握必要的军事技术和执勤业务知识，培养优良的战斗作风，增强组织纪律观念，养成良好的警容风纪和队列作风，我们的新训工作要紧紧围绕建设有中国特色的武警部队这个总目标，坚持从严要求、先训后补、训练为执勤服务的原则，严格要求，严格训练，为部队建设打下坚实的基础。

---

① 消防应用文习题集（新）[EB/OL]．[2014-5-30]．http://www.03964.com/read/fae7f92a2df10e91fb9a7b8c.html.

二、组织领导

支队司令部成立新兵训练领导小组，组长由副支队长×××担任，副参谋长×××负责全面工作。组员由×××、×××、×××同志担任。办公地点设在支队司令部办公室。

三、训练时间、地点及方法

新训时间为 3 个月，从××××年 11 月中旬开始至××××年 2 月中旬结束。军政训练时间比例为 6∶4，军事业务训练时间为 40 天，政治教育为 26 天，机动 13 天，放假 12 天。

训练地点：支队轮训队。

训练方法：由支队轮训队具体组织实施。

四、主要训练内容

（一）队列：内务、纪律条令教育；

（二）射击；

（三）擒敌技术；

（四）执勤业务基础知识；

（五）投弹；

（六）军体。

（具体安排见附表）

五、几点要求

（一）轮训队要充分做好新训的各项准备工作，训练场地、器材、教材等要及早解决，食宿问题要妥善安排。

（二）建立健全各项规章制度，一日生活规范化，干部要跟班作业，把安全事故预防工作作为重点来抓，在实弹投掷、射击时，要严密组织，并防止冻伤、摔伤等事故。

（三）要切实加强新兵训练的组织领导工作。今年新兵训练工作数量多，任务大，因此，要严密组织，精心指导，严格管理，确保质量。

（四）发挥思想政治工作的威力，实行科学管理，坚持文明带兵。在教学中，要从基础抓起，循序渐进。严禁走过场、跳跃式训练或降低训练标准。在训练中，既要贯彻"两严"方针，又要注意科学练兵，通过严管细训及政治思想工作，充分调动新兵的训练积极性，使新兵实现从老百姓到军人间的转变。坚决杜绝打骂、体罚或变相体罚战士的现象，一经出现，要进行严肃处理。新训每一内容结束，司令部要组织检查，考核验收。

附：新兵训练科目、时间表（略）

×××年×月×日

2. 在"七一"来临之际，请代表××公司党委拟写一个庆祝方案。方案包括指导思想、活动内容及时间安排、活动要求几个部分，要求的几个部分都要具体化。

内容为：

(1) 组织党员过一次专题民主生活会；

(2) 开展"两个条例"学习宣传活动；

(3) 积极参与区委举办的"党旗颂"歌咏比赛；

(4) 组织一次参观爱国主义教育基地活动；

(5) 慰问特困党员；

(6) 认真做好"点击惠民"工作。

第三节 总结

【案例导入】

农民兄弟，你有年终总结吗①

每到年终，人们总要对过去的一年做个总结，笔者向农民兄弟问一句：你有年终总结吗？

也许农民朋友会问，咱种田的要什么总结？其实不然。比如，东西两家农民田靠田，地挨地，可收成不大一样。东家养鸡鸡满舍，喂猪猪儿壮，田里庄稼都像样。可西家则是养鸡鸡发瘟，喂猪猪不长，蔬菜瓜果泡了汤。别人家巧打又巧算，一年赚个几万元，甚至几十万元。自己守着几亩田，辛苦一年，没赚钱不说，弄不好还要赔钱。这所谓分明的反差，值得农民兄弟探讨和深思。

眼下正值冬闲季节，农民兄弟不妨在茶余饭后、探亲访友之际，对过去一年的发展相互聊一聊，对来年的设想、规划磋商磋商，总结经验教训，找找差距，算算细账，悟出点什么，面对自身，面对实际，拿出切实可行的经营措施，将身边所能利用的资源转化为财富，找到致富的"金钥匙"。这样才会让好的多起来，形成规模；让多的特起来，形成特色；让特色聚起来，形成效益。这对农民兄弟来说，岂不是一份相当有含金量的总结吗！

也许有些农民兄弟不愿将自己的年终总结说出来，他怕到头来"徒弟打师傅"，断了自己的财路。笔者认为没有这个必要。尺有所短，寸有所长，或许你

---

① 海明. 农民兄弟，你有年终总结吗 [N]. 人民日报，2003 – 02 – 10.

的短处正是别人的长处。当然，各级党政组织要及时帮农民兄弟"充电"，指点迷津，帮他们总结宝贵经验。也只有这样正反两个方面的总结，才算是一份完整的年终总结。

辞旧迎新，农民兄弟，你不实实在在地来个年终总结，在新的一年里为何种、怎么养，心中想好了再种、再养吗？新年刚到，现在抓紧时间总结去年，筹划今年，还来得及。

事实上，人类在许多时候都是在计划——总结——再计划——再总结的过程中逐渐积累经验，积累知识，增长才干，推动社会发展的。

【知识要点】

一、总结的概念及种类

总结是单位或个人对前一阶段的工作或一项活动，进行全面系统的回顾和分析研究，从中总结经验教训，引出规律性的认识，明确今后的努力方向，为今后的工作提供帮助和借鉴的一种事务文书。

总结的种类繁多，按照不同的标准划分，有不同的种类。

按照性质划分，有工作总结、生产总结、学习总结、会议总结等。

按照范围划分，有地区总结、部门总结、单位总结、个人总结等。

按照时间划分，有年度总结、半年总结、季度总结、月份总结、阶段总结等。

不管哪一类总结，都可以按其内容所涉的范围分为全面总结、专题总结。

1. 全面总结

全面总结，也叫综合性总结，主要用于对一个部门、一个地区、一个单位在一定时期内的各项工作进行全面的总结。如年终总结、阶段总结等。这类总结，一般是对做完的工作进行一次总的回顾和检查，从中总结经验和教训，以发扬成绩，克服缺点，把今后的工作做得更好。

全面总结要全，但这种"全"也不是包罗万象，面面俱到，把什么都写进去，而是要点面结合，突出重点。"点"要详，"面"要略，有详有略，主次分明。

2. 专题总结

专题总结，是对某一项或某一方面的问题进行专门的总结。它一般选取工作中的突出成绩、典型经验或者存在的问题进行分析研究，以便指导工作。专题总结，针对性强，使用广泛，写这类总结，要明确总结的重点，不能把面铺得过宽。

专题总结经常用于推广典型经验或揭露问题。

二、总结的特点

1. 自我性

总结是以自身工作实践为材料，采用的是第一人称写法，其中的成绩、做法、经验、教训及今后努力的方向，都有自我性特征。

2. 回顾性

如果说计划是预想未来，对将要开展的工作进行安排，那么总结就是回顾过去，对前一段的工作进行检验，虽然目的都是做好下一段的工作。

3. 客观性

总结是对前段工作实践进行全面回顾、检查的文种，是以自身的实践活动为依据的，所列举的事例和数据都必须完全可靠，确凿无误，任何夸大、缩小、随意杜撰、歪曲事实的做法都会使总结失去应有的价值，其应具有很强的客观性。

4. 经验性

总结不是实践事实的简单罗列，必须从理论的高度概括经验教训，找出正反两方面的经验，得出规律性认识，这样才能达到总结的目的。

三、总结写作的一般格式

总结一般由标题、正文、结尾三部分组成。

（一）标题

总结的标题主要有以下几种形式。

（1）直陈式标题：一般由单位名称、时限、事由和文种四个要素组成。如《××大学 2001 年工作总结》。标题各项内容也可根据具体情况有所省略，如标题中可省略单位名称，有的综合总结，标题中也可省去总结内容这一项。

（2）双标题：一般来说，正标题概括总结的主要内容或基本观点，副标题说明单位名称、时限、文种等，如《适应新的形势，努力做好财会工作——×××厂财务处 2003 年工作总结》。

（3）不标文种式标题：写成一般文章的题目形式，虽未注明"总结"字样，但标题本身体现出总结的性质或内容，如《加强管理监督，防范金融风险》。

（二）正文

这是总结的重心所在。由于具体情况不同，总结的内容也不一样，但各种总结都有共同点，其内容一般包括以下几个方面。

1. 基本情况

这部分是总结的前言。一般用简洁的语言，概述完成工作的基本情况，交代清楚工作的时间、地点、背景，进行某项工作或认识某个问题的依据，工作的简单过程、基本做法，对工作完成情况的基本看法和总体评价等。有的总结，还在这部分运用数据，说明工作的成绩或不足。概述的内容，根据总结的不同要求有所侧重，不是千篇一律。基本情况这一部分内容要写得提纲挈领、简明扼要，以便读者对总结先有一个大概的了解，为下文具体介绍经验教训打好基础。

2. 成绩和经验

这是总结的精华和重点部分。成绩是指实践活动中所取得的物质成果或精神成果。经验是取得优良成绩的原因和条件，如正确的指导思想、积极的工作态度、科学的工作方法、坚强的意志等。这部分的结构方式，要依据总结的目的、作用来决定。旨在向上级汇报工作或向本系统、本单位职工总结工作的，多采用先谈取得的主要成绩，然后概括出几条经验体会的方法。旨在总结取得重大成绩的某项工作，并要向外介绍经验的，常采取先提问题，叙述取得的巨大成绩，然后着重谈经验体会的方法。写好这部分内容，必须力戒就事论事，要在对过去工作情况的分析研究中，提炼出带有理论色彩的观点，以指导今后的工作；要求做到材料翔实、言之有物、条理清晰、脉络分明，能给读者留下深刻的印象，使读者受到启迪。

3. 问题和教训

总结的写作，要用一分为二的观点，既总结成绩、经验，也要找出存在的问题和教训。存在的问题和教训，这两者是有区别的：存在的问题，是指在工作实践中切实感到应该解决而暂没有解决或没有条件解决、没有办法解决的问题；教训，是由于指导思想不明、方法不当，或其他原因犯了错误，造成了损失而得出的反面经验。总结存在的问题和教训是为了进一步做好工作。因此，我们要着重分析问题和教训存在及产生的主观原因。当然，这部分内容也可视总结的重点来取舍，如果是着重反映问题的总结，则应把这一部分当作重点写；如果是专门总结成功经验的总结，也可以不涉及存在的问题和教训。这部分要根据实践活动的具体情况和总结的目的要求而灵活掌握。

4. 努力方向

这部分是在总结经验教训的基础上，针对工作中存在的问题，提出切实有效的改进措施、今后打算、努力方向，或者提出新的奋斗目标，表明决心、展望前景、鼓舞斗志。这部分在写法上要有新意，防止落入俗套。

总结的正文是重点，内容较复杂的总结一定要安排好结构层次。就一般情况而言，总结的正文部分常用的结构方式有时序式、并列式、总分式等。

（三）落款

总结的落款包括署名和日期。若标题中已标明，或标题下已署名，结尾则可不写。个人总结署名，一般写在正文的右下方。

四、总结的写作要求

1. 表达要叙述、议论相结合

叙述、议论是总结最常用的表达方法。叙述是总结行文的基础，它通过对过去工作情况的交代，使读者明白某单位、某个人的工作状况。议论则是指分析、综合、论证，它能把分散的、感性的材料转化为具有指导意义的理论。总结写作时应注意：在说明工作过程、列举典型事例时，应以叙述为主；分析经验教训、阐明努力方向时，应以议论为主。叙述是议论的依据，议论又是叙述的分析综合和提高。

2. 总结出个性

写一个单位的总结，一定要抓住本单位最突出的、最能反映客观事物本质特点、最具鲜明个性和特色的东西。如新的情况、新的问题和新的经验教训等，切忌人云亦云。当然，也不能无中生有地标新立异，要注意新的情况、新的问题及经验教训的代表性和普遍意义。

3. 实事求是，"一分为二"

总结不论是写成绩或缺点，都必须准确把握分寸，实事求是地叙述事物发展的全过程，用"一分为二"的观点研究事物的内部联系，寻找其中的规律性；成绩不夸大，缺点不缩小。这样的总结才能指导今后的工作。

例文

稽查工作总结①

一年来，在××局的领导下，全所干部职工密切配合，共同努力，以邓小平理论和"三个代表"重要思想为指导，认真贯彻党的十六大、十六届五中全会精神，牢固树立和落实科学发展观，紧紧围绕加强依法执政能力建设，求真务实，开拓创新，不断强化征稽工作和队伍建设，取得了提前8月完成养路费全年征收任务的良好成绩，促进了征稽工作持续、快速、健康发展。回顾总结一年工作，我们重点抓了以下几项工作。

一、以查促征，规范征收

1. 坚持以查促征，征费环境得到了有效治理。在征费工作中，针对征费环境复杂、征收难度较大的实际，我们紧密结合辖区的征费形势，根据不同车辆的不同情况，采取在××设临时检查站与市内稽查相配合、上门清欠与稽查工作相结合、定点稽查与流动稽查相结合、晨查夜检与日常稽查相结合等多种方法，开展多元化稽查，增强了稽查工作的灵活性。

2. 对长期欠费车辆的处理工作也有所改进，一年来，在《××日报》上对×台欠费车辆进行了公告，并委托法院拍卖。

---

① 杨诚. 职业汉语实训［M］. 北京：科学出版社. 2009：144－146.

3. 在加强稽查工作的同时，我们不断加强对公路施工车辆的征收管理。本着既不影响公路施工进度，又不影响规费征收，更不激化征缴矛盾的原则，主动与工程项目办取得联系，通过宣传征费政策、现场摸底调查、上门催缴、重点稽查等途径，较好地掌握了车辆数据，从而加强了管理，最大限度地降低了漏费率。

4. 加强宣传。我们常年坚持进行多种多样的宣传活动，并通过开展上路宣传、参加政府组织的各类活动、散发传单等多种形式，宣传养路费征收管理办法，宣传交通规费征收政策的严肃性，宣传养路费"取之于车，用之于路"的原则，动员车主按章交费，打消了部分车主等待观望、伺机逃费的侥幸心理，增强了车主主动纳费的意识。

二、坚持抓好全员教育培训工作，努力提高征稽执法人员的整体素质

1. 根据工作实际情况研究制定了法制学习方案，明确了学习的主要内容、总体目标、方法、时间和各阶段任务。采取分散学习与集中学习相结合、每周组织学习讨论与开展案例分析相结合的方式，认真开展了规费征收、行政执法、时事政治等方面的学习，提高了职工的依法行政能力和服务水平。

2. 严格奖惩，营造学习氛围。为了营造争先创优的良好氛围，我们把学习考核成绩作为评价个人工作能力的标准之一，制定了严格的学习考勤制度和奖惩制度，把考核成绩与上岗挂钩。每阶段学习完毕由办公室组织检查考核，考核不及格不允许上岗，从而进一步促进了职工的学习积极性，使全所呈现出"人人爱岗敬业，个个争先创优"的良好局面。

3. 积极参加上级主管部门开办学习培训班，强化行业普法工作。全年我所共参加上级组织的各类学习培训十余期，参训率达到100%，提高了职工的依法行政能力，规范了执法行为。

三、严格执法，依法行政，树立交通行政执法队伍的良好形象

1. 坚持依法行政、严格依法治费、完善管理机构、理顺工作程序是征稽执法工作的重点。我所在执法过程中始终遵循合理、合法、效能、责任监督的原则，坚持做到公正、公平、公开的原则，增强工作透明度。

（1）抓好交通行政执法文书的使用，实行执法文书审核制度，即处理组长每日下班前对各稽查队所使用制作的执法文书逐页进行审核，严格把关，对发现的问题及时纠正，严肃处理，从而有效地防止了行政执法文书在使用过程中出现漏洞。

（2）成立交通执法合议小组，邀请人大、政协、法治办等执纪部门对我们的工作进行监督，加大了对文明执法、依法行政等方面的监督检查力度。

（3）加强与当地政府部门的沟通，主动邀请人大、政协、法治办、纠风办等单位监督我们的工作，增强政府、社会各界和新闻媒体对我们工作的理解，营造较为宽松的稽查环境。

(4)重新整修了征费大厅，出资购买了×××、××××、××××、××××，并制作监督台，公开监督举报电话，将全所执法人员照片、执法证号上墙，接受群众监督，增强了工作的透明度。

(5)积极参加了×××组织的"文明执法，××××赛"活动，制定征费人员服务规范，严格按照"××××"工程内容，把执法工作与文明服务活动紧密结合，在社会上树立了良好的征稽形象。

2.健全内部监督制约机制

为了进一步加强征稽所的管理和行政执法行为，确保行政执法的公平、公正，保障法律法规的正确实施，我们根据全所总体工作思路和工作目标，制定了文明执法制度，组织开展了学习贯彻自治区征稽局"八条禁令"等活动，通过学习，不断完善反腐倡廉机制，把教育、制度、监督统一于党风廉政建设和防治腐败工作的全过程，使行政执法工作更加完善，更加规范。

四、加强安全管理

针对我所工作情况，切实加强了稽查时的安全防护措施。要求稽查时必须选择视线良好、路面宽阔的地段，充分注意车辆、人身安全，确保道路通畅。同时，进一步加强车辆管理、安全行车管理上的教育和管理力度，使征稽队员通过学习，自觉遵守有关制度，强化了稽查安全工作。

2005年，我们在稽查工作中取得了一些成绩，我们深知这些成绩的取得是上级领导关心支持的结果，是有关部门配合、协助的结果，是全所征稽人员团结一致、努力奋斗的结果。同时，我们也认识到工作中还存在一些问题：欠缴规费行为依然存在，管理力度还须进一步加强，这些都需要我们在今后的工作中不断去研究和思考，去改进和加强，去创新并加以解决。

[简析]

本总结在开头部分概述了工作的背景和取得的显著成绩。正文用四个大的部分对取得的成绩和相应的做法进行了翔实的论述。结尾部分指出了取得成绩的原因和存在的问题以及今后努力的方向。全文写得简洁、实在而得体。

【思考与训练】

1.下例作为总结的开头部分存在毛病，请指出并修改。

写作课学习总结

××××年下半学期，我队按公安部和国家教委的有关要求，在院党委的统一领导下依据教学大纲的要求，开设了《应用写作》课。在写作教研室×老师的精心授课下，截至 12 月初，我队已完成了基本理论部分和命令、通令、决定、指示、通知、通报、报告、请示、批复、函、通告、布告、会议纪要 13 种机关公文以及简报、总结、调查报告、经验材料、典型材料等一般机关事务文书的学习，并针对大部分文种作了写作练习。现已近学期末，为迎接考试，把有关情况汇报如下：

2. 写一份本学期以来的总结，要求：
（1）总结出规律性认识；
（2）抓住特点，不要面面俱到；
（3）字数在 1000 字左右。

第四节　求职信

【案例导入】

2003 年，巧克力之父弗斯贝里的公司获准登陆中国市场后，通过媒体发布了一则招聘公告：请你用一句最简洁的话，回答下面四位著名人士到底在说什么。

①1954 年 4 月 2 日，苏黎世联邦工业大学建校 100 周年，邀请爱因斯坦回母校演讲，爱因斯坦在演讲中说了这样的几句话："我学习中等，按学校的标准，我算不上是个好学生，不过后来我发现，能忘掉在学校学的东西，剩下的才是教育。"

②1984 年 6 月 4 日，诺贝尔物理学奖获得者丁肇中回母校清华大学演讲，在接受学生提问时说："据我所知，在获得诺贝尔奖的 90 多位物理学家中，还没有一位在学校里经常考第一；经常考倒数第一的，倒有几位。"

③1999 年 3 月 27 日，比尔·盖茨应邀回母校哈佛大学参加募捐，当记者问他是否愿意继续学习拿到哈佛大学的毕业证时，他向那位记者笑了一下，没有回答。

④2001 年 5 月 21 日，美国总统布什回到母校耶鲁大学接受荣誉法学博士学位，由于他当年学习成绩平平，在被问及现在有何感想时，他说："对那些取得优异成绩的毕业生，我说'干得好'；对那些成绩较差的毕业生，我说'你可以去当总统'。"

公告发布后，400 多名优秀的大学生参加了应聘。然而只有一位学生接到了聘用通知。这位学生是怎样赢得这一机遇的呢？答案很简单，她说："学校里有高分低分之分，但校门外没有，校门外总是把校门里的一切打乱重整。"①

这位求职者仅凭一句妙语就使自己在众多的求职者中脱颖而出，这既体现了求职者的独具慧眼，也反映了当今社会一个不容忽视的现实：在竞争激烈的社会，要想赢得工作就业的机会或为自己找寻一个发展的空间，必须善于推销自己，而求职信就是一种使用频率很高的应用文体。

【知识要点】

一、求职信和特点与内容要素

求职信是向用人单位自荐谋求职位的书信。它分为自荐信和应聘信两种。前者是不知用人单位是否需要聘人的自荐求职；后者是获知用人单位公开招聘职位的自荐求职。

求职信写作要讲求针对性、自荐性和独特性。针对性是指要钊对求职单位的实际情况、读信人的心理和个人的求职目标来写；自荐性是指要恰当地推销自己；独特性是指内容和形式的不同于一般，求职就是竞争，你要想在竞争中获胜，必定要出类拔萃，不同于一般。

一般来说，求职信的写作包括四个要素。

（1）求职目标：即你要到什么单位，想做什么工作。这一点必须明确，不可模棱两可。

（2）求职缘由：即交代求职的理由，说明你为什么要到该单位工作。回答这个问题的时候要简洁，不要啰唆，既要实事求是，又要灵活机智。

（3）求职条件：求职的关键，要针对求职目标，表现自己的主要业绩和优势。在陈述自己的求职条件的时候，一定要善于扬长避短，恰如其分。

（4）附件：附在信末，对你起着证明或介绍作用的有关材料。它包括你的个人简历、所学专业课程及成绩一览表、资格证书、获奖证书等。附件在求职信的写作中具有重要作用，它不仅能让读信人对你有具体的了解，还可增强了他对你的信任感。

二、求职信的基本格式

求职信的写作格式一般由称呼、开头、正文、结尾、附件、落款六部分组成。

（1）称呼。它是对读信人的称谓。由于读信人是公司或单位的负责人，可以写成"人事处负责同志""尊敬的领导同志""尊敬的某某公司领导"等；对

---

① 张建. 应用写作［M］. 北京：高等教育出版社，2005：22–23.

于明确了用人单位负责人的，可以写出负责人的职务或职称，如"尊敬的王教授""尊敬的李经理"等。求职信不同于私人信件，称呼时要注意不要用"亲爱的""我最敬爱的"等字眼。

（2）开头。一般书信的开头为问候语，但是求职信的开头可以直截了当地说明自己写信的目的，表述应简洁，并能吸引人读下去。

（3）正文。这是求职信写作的重点。一般要交代求职的缘由、求职的条件，尤其要注意突出主要成绩、优势。要从自己的专业知识、社会经验、专业技能、性格、特长等方面使用人单位相信，他们的需求正是你感兴趣的且有能力胜任的岗位。

（4）结尾。结尾主要强调你的愿望和要求，可以提醒用人单位希望得到他们回复或回电，或表示面谈的愿望。

（5）附件。如前所述，选用的证明材料应有必要的签名或盖章。附件应在信的左下角注明，如"附件1：个人简历，附件2：获奖证明"等。

（6）落款。落款包括署名和日期两部分。

三、求职信的写作要求

求职信的写作要注意以下事项。

（1）内容要简短。切忌长篇大论，篇幅控制在1000字以内（附件除外）。

（2）措辞要有分寸，做到不卑不亢。过于谦卑，会给人碌碌无为的不良感觉；过于高傲，会给人轻佻浮夸的印象。

（3）投其所好。尽可能根据用人单位的要求介绍自己，这是在已知职位的条件下，针对对方的需求，有选择地突出自己的专长。

（4）书写工整。自荐书毕竟是有求于人，须给对方留下美好的第一印象。人们常说字如其人，如词不达意或字体潦草，极可能导致求职受挫，白白错过良机。如用机器打字，在落款签名时，最好用手写签名，以示对对方的尊重。

例文

求职信①

尊敬的公司总经理：

我是××学校××专业××年级学生李××。毕业将至，又一个新开始即将来到，等待着我继续努力奋斗、迎接挑战。时光飞梭，我将带着童年的梦想、青年的理想离开学校，走上工作岗位。大学四年是我思想、知识结构及心理不断生

---

① 林彬彬. 大学毕业生的自传（自我介绍）. ［EB/OL］.（2008 – 05 – 22）［2014 – 5 – 30］. http://linbinwei10086. blog. 163. com/blog/static/898384020084225915593/.

长成熟的四年。惠于理工大学的浓厚学习、创新氛围，融入其中四年使我成为一名复合型人才。

我在校的主要任务是学习，所以掌握了较强的专业知识，并把理论知识运用到实践中去，期末总评成绩名列年级前茅，获得优秀学生奖学金二等、三等各两次，荣获校级三好学生称号。我所学专业是计算机，对电脑有着近乎狂热的喜爱，在熟练掌握各种基本软件的使用及硬件维护过程中，有独特的经验总结，并顺利通过了国家社会和劳动保障部高新技术办公软件应用模块资格高级操作员考试。在个人爱好的带引下，入校我便参加了校书画协会，由干事到副会长，这是对我的付出与努力的肯定。我们根据理工校人文气氛不浓的状况，组织开展了一系列活动丰富校园生活，被评选为校优秀学生社团。我所参与组织的跨校联谊活动，达到了预期目的，受到师生首肯，个人被评为重邮西政两校现场书画大赛优秀领队。静如处子，动如脱兔，181cm 的身高和出众的球技，使我登上球场后，成为系篮球队的主力小前锋，与队友一起挥汗，品味胜利。文武兼备，则是我大学生活的一重要感悟。此外，我在担任班团支书和辅导员助理期间，积极为同学服务，表现出色，贡献卓越，荣获校级优秀学生干部称号。

大学三年级，我以优异的成绩与表现，光荣地加入了中国共产党。加入这个先进的团体，是我人生的一次升华。在保先教育中，我更是严格要求自己，带领身边同学一起进步，并获精神文明先进个人称号。在参加义务献血后，我更加懂得珍惜生命，热爱生活。假期中，我根据专业特长，在电脑公司参加社会实践，考取了机动车驾驶执照（C 型）。对于即将步入社会，我充满了信心。

"长风破浪会有时，直挂云帆济沧海"，怀着饱满的热情、坚韧的性格、勤奋的态度，等待着我的是机遇与挑战！我将努力抓住这个机会，为单位尽自己的绵薄之力。

如果需要，我很乐意接受实际操作考试和面试。盼望您的回音。

顺祝愉快！

附件：

1. 《李××简历》
2. 《成绩一览表》
3. 证书复印件×份

自荐人：李××

××××年×月×日

【思考与训练】

1. 下面是一封求职信，阅读后请回答下列问题：

①用语是否准确？应该怎样修改？

②结构上欠缺什么，应怎么补上？哪些内容是多余的？请删去。

××服装厂：

　　前天接到我的旧同学××的来信，说贵厂公开招聘生产管理员。我是××学校企业管理专业的毕业生，在校读书时学习成绩优秀，爱好体育运动，是学校篮球队的成员。贵厂就设在我的家乡，我想，调回家乡工作正合我的心意，而且生产管理员的职务也和我所学的专业对口。不知贵厂是否同意，请立即给我回信。

　　此致

敬礼！

×××谨上
2005 年 12 月 3 日①

2. 假设你今年即将毕业，请写一封求职信。

第五节　经济合同

【案例导入】

　　张文是酒店管理专业的二年级学生。2005 年 6 月，她与同班另外两位同学一起去某酒店应聘，岗位有主管、前台服务、客房服务。凭着自己的专业知识和能力，他们顺利通过了面试，酒店向他们三人出示了用工合同。

　　他们仔细阅读了合同条款，非常满意其中的"月薪 1200 元，免费提供住宿"等条款，一致讨论通过，欣然签订了合同。

　　合同签订后，酒店要求每人先付 500 元押金，并开具了"合同违约金"的收据。次日，三人就参加了为期 7 天的短期培训。

　　第一天，三人穿着酒店员工制服，从上午 8 点一直工作到晚上 10 点，中途只有短暂的"快餐"时间是自己的。工作内容是擦地板、刷盘子。

　　第二天，一切照常进行。

　　第三天，一切依旧照常。

　　第四天，三位同学决定不干了，找到主管要求退还 500 元押金，却被告知是他们不干活先违约，500 元不予退还。②

---

① 张建. 应用写作 [M]. 北京：高等教育出版社，2005：26.
② 张建. 应用写作 [M]. 北京：高等教育出版社，2005：226.

张文等三位同学有一定的合同意识，但忽视了对合同条款中工作细节的考虑，无形中造成了不平等，没有辨别"违约金"与"押金"的区别，签订合同时也没有注意用人单位的培训内容与岗位是否一致。

【知识要点】

一、经济合同的定义与类型

经济合同是法人、组织、自然人之间为实现一定经济目的，明确相互权利义务关系而订立的协议。经济合同一般都采用书面形式。

经济合同是专业协作的纽带、横向经济联系的工具，有利于加强企业经营管理。

按内容，经济合同一般可分为：购销合同（包括供应、采购、预购、购销结合及协作、调剂等合同），建设工程承包合同，加工承揽合同，货物运输合同，供用电合同，仓储保管合同，财产租赁合同，借款合同，科技协作合同等。

签订经济合同是一种法律行为，必须遵循合法、平等互利、协商一致和等价有偿原则。经济合同依法成立，即具有法律约束力，当事人必须全面履行合同规定的义务，任何一方不得擅自变更或解除合同。违反合同，要追究责任，赔偿损失，甚至接受法律制裁。

二、经济合同的形式与主要条款

（一）经济合同的形式

（1）表格式：简单明了，规范有序，适用于企业之间经常性的业务往来。

（2）条文式：用条文的方式把约定的条款表现出来，适用于偶尔签订合同的单位和个人使用，或内容不稳定的合同。

（3）表格条文结合式。

（二）经济合同的主要条款

主要条款有：

（1）标的：合同当事人权利义务共同指向的对象，指货物、劳务、工程项目等。

（2）数量和质量：数量指衡量合同当事人权利义务大小的尺度，通常用数字和计量单位来表示；质量指规格、性能、标准、材质等。

（3）价款或酬金：价款是取得标的物应当支付的代价；酬金是指获得服务应当支付的代价。

（4）履行的期限、地点和方式：指执行合同的时间限度、交付标的物的方式、支付价款的方式等。

（5）违约责任：指违约应当承担的责任。承担违约责任的主要方式有支付违约金、赔偿损失等。

（6）解决争议的方法：当事人根据法律规定的或按经济合同性质必须具备的关于解决争议的程序、方法等的约定，如是选择和解、调解、仲裁还是诉讼。

三、经济合同的结构与写法

（一）标题

合同的标题通常是由合同的性质和文种两部分组成，如《门面租赁合同》《粮食购销合同》。

标题的下方应标明合同编号，在表格式合同中，签订日期和地点也可放在标题的右下方，与编号上下排列，用小一号字体。

（二）立合同方

此即订立合同的双方名称及代称。

（三）正文

（1）引言：合同的开头。主要写目的和依据，如："为了……，根据……法律的规定……双方经过充分协商，特订立本合同，以便共同遵守。"引言可部分省略或全部省略。

（2）主体：合同条款。其主要包括以下几个部分。

1）必备条款：标的；数量与质量；价款或酬金；履行期限、履行地点与方式，或验收、结算方式；违约责任；解决争议的方法。

2）其他条款。

3）合同文本的份数及保存。如："本合同一式四份，甲乙双方各执一份，副本两份，送双方上级主管机关存查。"

4）合同的有效期限：合同执行的起止日期。如："本合同有效期自×××　×年×月×日至××××年×月×日，过期作废。""本合同自双方代表签字，加盖双方公章或合同专用章即生效，至××后终止。"

5）附件说明。有附件的，注明合同附件的效力，如："本合同附件、附表均为本合同的组成部分，且具有同等的法律效力。"

附件、附表均写在合同条款的最下方，要注明附件名称、序数和份数。

（3）落款主要有以下几个部分。

1）合同当事人单位全称和法人姓名，加盖公章或合同专用章，双方代表签字。如需要审批，需要写双方主管机关和签证机关的名称并加盖印章。

2）日期：签订合同日期。

3）附项：日期下写合同当事人的地址、邮编、电挂、电话、图文传真、银行账号等。

四、经济合同的写作要求

1. 经济合同的内容必须合法

经济合同所涉及的内容必须符合国家的有关法律、法规和有关职能部门或行业的管理规定，这样，合同的内容才可能建立在合法的基础上。同时，合同的内容应是当事人共同意愿的体现。

2. 经济合同的格式必须规范

可向当地工商行政管理机关或业务主管部门购买合同纸，也可按照示范文本格式自行印刷使用。撰写经济合同时，一定要按规定的文本格式和要求进行。合同的撰写要严肃认真，不得随意涂改。合同如有错误或遇到特殊情况确需修改时，应将双方同意的意见作为附件附上；如在原件上修改，应加盖双方印章。

3. 经济合同的条款必须完备

必须按《经济合同法》规定的条款来撰写。写清楚主要条款、合同份数及保管、合同的有效期等。

4. 经济合同的语言必须准确

不允许出现含混不清或模棱两可的句子或语言，以避免在合同的履行中出现不必要的争执和纠纷。对于合同中使用的概念，当事人应该有一致的理解，忌用模糊概念，以防产生歧义。经济合同的语义应该准确，应避免使用"希望"、"尽可能"、"争取"等模糊性用语，不说空话、套话。经济合同的数字应核对无误，金额应大写。同时，还要注意正确使用标点符号，防止句号、逗号用错或点错而造成不必要的纷争或造成损失。

例文

房屋租赁合同①

出租方：_____，以下简称甲方
承租方：_____，以下简称乙方

根据《中华人民共和国合同法》及有关规定，为明确甲乙双方的权利义务关系，经双方协商一致，签订本合同。
第一条 甲方将自有的坐落在_____市_____街_____巷_____号的房屋_____栋_____间，建筑面积_____平方米、使用面积_____平方米，类型_____，结构等级_____，完损等级_____，主要装修设备

---

① 杨文丰：高职应用写作［M］．北京：高等教育出版社，2006：174-176．

_____，出租给乙方作_____使用。

第二条　租赁期限

租赁期共_____个月，甲方从_____年_____月_____日起将出租房屋交付乙方使用，至_____年_____月_____日收回。

乙方有下列情形之一的，甲方可以终止合同，收回房屋：

1. 擅自将房屋转租、分租、转让、转借、联营、入股或与他人调剂交换的；

2. 利用承租房屋进行非法活动，损害公共利益的；

3. 拖欠租金_____个月或空置_____月的。

合同期满后，如甲方仍继续出租房屋的，乙方拥有优先承租权。

租赁合同因期满而终止时，如乙方确实无法找到房屋，可与甲方协商酌情延长租赁期限。

第三条　租金和租金交纳期限、税费和税费交纳方式

甲乙双方议定月租金_____元，由乙方在_____月_____日交纳给甲方，先付后用。甲方收取租金时必须出具由税务机关或县以上财政部门监制的收租凭证。无合法收租凭证的，乙方可以拒付。

甲乙双方按规定的税率和标准缴纳房产租赁税费，缴纳方式按下列第_____款执行：

1. 按有关税法和镇政发〔1990〕34 号文件规定比例，由甲乙方各自负担；

2. 甲乙双方议定。

第四条　租赁期间的房屋修缮和装饰

修缮房屋是甲方的义务。甲方对出租房屋及其设备应定期检查，及时修缮，做到不漏、不淹、三通（户内上水、下水、照明电）和门窗良好，以保障乙方安全正常使用。

修缮范围和标准按城建部〔1987〕城住公字 13 号通知执行。

甲方修缮房屋时，乙方应积极协助，不得阻挠施工。

出租房屋的修缮，经甲乙双方商定，采取下述第_____款办法处理：

1. 按规定的维修范围，由甲方出资并组织施工；

2. 由乙方在甲方允诺的维修范围和工程项目内，先行垫支维修费并组织施工，竣工后，其维修费用凭正式发票在乙方应交纳的房租中分_____次扣除；

3. 由乙方负责维修；

4. 甲乙双方议定。

乙方因使用需要，在不影响房屋结构的前提下，可以对承租房屋进行装饰，但其规模、范围、工艺、用料等均应事先得到甲方同意后方可施工。对装饰物的工料费和租赁期满后的权属处理，经双方议定：

工料费由_____方承担（　）；

所有权属_____方（ ）。

第五条 租赁双方的变更

1. 如甲方按法定程序将房产所有权转移给第三方时，在无约定的情况下，本合同对新的房产所有者继续有效。

2. 甲方出售房屋，须在三个月前书面通知乙方，在同等条件下，乙方有优先购买权。

3. 乙方需要与第三人互换用房时，应事先征得甲方同意，甲方应当支持乙方的合理要求。

第六条 违约责任

1. 甲方未按本合同第一、二条的约定向乙方交付符合要求的房屋的，负责赔偿_____元。

2. 租赁双方如有一方未履行第四条约定的有关条款的，违约方负责赔偿对方_____元。

3. 乙方逾期交付租金的，除仍应补交欠租外，并按租金的_____％，以天数计算向甲方交付违约金。

4. 甲方向乙方收取约定租金以外的费用的，乙方有权拒付。

5. 乙方擅自将承租房屋转给他人使用的，甲方有权责令停止转让行为，终止租赁合同。同时，按约定租金的_____％，以天数计算由乙方向甲方支付违约金。

6. 本合同期满时，乙方未经甲方同意，继续使用承租房屋的，按约定租金的_____％，以天数计算向甲方支付违约金后，甲方仍有终止合同的申诉权。

上述违约行为的经济索赔事宜，甲乙双方议定在本合同签证机关的监督下进行。

第七条 免责条件

1. 房屋如因不可抗拒的原因导致损毁或造成乙方损失的，甲乙双方互不承担责任。

2. 因市政建设需要拆除或改造已租赁的房屋，使甲乙双方造成损失的，互不承担责任。

因上述原因而终止合同的，租金按实际使用时间计算，多退少补。

第八条 争议解决的方式

本合同在履行中如发生争议，双方应协商解决；协商不成时，任何一方均可向房屋租赁管理机关申请调解，调解无效时，可向市工商行政管理局经济合同仲裁委员会申请仲裁，也可以向人民法院起诉。

第九条 其他约定事宜

1. ……

2. ……

第十条　合同有效期限：　至　年　月　日

第十一条　本合同未尽事宜，甲乙双方可共同协商，签订补充协议。补充协议报送市房屋租赁管理机关认可并报有关部门备案后，与本合同具有同等效力。

本合同一式 4 份，其中正本 2 份，甲乙双方各执 1 份；副本 2 份，送市房管局、工商局备案。

出租方：（盖章）　　　　　　　　　承租方：（盖章）

法定代表人：（签名）　　　　　　　法定代表人：（签名）

委托代理人：（签名）　　　　　　　委托代理人：（签名）

【思考与训练】

1. 合同语言须准确、周密，以防止产生歧义，造成纠纷。请指出下列合同语言中不确切的地方，并加以修改。

（1）某公司从国外进口原木，合同中规定的质量标准为"直径 50 厘米以上"。

（2）某合同中规定："交货地点：北京。"

（3）某合同中的"违约责任"中写道："乙方不能按期交货的，每延期一天，应偿付甲方 5% 的违约金。"

（4）某技术合同的"成交金额与付款时间、付款方式"中写道："项目开发经费 10 万元。甲方在合同签订后向乙方汇出 3 万元；乙方交付开发成果鉴定证书后，甲方付清全部余款并汇入乙方开户银行账号。逾期不付的，将按加息 20% 收取滞纳金。"

2. 刘小姐是一名下岗女工，在与邻居张太太的交谈中透露出想租房开办幼儿园。正巧张太太有两套闲置的住房，愿意租给刘小姐，经协商，双方签订了一份 3 年期合同，月租 2000 元。请你为其代写一份合同。

主要参考书目

［1］本书编写组．党政机关公文处理最新规范读本［M］．北京：国家行政学院出版社，2012.

［2］程培元．教师口语教程［M］．北京：高等教育出版社，2004.

［3］高惠敏．社交口才与沟通高手［M］．兰州：甘肃文学出版社，2009.

［4］何书宏．演讲与口才知识全集［M］．北京：北京工业大学出版社，2008.

［5］和月英．实用口才全书［M］．北京：北京工业大学出版社，2009.

［6］蒋红梅，杨毓敏．演讲与口才实训教程［M］．北京：清华大学出版社，2009.

［7］林郁．卡耐基智慧语录［M］．成都：四川人民出版社，1999.

［8］麻友平．人际交流与沟通实务［M］．北京：中国石化出版社，2007.

［9］马修·麦凯，等．人际沟通技巧［M］．上海：上海社会科学出版社，2005.

［10］马正平．高等文体写作训练教程［M］．北京：中国人民大学出版社，2002.

［11］任公伟．大学语文［M］．2版．北京：高等教育出版社，2009.

［12］阮航．应用写作［M］．成都：西南交通大学出版社，2008.

［13］王春淑．四川旅游汉语言文学［M］．成都：成都时代出版社，2004.

［14］魏饴．大学语文新编［M］．北京：高等教育出版社，2006.

［15］夏中义．大学新语文［M］．北京：北京大学出版社，2005.

［16］夏中义．大学新语文导读［M］．北京：北京大学出版社，2005.

［17］徐成华，等.2012党政机关公文格式国家标准应用指南［M］．北京：中国质检出版社，中国标准出版社，2012.

［18］徐中玉．应用文写作［M］．北京：高等教育出版社，2000.

［19］许利平．职业口才训练教程［M］．北京：北京交通大学出版社，2008.

［20］杨诚．职业汉语实训［M］．北京：科学出版社，2009.

［21］叶黔达．应用写作［M］．成都：四川人民出版社，2001.

［22］禹明华，周妮．大学语文［M］．天津：南开大学出版社，2012.

［23］张达芝．应用写作教程［M］．杭州：浙江大学出版社，2000.

［24］张德实．应用文写作［M］．北京：高等教育出版社，2004.

［25］张建．应用写作［M］．北京：高等教育出版社，2005.

［26］张中伟，白波．应用文写作［M］．北京：北京理工大学出版社，2007.

［27］庄宗荣．文学鉴赏与应用写作［M］．北京：北京理工大学出版社，2008.